PRATIQUE DE LA PAIE

Éditions d'Organisation
Groupe Eyrolles
61, bd Saint-Germain
75240 Paris cedex 05

www.editions-organisation.com
www.editions-eyrolles.com

ISBN : 978-2-212-55236-2

Daniel RABATEL

PRATIQUE DE LA PAIE

Huitième édition

EYROLLES

Éditions d'Organisation

Table des matières

Introduction

Les entreprises françaises, publiques ou privées, emploient aujourd'hui environ 23 millions de salariés, soit plus de 80 % de la population active totale du pays, qui ont en commun de recevoir une rémunération en échange de leur travail.

Le versement de cette rémunération se concrétise matériellement par la remise d'un bulletin de salaire, réalisé à partir de règles et de procédures relatives au domaine de ce que l'on appelle « la paie ». La paie tient donc ainsi une place essentielle à l'échelon national, puisque c'est une opération qui nous concerne presque tous et elle constitue finalement (même si c'est indirectement), avec la sécurité de l'emploi, une des principales préoccupations de beaucoup de salariés.

Si pour nombre de salariés son rôle s'arrête à la seule remise obligatoire à périodicité variable (le mois, voire la quinzaine ou la semaine) d'un bulletin de salaire, dans les faits, « faire la paie » implique un nombre important de procédures à respecter pour le chef d'entreprise. Et la paie, opération déjà complexe en soi, est en outre régie par une multitude de règles en évolution permanente. Il sera donc nécessaire de se familiariser avec l'environnement même de la paie.

Faire la paie, c'est aussi organiser le recensement de tous les éléments qui vont servir de base de calcul de la rémunération. Pour faire une paie juste, il faudra répondre à des questions : combien d'heures ont été effectuées par le salarié ? A-t-il eu des primes ? A-t-il effectué des heures supplémentaires ? A-t-il été absent ? Si oui pour quel motif ? A-t-il perçu des indemnités journalières de la Sécurité sociale ? Y a t il eu des changements dans les taux de cotisation ? Etc. Or, ce recensement indispensable n'est pas nécessairement aussi facile à faire qu'on pourrait le penser. Tous les interlocuteurs du responsable de paie confrontés à ces situations du salarié n'ont pas nécessairement en tête les « contraintes temps » permanentes auxquelles le service paie doit faire face. La paie doit en effet toujours être traitée dans un laps de temps limité car quelles que soient les circonstances, la paie doit toujours être prête en temps et en heure. Sinon, gare aux conséquences, plus particulièrement sur le climat social !

La paie, de fait, se trouve régie par un certain nombre d'obligations imposées à l'employeur : par exemple, celle de payer des charges sociales afin de contribuer, avec les salariés, au fonctionnement des caisses de Sécurité sociale, de retraite ou de chômage, celle de tenir des documents légaux (notamment les journaux de paie), ou celle d'assurer la comptabilisation des éléments de paie.

Au-delà de ce contexte « administratif », l'environnement de la paie s'est considérablement élargi et a dépassé le seul cadre d'« obligation légale » dans lequel il était confiné. Cette évolution est pour une large part consécutive aux modifications réglementaires et législatives. En son temps, la mise en œuvre de politiques de flexibilité au sein des entreprises, à la suite par exemple des lois sur l'aménagement du temps de travail qui ont notamment introduit une nouvelle règle en matière de paiement des heures supplémentaires, a pu impliquer qu'il faille repenser les pratiques habituelles de paie. Plus récemment, les politiques d'aides à l'embauche et leur cortège de « mesures d'accompagnement » n'ont pu trouver des solutions de mise en œuvre pratique qu'à travers des refontes importantes des programmes de paie. La mise en place de la loi sur la réduction du temps de travail à 35 heures a naturellement abouti à devoir s'intéresser de très près au contenu des règles paie. Les mesures mises en œuvre par le président Nicolas Sarkozy au lendemain de son élection (comme l'exonération des charges sociales sur les heures supplémentaires) ont, elles aussi, directement influencé la gestion de la paie.

Parallèlement, le contexte économique s'est également modifié. Désormais, en effet, l'une des préoccupations essentielles des dirigeants est de maîtriser la variation des masses salariales induites par la mise en œuvre de leurs politiques de rémunérations. Or la paie se trouve bien être l'aboutissement de tous les discours sur les politiques salariales ; c'est elle qui enregistre tous les changements intervenus au niveau des salaires. En fait, cette simple observation permet de comprendre pourquoi la paie ne saurait désormais seulement être administrée : elle doit également être gérée.

Paradoxalement, la paie reste un sujet très méconnu au sein de l'entreprise. Souvent, si l'on sait bien analyser la portée de nouveaux textes gouvernementaux qui viennent modifier des règles de rémunération, en revanche rares sont les analyses « pratiques » qui mesurent les incidences de ces décisions sur la gestion quotidienne. En fait, cette analyse n'intéresse pas grand monde.

La méconnaissance de la paie peut aussi s'expliquer par d'autres raisons.

Tout d'abord, elle n'a pas été considérée comme une activité noble car elle a été longtemps cantonnée dans une sphère essentiellement administrative et l'évolution positive – qui se traduit notamment dans la dénomination des postes passée de « comptables, voire gestionnaires de paie » à « techniciens de paie » – est encore trop récente pour permettre une transformation rapide des attitudes de rejet, ou du moins d'indifférence polie, que l'on continue à rencontrer encore souvent à l'égard du sujet.

Ensuite, le contexte social est très délicat car le sujet est sensible pour tous les salariés qui jugent que là, bien moins qu'ailleurs, l'erreur est inacceptable, inadmissible, inexcusable. Tout litige né de l'inexactitude d'une paie peut très vite prendre des proportions dramatiques et générer des situations très conflictuelles. La pierre est facile à jeter sur les services de la paie et on ne s'en prive pas… Quel salarié n'a-t-il, il est vrai, jamais été victime d'une erreur ou d'un oubli ? Et c'est toujours la paie erronée (le changement de montant de prime d'ancienneté non effectué, la prime promise et non versée, les heures supplémentaires non payées, l'augmentation non prise en compte…) dont on se souvient le mieux au détriment de toutes celles qui étaient justes.

Enfin, cette image peu flatteuse est souvent renforcée dans l'esprit de nombre de salariés par l'amalgame entre la paie et les services de la comptabilité, tant il est vrai que ceux-ci ne bénéficient pas de la même aura de prestige que les fonctions commerciales ou marketing. L'activité paie a longtemps été du ressort exclusif des comptables et, jusqu'à une époque encore récente, les services de la paie étaient quasi systématiquement rattachés à la direction financière ou comptable. Ce type de structure tend toutefois à se faire moins fréquent. En effet, les fonctionnalités font davantage dépendre la paie des directions des ressources humaines en raison principalement des évolutions légales que nous évoquions ci-dessus. La paie nécessite désormais un suivi constant où n'interviennent plus seulement des notions purement « comptables », mais aussi des notions juridiques, politiques et de plus en plus économiques. Cela étant, même au sein des fonctions ressources humaines entre le responsable de la formation, le responsable du développement social, le responsable du service juridique, le responsable des relations sociales, le responsable du recrutement et le responsable de paie, celui dont le poste passionne le moins est dans près de 100 % des cas le malheureux responsable de paie !

Les effets de l'évolution tant attendue en matière de paie se font cependant désormais indéniablement sentir. On pourrait dire que plus le législateur impose des contraintes à l'entreprise, plus la paie se trouve mise en avant. Bien de l'eau a coulé sous les ponts depuis la mise en place du bilan social, à la fin des années 1970. C'est pourtant sans nul doute le bilan social qui a servi d'élément déclencheur dans la prise en compte du fait que la paie pouvait être autre chose qu'une simple opération administrative. Les entreprises avaient alors réalisé qu'au lieu de mettre en place de lourdes structures principalement informatiques (créations de programmes en tout premier lieu) pour obtenir les informations sur les indicateurs concernés, il était plus simple de réaliser une mise en forme adaptée et finalement réduite des données telles que communiquées par la paie. L'engouement pour le bilan social devenu aujourd'hui, même si on peut le déplorer, simple formalité administrative est passé. La prise de conscience de ce que pouvait apporter une paie est fort heureusement encore d'actualité, surtout avec l'instauration de nouvelles obligations portant par exemple sur la gestion prévisionnelle de l'emploi et des compétences (GPEC), sur l'égalité salariale entre les hommes et les femmes. La démarche est d'ailleurs la même pour la déclaration annuelle de formation, la tenue des registres « entrées-sorties », la déclaration sur les handicapés. La paie est une source potentielle de chiffres dont l'exploitation peut servir au suivi des tableaux de bord sociaux ou aux préparations de budgets.

Devenue peu à peu outil de gestion, la paie peut également devenir un outil de prévisions avec des études concernant l'évolution des masses salariales, les montants payés au titre des primes d'ancienneté, les coûts des absences, le poids des frais de personnel comparés au chiffre d'affaires, etc.

À travers ces quelques exemples, on voit que la paie mérite que l'on essaye de la faire sortir de l'univers étroit dans lequel elle reste trop souvent confinée. La reconnaissance de la paie passe peut-être tout simplement par sa connaissance. On entend souvent dans les directions des ressources humaines les responsables de paie eux-mêmes se plaindre, désabusés, du fait que les salariés ne s'intéressent à leur bulletin de lecture qu'à travers la lecture de… la somme qui leur revient et généralement marquée en bas à droite dudit bulletin ! Peut-on cependant blâmer ces derniers lorsqu'on constate la complexité des mécanismes de la paie ? Comment ne pas comprendre le désintérêt des salariés lorsqu'ils sont confrontés à des termes dont seuls les initiés maîtrisent la signification ? La lecture des notions « assurances plafonnées », « garantie minimale de points – GMP », « tranche A », « tranche B » apparaît pour le commun des salariés aussi indigeste que rébarbative…

Combien d'entre eux connaissent en effet « sur le bout des doigts » les règles de calcul des heures supplémentaires, des primes d'ancienneté ou l'objet des cotisations dont ils s'acquittent – certes douloureusement – à chaque paie ? On pourrait multiplier à l'infini le nombre de questions que l'on peut se poser à la lecture d'un bulletin de salaire. Les directions des ressources humaines de par le peu d'informations qu'elles diffusent en la matière ne sont pas toujours exemptes de reproches face à cette situation.

Les entreprises ont en effet beau jeu de se tourner vers le législateur pour expliquer les éléments complexes qu'elles ont à gérer. On retiendra avec amusement les positions des hommes politiques sur le sujet de la paie, et ce, particulièrement et de façon régulière, à la veille des élections. C'est souvent à ce moment que les politiques semblent réaliser que la complexité même de la paie est sans (nul) doute un facteur de frein à l'embauche. Parmi les propositions pour lutter contre le chômage, revient régulièrement celle de simplifier le bulletin de salaire. Or, sitôt les élections finies, on complique bien souvent encore plus les choses, comme cela avait été particulièrement le cas après les élections de mars 1993 avec les modifications apportées à la gestion de la désormais célèbre « contribution sociale généralisée – CSG ». On avait ainsi noté la mise en place d'un nouveau mécanisme de « déduction partielle » du revenu soumis à impôt, déduction qui venait naturellement alourdir davantage la complexité des calculs de paie… et rendre encore plus incompréhensible à une bonne partie des salariés la lecture de leur bulletin ! Quel responsable politique peut objectivement dire que préalablement à la mise en place de la loi sur les 35 heures, il s'est réellement interrogé sur les possibles conséquences de cette loi sur l'élaboration du bulletin de salaire ? Lors de l'élection présidentielle de 2007, la paie a été particulièrement mise sur le devant de la scène, avec tous les discours relatifs, par exemple, à la défiscalisation des heures supplémentaires ou à l'abattement des charges sur ces heures. Nul ne s'est soucié de savoir si ces propositions étaient aisées à mettre en œuvre, ne serait-ce que d'un point de vue technique ou même logique !

Il est vrai que, bien souvent, la complexité de la paie naît aussi des propres règles de calcul que se sont données les entreprises. Dans la détermination des primes qu'elles versent ou des conditions d'ouverture des droits pour bénéficier de ces primes, les solutions les plus simples sont rarement celles qui sont retenues et la combinaison de ces éléments contribue à faire de la paie un véritable casse-tête chinois.

Le but de cet ouvrage est de tenter d'apporter les réponses à ces questions et de faire le point sur les règles générales en vigueur et à la base du calcul de la paie. Il est cependant évident que seuls seront abordés les principes généraux : il n'est, en effet, nullement question de se substituer à un manuel de droit social auquel nous renverrons toujours le lecteur lorsqu'il souhaitera avoir une étude exhaustive des sujets abordés.

Plus généralement, l'objectif que nous poursuivrons est d'aller au-delà de cet aspect purement réglementaire de la paie dont les limites sont en définitive celles du simple bulletin de salaire. Beaucoup plus intéressant nous semble-t-il est d'aller à la découverte de l'environnement que nous évoquions ci-dessus et dans lequel la paie évolue, un environnement qui n'est pas sans conséquence sur celle-ci.

À partir de cette recherche, deux visions sont possibles. Le salarié pourra aborder la lecture de la paie en termes de « miroir du potentiel social » de son entreprise. En bien des domaines, en effet, on découvrira que la paie est le reflet de la politique sociale que se donnent les sociétés. Avant que les taux de cotisation retraite ne tendent vers une harmonisation imposée, le taux de cotisation était donc pour une part choisi par l'entreprise. Plus ce taux était fort, plus les droits à la retraite du salarié étaient élevés. La différence peut se faire aujourd'hui sur le taux des retraites supplémentaires que les entreprises ont la faculté de mettre ou non en place au profit de leurs salariés. Il en coûte alors certes à ces derniers, mais il en coûtera beaucoup plus à leur employeur.

La liste est longue de ces éléments dont l'étude peut ainsi conduire à la mise en place d'un véritable « audit de la rémunération » et par extension à l'élaboration d'un début de diagnostic social. Cette action, c'est la seconde façon d'aborder la paie, une approche qui est davantage celle du gestionnaire. Car la connaissance de la paie conduit à sa maîtrise, facteur important d'économies potentielles, certes chacune modeste, mais qui, multipliées par le nombre de cas se présentant, peuvent constituer des montants non négligeables. En un temps où la maîtrise de l'évolution de la masse salariale est devenue parfois une condition de survie de l'entreprise, un tel problème ne doit pas être sous-estimé. Aujourd'hui, avec une inflation durable à un chiffre, une dérive de la masse d'un point prend des proportions autrement plus significatives que du temps où l'inflation était à deux chiffres. Parallèlement, à effectif constant, les objectifs fixés aux augmentations de masse salariale sont souvent les mêmes que les taux d'inflation. Or, par le biais des seuls faits de vieillissement des populations salariés – et par voie de conséquence de l'accroissement des anciennetés – et des promotions qui augmentent la technicité des salariés – et par voie de conséquence leur rémunération –, la masse salariale se trouve effectivement considérablement augmentée (près de 1 % par an…) avant même que la moindre décision relative à la politique des rémunérations n'ait été prise ! La gestion de la paie n'en revêt donc alors que plus d'importance.

Gestion du personnel, chômage, formation, absentéisme, politique sociale de l'entreprise, Sécurité sociale, devenir des retraites, temps de travail, autant de termes qui renvoient à des aspects de la fonction personnel et qui, de prime abord, ne sont pas liés à la paie. Pourtant, des liens existent et c'est à travers leur étude que nous entendons démontrer le rôle clé que peut jouer la paie dès lors qu'elle n'est plus considérée comme le parent pauvre des directions des ressources humaines.

Les pages qui vont suivre ont été écrites dans une optique « pratique ». Elles sont une synthèse des règles courantes ; le lecteur mesurera la distance qui sépare ces règles de celles qui s'appliquent dans sa propre entreprise…

PREMIÈRE PARTIE

Les éléments constitutifs des bases de la rémunération

I. Les principes fondamentaux

1.1. L'environnement réglementaire

Toute notion de paie implique l'existence d'un contrat de travail, quelle que soit la forme, écrite ou orale. L'écrit est déjà obligatoire depuis de nombreuses années en ce qui concerne certains types de contrats : les contrats à durée déterminée, les contrats temporaires, les contrats d'apprentissage ou de professionnalisation, les contrats à temps partiel et les contrats « nouvelles embauches », mis en place lors du second mandat présidentiel de Jacques Chirac. Certaines conventions collectives imposent également la rédaction d'un contrat écrit. L'écrit n'est donc pas obligatoire en soi. Une directive européenne du 14 octobre 1991 impose cependant aux employeurs d'informer par écrit les salariés, dans un délai de deux mois après le début du travail, des éléments essentiels applicables au contrat de travail. Ces points concernent plus particulièrement : l'identité des parties, le lieu de travail, le titre du salarié, la date de début de contrat, la durée des congés payés (ou les modalités d'attribution de ces congés), la durée du préavis en cas de rupture du contrat, la périodicité de la rémunération, la durée du travail journalière ou hebdomadaire, et s'il y a lieu, la mention des conventions et/ou accords collectifs régissant les conditions de travail.

Indépendamment de quelque aspect juridique que ce soit et en tout état de cause, le salarié et son employeur ont généralement tout à gagner dans la définition précise de la relation du travail.

Cette précision est d'autant plus indispensable lorsqu'il s'agit de régler des problèmes d'annualisation du temps de travail : ceux-ci peuvent concerner individuellement des salariés à temps partiel ou des salariés qui ont des enfants à charge. Les notions d'annualisation du temps de travail, avec ou sans réduction de la durée du travail, mises en œuvre pour la première fois par la loi quinquennale pour l'emploi promulguée en décembre 1993 ont fait disparaître l'existence du contrat intermittent dont il faut reconnaître qu'il n'a jamais rencontré un grand succès au sein des entreprises, le législateur ayant souvent pour fâcheuse habitude de créer des contrats qui disparaissent très vite, parfois même après avoir été déclarés illégaux (comme le feu CNE – Contrat nouvelle embauche, mis en place sous le gouvernement Villepin).

L'administration, interrogée sur le caractère obligatoire de l'écrit pour tous les contrats a cependant pu préciser que, dans la mesure où une copie de la déclaration d'embauche était remise au salarié et compte tenu des éléments obligatoires figurant sur le bulletin de salaire, il ne lui apparaissait pas indispensable d'établir un écrit systématique, les obligations émises par la directive européenne étant satisfaites. Cette position n'a donc connu aucune évolution au niveau du Code du travail. Les conventions collectives tendent cependant à généraliser l'existence d'un écrit.

Il est intéressant de noter que le législateur, à travers le Code du travail, n'a donné aucune définition d'un contrat de travail. C'est la jurisprudence qui a défini celui-ci comme « la convention par laquelle une personne s'engage à mettre son activité à la disposition d'une autre sous la subordination de laquelle elle se place, et moyennant rémunération ». Il existe donc trois éléments indissociables pour caractériser un contrat de travail : l'exercice d'une activité professionnelle, la rémunération et le lien de subordination (le travail devant être accompli sous l'autorité et le contrôle de l'employeur et avec des conditions matérielles d'exercice de l'activité mises à disposition par l'employeur : cette dernière clause pouvant rendre parfois difficile la détermination de la frontière entre le travailleur à domicile, l'artisan ou le sous-traitant…). Certaines personnes ne souhaitent pas se voir qualifier de salariés et demandent à ce que le paiement de la prestation fournie le soit sous forme d'honoraires. Pour que ce mode de paiement soit licite, ces personnes doivent démontrer qu'elles exercent régulièrement une activité libérale.

En ce sens également, les mandataires sociaux par exemple (c'est-à-dire les membres de conseils d'administration, les associés, les gérants, les PDG, etc.) ne sont pas des salariés en matière de droit du travail et ne peuvent donc de ce fait prétendre au bénéfice d'aucune disposition du Code du travail ni de la convention collective applicable à l'entreprise… combien même ces personnes sont pourtant assimilées à des salariés pour leur immatriculation au régime général de Sécurité sociale ! Il existe en cette matière un conflit de juristes, certains affirmant qu'il doit y avoir unification des droits du travail et de la Sécurité sociale, d'autres exigeant que l'autonomie des deux droits soit respectée.

De façon plus générale, l'existence d'un contrat de travail implique que l'employeur s'engage aussi à respecter la réglementation en termes de durée du travail, de repos hebdomadaire, d'hygiène et de sécurité, de liberté syndicale, de représentation syndicale et bien sûr de paie – cet aspect découlant en fait des points cités précédemment. Il est à noter que les contrats de solidarité internationale, les contrats de volontariat associatif, ne relèvent pas des règles du Code du travail et donc des règles de la paie. Les stages en milieu professionnel, effectués dans le cadre de conventions entre un établissement scolaire, un stagiaire et une entreprise, ont une durée maximale de six mois. Cependant, dès lors que leur durée est supérieure à deux mois consécutifs, ils doivent obligatoirement être rémunérés, le stagiaire n'ayant pas pour autant la qualité de salarié. Selon le montant des gratifications versées, le montant des cotisations est variable.

Au-delà de son obligation essentielle qui est de payer au salarié la valeur de la contre-prestation de travail et qui devra donc se traduire par la délivrance d'un bulletin de salaire, l'employeur a également diverses obligations « administratives » : le paiement des cotisations sociales et des charges obligatoires liées à la paie, la rédaction d'une déclaration annuelle des données sociales (DADS) faite généralement sur support informatique et alors définie sous le nom de « TDS – Transfert des données sociales ». Lorsqu'elle est encore sur support papier, cette déclaration comporte cinq feuillets, deux à remettre aux services fiscaux, deux à remettre à la Sécurité sociale, un à conserver par l'entreprise. L'employeur doit également tenir un livre de paie afin de permettre les contrôles éventuels de l'Inspection du travail, le livre de paie pouvant constituer en un double des bulletins de salaire remis aux salariés. Depuis le 1er mars 1998, l'employeur s'est vu imposer d'établir une déclaration « unique » d'embauche, cette déclaration étant à faire parvenir au centre de recouvrement de Sécurité sociale et d'allocations familiales dont il dépend.

Cette déclaration unique d'embauche a permis de réduire considérablement le nombre de formulaires à utiliser à l'occasion de l'embauche d'un salarié puisqu'elle s'est substituée aux formalités suivantes : immatriculation de l'employeur et du salarié à la Sécurité sociale, déclaration nominative préalable, affiliation à l'assurance chômage, demande d'abattement de cotisations de Sécurité sociale pour embauche des salariés à temps partiel, déclaration en vue de l'exonération pour embauche des premiers salariés, information de l'Agence nationale pour l'emploi, demande d'adhésion à un service médical du travail, demande de visite médicale d'embauche, déclaration de mouvement de personnel destinée au préétablissement de la DADS – déclaration annuelle des données sociales.

Enfin, l'employeur doit tenir un registre unique du personnel sur lequel doivent figurer dans l'ordre d'embauchage les noms de tous les salariés occupés par l'établissement (y compris les travailleurs à domicile), d'autres informations devant également figurer comme la nationalité, la date de naissance, le sexe, l'emploi, etc. À noter que l'employeur est réputé utiliser un travailleur clandestin dès lors qu'il omet intentionnellement deux des trois formalités obligatoires (remise du bulletin, tenue du livre de paie, tenue du registre unique).

Les règles qui fixent les conditions de travail ainsi que ce que l'on peut appeler « les garanties sociales » des salariés – ces garanties s'appliquant également au domaine de la rémunération –, trouvent leurs origines en deux sources différentes qui sont :

- soit le Code du travail (ou sa jurisprudence), qui s'appliquera prioritairement en l'absence de convention collective propre à un secteur d'activité donné ;
- soit dans les conventions collectives qui tendent à devenir la source prééminente du droit du travail. Les conventions collectives, qui sont des accords conclus entre des organisations syndicales représentatives des salariés et des organisations ou groupement d'employeurs (voire des employeurs isolés) peuvent être de trois types différents :
  - soit elles sont de droit commun ;
  - soit elles ont fait l'objet d'un arrêté ministériel d'extension et sont obligatoires pour tous les salariés et employeurs compris dans son champ d'application ;
  - ou elles ne s'appliquent qu'au niveau d'une entreprise ou d'un établissement : on parle alors davantage d'« accord d'entreprise » celui-ci visant à suppléer à l'absence de convention collective ou à adapter celle-ci aux conditions particulières de l'entreprise ou de l'établissement.

On retrouve généralement dans toutes ces conventions un certain nombre de mentions qui vont intéresser sous une forme ou sous une autre « la paie », ces mentions étant selon le type de convention collective obligatoires ou facultatives. Il n'est pas question de vouloir dresser la liste des différents points abordés dans le cadre de ces textes qui délimitent le « cadre social » de l'exécution du contrat de travail.

Parmi les dispositions les plus courantes citons :

- la fixation d'un salaire minimal en fonction de la qualification professionnelle ;

- la détermination des majorations à appliquer pour les travaux pénibles, dangereux ou insalubres, etc.
- les règles de calcul des indemnités de licenciement ou de départ à la retraite, des frais professionnels, des indemnités de déplacement, etc.
- le régime de rémunération des heures supplémentaires, des primes d'ancienneté, des primes d'assiduité, des primes de vacances, etc.
- la durée des périodes d'essai (fixée par la loi à quatre mois pour un cadre, trois mois pour un agent de maîtrise ou un technicien, deux mois pour un employé ou un ouvrier – et trois mois pour les VRP) et la possibilité de les prolonger ou non. Une période d'essai ne peut parfois être prolongée que si la demande émane du salarié… Une telle obligation est pour le moins un peu hypocrite, car on se doute qu'un refus du salarié de faire une telle demande est de nature à conduire à l'arrêt pur et simple du contrat. De plus, certains employeurs ont pu reconduire des périodes d'essai alors pourtant que leur convention collective ne prévoit pas expressément qu'une telle prolongation est bien possible : la Cour de cassation a prononcé la nullité de ce type de clause de prolongation. Sur le sujet des précautions à prendre en matière de période d'essai, on notera qu'il ne suffit pas dans un contrat de travail de faire référence à la convention collective pour considérer que les règles relatives à la période d'essai s'appliquent automatiquement. Le contrat de travail doit mentionner la durée de la période d'essai de façon précise. La jurisprudence, à maintes reprises, a rappelé qu'une période d'essai ne se présume jamais.

Les conventions collectives sont disponibles auprès du *Journal officiel* ou auprès du ministère du Travail. Elles doivent en outre être tenues à la disposition du personnel au sein des entreprises. Il convient de bien souligner la distinction entre « mise à disposition » et « remise » : la remise d'une convention collective n'est en effet prévue par le Code du travail qu'au profit de certains représentants du personnel.

La paie va donc évoluer dans un environnement rendu complexe en grande partie à cause de cette double source d'informations, d'origine légale d'une part, d'origine conventionnelle d'autre part. Toute recherche des éléments constitutifs de la rémunération devra toutefois se faire systématiquement en se posant les deux questions suivantes :

- que prévoit la convention collective ?
- en l'absence de dispositions particulières, que prévoit le Code du travail ?

En règle générale, les préconisations des conventions collectives sont supposées être plus favorables que le Code du travail. Sur le sujet des rémunérations, et plus particulièrement de la rémunération minimale conventionnelle, ce constat ne s'est pas toujours vérifié. Cette particularité constituait le plus souvent une exception confirmant la règle voulant que « la convention collective soit plus favorable que la loi ». La paie évolue cependant dans un environnement juridique constitué par un droit social particulièrement vivant, mais également par des pratiques qui tendent à se développer, comme les Accords nationaux interprofessionnels (ANI) qui viennent encore plus compliquer les choses. Ces ANI introduisent en effet de nouvelles contraintes et il convient de les intégrer dans la gestion au quotidien de la paie.

1.2. Le principe de la mensualisation

La rémunération des salariés s'inscrit dans un canevas général constitué par l'accord du 10 décembre 1977 complété par la loi du 19 janvier 1978. Cette loi dite « loi de mensualisation » a été considérablement modifiée par la loi du 1er mars 2008. Cette nouvelle loi n'a cependant pas remis en cause les dispositions prévoyant le paiement du salaire pour un horaire de travail effectif indépendant du nombre de jours travaillés dans le mois et a conservé le cadre de ce qui fait la gestion « au quotidien de la paie ». Ce cadre constitue le fondement même de la paie, le minimum que tout un chacun se doit de connaître. De même qu'en droit social tout juriste – y compris débutant – connaît l'article L. 1224-12 du Code du travail (anciennement codifié L. 122-12), relatif au sort du contrat de travail en cas de transfert d'activité, quasiment tous les gestionnaires de paie connaissent cette référence qu'est la loi de mensualisation ! Jusqu'à la loi de mensualisation en effet, la rémunération pouvait varier d'un mois sur l'autre en fonction du nombre de jours ouvrés, c'est-à-dire réellement travaillés du mois. Un mois peut en effet comporter un nombre de jours ouvrés variant de 19 à 23. Si l'on prend l'hypothèse d'une durée de journée de travail égale à 7 heures, les heures de travail d'un mois varient entre 133 (19 × 7) et 161 (23 × 7).

La loi de mensualisation a eu pour objet de neutraliser les incidences de ce nombre variable de jours travaillés en fixant le nombre d'heures de travail d'un mois comme suit :

$$\frac{\text{Horaire hebdomadaire du salarié} \times 52}{12}$$

Les chiffres de 52 et 12 représentent respectivement le nombre de semaines et de mois que comporte une année.

Un salarié payé sur la base de 10 euros par heure de travail, effectuant un horaire de 35 heures par semaine, se verrait verser un salaire mensuel de base de :

(35 × 52) / 12, soit 151,67 heures × 10 euros = 1 516,70 euros.

Cet horaire de 151,67 heures dans cet exemple est un horaire forfaitaire, purement théorique sans rapport avec les heures effectivement travaillées un mois considéré. L'horaire n'est pas un reflet de l'activité réelle du salarié, mais une base de calcul de la rémunération qui est donc elle-même forfaitaire. Cette distinction devra être prise en compte dès lors que l'on désirera relier une étude d'absentéisme aux données de la paie.

Quelques rares entreprises calculent également cet horaire théorique, en raisonnant non pas sur la base de 364 jours, comme cela se fait lorsque le calcul s'effectue en multipliant l'horaire de base par 52 semaines, mais sur la base de 365 jours, voire 365,25 jours, pour tenir compte des années bissextiles.

Ainsi, un salarié effectuant 35 heures par semaine peut se voir attribuer un horaire théorique de :

- 151,67 [(35 heures × 52 semaines) / 12 mois].
- 152,25 heures [(35 × 52 / 12) + (35 / 5 / 12)] pour tenir compte du 365e jour représentant 1/5 de la durée d'une semaine de travail.
- 152,40 heures [(35 × 52/12) + (35 / 5 / 12) × 1,25)] pour tenir compte à la fois du 365e jour comme vu ci-dessus, mais également des répercussions du 366e jour qui revient une année sur quatre, la durée moyenne d'une année étant alors de 365 jours + 1/4.

Le choix du mode de calcul pour définir l'horaire théorique n'est pas sans effet, on le verra au moment de définir les bases des taux horaires.

Ce cadre réglementaire s'applique obligatoirement à tous les salariés à l'exception des travailleurs à domicile, des travailleurs saisonniers, des salariés des professions agricoles et des travailleurs intermittents, c'est-à-dire ceux effectuant un travail discontinu.

Les avantages de cette loi vont au-delà du simple cadre de la rémunération. La loi définit également les règles de paiement des jours fériés. Ils ne peuvent pas être la cause d'une diminution de la rémunération pour un salarié dès lors que ce dernier satisfait aux conditions suivantes :

- avoir au moins trois mois d'ancienneté dans l'entreprise ou avoir accompli au moins 200 heures de travail dans les deux mois qui précèdent le jour férié ;
- et être présent le dernier jour qui précède le jour férié ainsi que le premier jour lui faisant suite (sauf bien sûr si le salarié a été autorisé par son employeur à s'absenter au préalable).

Cette seconde condition a suscité une abondante jurisprudence dans le cas de grèves. Les employeurs devaient-ils payer le jour férié lorsque la veille ou le lendemain dudit jour des salariés se mettaient en grève ? Des arrêts récents ont clarifié la situation et les juges ont répondu par l'affirmative au motif principal qu'une absence pour grève ne peut être assimilée à une « absence non autorisée » : un employeur ne saurait « autoriser une grève », il doit y faire face et c'est tout. L'indemnisation du jour férié chômé est donc admise pour le salarié en grève le lendemain ou la veille de la fête légale.

Lorsqu'un jour férié tombe un jour de repos hebdomadaire, il n'ouvre pas pour autant droit à un quelconque report ou à une indemnisation particulière, sauf disposition conventionnelle plus favorable.

Il est à noter qu'un jour férié n'est pas légalement obligatoirement chômé, à la seule exception du 1er Mai, jour de la fête du Travail, sauf pour les jeunes travailleurs et apprentis de moins de 18 ans ainsi que pour les femmes employées dans des établissements autres que les établissements commerciaux et les bureaux industriels. Le travail un jour férié n'entraînera toutefois pas pour le personnel payé au mois une quelconque modification du salaire si l'on s'en réfère exclusivement au Code du travail. Seul le travail un 1er Mai entraîne le versement d'une indemnité supplémentaire égale au salaire versé ce jour aux personnes amenées à travailler à ce moment.

Dans les faits, le repos durant un jour férié est institutionnalisé soit de par les usages, soit de par les conventions collectives. Dans le domaine de la distribution ou de la restauration les écarts à ces règles de « repos un jour férié » sont fréquents bien que les règles d'indemnisation pour ces journées soient en règle générale très favorables (*cf.* la convention collective des grands magasins qui prévoit le paiement une seconde fois du salaire en sus de la rémunération normale versée le jour férié). Les salariés des banques, du fait de la pratique des jours « non bancables » bénéficient souvent pour leur part de jours supplémentaires les veilles ou lendemains de certaines fêtes légales.

On remarquera qu'en matière de « jours fériés », le lendemain du jour de Noël et seulement dans les communes où existe un temple protestant ou mixte – restriction apportée par un arrêt de Cour de cassation – le Vendredi saint sont des fêtes légales dans le droit local pour l'Alsace-Lorraine (Haut-Rhin, Bas-Rhin et Moselle) ce droit local ayant de nombreuses incidences en matière de paie, sur des sujets très divers, comme les taux de cotisations, les règles d'indemnisation de la maladie, etc. De même, la commémoration de l'abolition de l'esclavage par la France fait l'objet d'une journée fériée dans les départements d'outremer. Un décret du 23 novembre 1983 en fixe la date : 27 mai pour la Guadeloupe, 10 juin pour la Guyane, 22 mai pour la Martinique, 20 décembre pour la Réunion, 27 avril pour Mayotte. Il existe également un certain nombre de fêtes professionnelles qui génèrent des journées de repos chômées et payées : la Sainte-Barbe dans les exploitations et établissements miniers, la Saint-Éloi (la plupart des salariés relevant de la métallurgie dans les départements du Nord et du Pas-de-Calais), la Sainte-Catherine, jour de fête dans la couture…

Les jours fériés ont été placés à la une de l'actualité française à l'occasion du plan « dépendance » présenté par le gouvernement après la canicule de 2003. Ce plan a institué une journée supplémentaire de travail (soit 7 heures), la journée de solidarité, par la suppression d'un jour férié. La date retenue pour ce jour férié supprimé a été généralement le lundi de Pentecôte, mais il a été autorisé que, par voie d'accord, l'entreprise puisse retenir tout autre jour férié, voire qu'elle augmente la durée du travail en réduisant le nombre de jours de réduction du temps de travail. Il est même possible que cette journée de solidarité puisse être fractionnée en heures. L'augmentation du nombre d'heures de travail concerne tous les salariés y compris ceux qui travaillent à temps partiel – au prorata de leur durée contractuelle de travail. Un salarié changeant d'entreprise en cours d'année n'est redevable que d'une seule journée de solidarité. La mise en place de la journée de solidarité a eu pour effet parallèle de faire passer la durée annuelle du travail de 1 600 à 1 607 heures, les employeurs devant de leur côté acquitter une taxe supplémentaire de 0,3 % de la masse salariale, cette contribution étant versée au profit de la Caisse nationale de solidarité pour l'autonomie (à noter que parallèlement à la mise en place de cette nouvelle cotisation, une contribution ayant la même finalité a été assise sur les revenus du capital sous forme d'une contribution exceptionnelle au prélèvement social de 2 %). Les premières années d'application de dispositif ont montré que l'expression de la solidarité était à géométrie variable entre entreprises publiques et privées. À la SNCF par exemple, la journée de solidarité a été prise sous forme d'un travail supplémentaire de… quelques minutes chaque jour de travail : aux guichets, aucun client n'a vu quelque changement que ce soit dans une extension équivalente des horaires d'ouverture. Dans l'Éducation nationale, les écoles sont restées fermées le lundi de Pentecôte alors que de nombreux parents devaient travailler ce jour-là. Les entreprises dépendant des livraisons pouvaient se trouver devoir, pour leur part, faire travailler leurs salariés ce jour alors que les camions restaient interdits de circulation, *a fortiori* quand le lundi de Pentecôte est redevenu un jour férié, etc. En matière de paie, cette journée de solidarité a suscité de nombreuses jurisprudences, et on citera plus particulièrement celle relative au fait qu'un employeur a bien été autorisé à pratiquer une réduction de rémunération à un salarié ayant refusé d'effectuer la journée de solidarité fixée un jour férié précédemment chômé (cassation sociale du 7 avril 2010).

Ce qui constituait le cadre de la loi de mensualisation avait également fixé un certain nombre de jours de congés pour « événements personnels », accordés aux salariés sur justification :

- 4 jours pour le mariage (ou le remariage !), peu importe qu'il s'agisse d'un mariage civil ou religieux ;
- 1 jour pour le mariage d'un enfant (aucun jour pour l'enfant du conjoint) ;
- 2 jours pour le décès d'un conjoint ou d'un enfant (ces dispositions étant également applicables au Pacte civil de solidarité – PACS) ;
- 1 jour pour le décès du père, de la mère, d'un frère, d'une sœur ou d'un des beaux-parents (il faut entendre par beaux-parents les parents du conjoint, et non la personne avec laquelle le père ou la mère s'est remarié).

Ces congés sont accordés en jours ouvrables et octroyés sans aucune condition d'ancienneté (à la différence de l'accord interprofessionnel préalable à la loi qui imposait que le salarié justifie d'au moins six mois d'ancienneté – pour les congés mariage – et trois mois d'ancienneté – pour les congés décès : cette règle a cependant été conservée pour le décès d'un frère, d'une sœur ou d'un des beaux-parents).

Parallèlement aux restrictions liées à l'ancienneté, la Cour de cassation a eu l'occasion de considérer que si un salarié convole durant son congé payé, aucune indemnité ne lui était due au titre de son congé de mariage, il ne peut prétendre prolonger son congé payé de quatre jours, durée du congé de mariage. On peut donc raisonnablement penser que cette décision doit également être étendue à l'ensemble des congés pour événements familiaux.

Des congés plus longs ou supplémentaires (ex. : mariage d'un frère ou d'une sœur, cérémonie religieuse, fêtes juives ou musulmanes, déménagement, maladie d'un enfant…) peuvent être prévus dans les conventions collectives. À ce sujet, on pourra regretter que la présentation de ces avantages supplémentaires ne soit pas toujours rendue très claire. Ainsi, dans certaines conventions collectives, on peut parfois noter qu'après une année d'ancienneté, « le salarié aura droit à six jours ouvrables de congé pour son mariage ». Cette formulation ne saurait faire oublier que même si le salarié n'a pas un an d'ancienneté, il n'en a pas moins le droit de bénéficier du congé de quatre jours prévu par la loi.

On rappellera également que les salariés – de sexe masculin exclusivement car les femmes bénéficient pour leur part des règles régissant les congés de maternité ou d'adoption – peuvent bénéficier d'un congé de trois jours en cas de naissance ou d'adoption d'un enfant. Par lettre ministérielle du 16 septembre 1988, il est stipulé que « l'autorisation d'absence perd toute signification si l'intéressé se trouve, au moment de l'événement, en période d'interruption de travail pour une raison quelconque et notamment pour congés annuels, sauf disposition conventionnelle contraire ». Cette position rejoint donc celle citée ci-dessus retenue par la Cour de cassation à l'égard des congés pour événements familiaux. Le congé de naissance de trois jours peut être complété par un congé de paternité de onze jours, consécutifs ou non (18 jours en cas de naissance multiple) qui doit être pris dans les quatre mois suivant la naissance. Le maintien de la rémunération est assuré par la Sécurité sociale, dans la limite d'un montant maximal : ceci explique que relativement peu de cadres utilisent ce droit à congé, l'employeur n'ayant aucune obligation légale de leur assurer le paiement du salaire perdu non pris en charge par la Sécurité sociale.

Enfin la loi de « mensualisation » du 19 janvier 1978 avait également fixé les règles de calcul des indemnités de départ à la retraite ou de licenciement ainsi que les conditions de maintien de la rémunération en cas de maladie ou d'accident. Nous reviendrons plus longuement sur ce dernier point dans le paragraphe 3.4 de la deuxième partie.

Tout salarié « mensualisé » doit, aux termes de la loi, se faire remettre son bulletin au moins une fois par mois ; la fixation du jour de remise de la paie étant laissée à l'initiative des employeurs. Si la plupart de ces derniers ont retenu « le dernier jour ouvré du mois » les pratiques de « paie décalée », c'est-à-dire de paies versées le 10, voire jusqu'au 15 du mois qui suit le mois de paie ne sont pas rares. La décision du jour de remise de la paie a des conséquences sur le jour de paiement des cotisations aux organismes collecteurs et n'est pas neutre en termes de trésorerie pour les entreprises qui adoptent cette solution. Bien entendu, une fois qu'il a choisi la date à laquelle il entend régler les paies, l'employeur doit toujours maintenir dans le cadre d'un versement mensuel un écart d'une trentaine de jours entre deux versements !

La paie ne peut se faire un jour durant lequel le salarié est de repos ; cette restriction n'a toutefois plus vraiment de répercussions dans la mesure où les paies sont, en règle générale, virées sur un compte bancaire. Cette situation rend quelque peu anachronique l'interdiction qu'ont les employeurs de remettre la paie dans un débit de boisson ou un magasin de vente (sauf pour le personnel qui y est employé !). Hélas, si le législateur avait cru devoir apporter cette précision, on se doute que nombre de paies ont été englouties en de tels lieux, surtout quand les paiements se faisaient directement en espèces sonnantes et trébuchantes… Dans le même ordre d'idées, il convient de préciser que l'employeur ne peut se libérer de son obligation contractuelle en matière de salaire par l'octroi d'avantages non contractuels. En revanche, et alors que le salaire est la contrepartie du travail, l'obligation de paiement du salaire disparaît dès lors que le travail n'a pas été effectué, sauf cas particuliers de périodes qui, bien que non travaillées, font l'objet d'un paiement (comme les congés payés).

C'est la loi qui détermine le paiement du salaire en espèces, chèque ou virement. Le principe du paiement en argent est en effet obligatoire (la loi interdit les paiements en nature ; elle interdit par ailleurs à un employeur d'organiser des magasins de vente dans les locaux lui appartenant ou d'imposer à ses salariés l'obligation de dépenser tout ou partie de leur salaire dans des magasins désignés par lui-même).

Un salarié dont la rémunération est inférieure à 1 500 € net par mois peut être payé en espèces s'il le souhaite. Si sa rémunération est supérieure à 1 500 € net le salaire doit être obligatoirement versé en chèque ou virement. Entre ces deux bornes, l'employeur peut payer comme il lui convient ou accepter de négocier collectivement sur ce point le mode de versement des rémunérations. Une telle règle peut véritablement poser des problèmes aux entreprises ne disposant pas de trésorerie suffisante pour faire face à des sorties d'espèces importantes alors que, parallèlement, l'employeur ne saurait obliger un salarié à posséder un compte bancaire.

On notera que le principe de la mensualisation n'est pas retenu par des organismes comme la Sécurité sociale ou les Assedic. Les paiements d'indemnités effectués par ces organismes se font toujours par rapport au nombre réel de jours d'un mois considéré : un chômeur indemnisé percevra ainsi moins d'indemnisation en février qu'en juillet, un salarié en arrêt maladie et bénéficiaire d'indemnités versées par la Sécurité sociale sera dans la même situation.

1.3. Les limites à la libre fixation du salaire

De prime abord, les salaires sont librement fixés dans le cadre du contrat de travail à l'issue de ce qui est souvent une forme de « négociation » entre l'employeur et son futur salarié. Dans les faits, les partenaires sociaux, par le biais des conventions collectives, mais aussi le législateur, à travers notamment l'instauration d'une rémunération minimale obligatoire, ont mis en place un cadre qui vient limiter cette notion de libre fixation du salaire. De même, la pratique des « enchères inversées » en vogue dans certains pays consistant à attribuer un poste au salarié proposant la rémunération la plus basse est interdite en France, à peine de nullité du contrat de travail.

1.3.1. L'obligation d'une rémunération minimale

1.3.1.1. La notion de minimum hiérarchique ou de salaire minimum conventionnel

Parmi les points les plus importants abordés dans la rédaction d'une convention collective, la détermination d'un « salaire minimum hiérarchique » (SMH), ou « salaire minimum conventionnel » (SMC) en fonction de la qualification professionnelle des salariés ou du niveau d'études des intéressés, occupe sans nul doute une place privilégiée en matière de rémunération. Lorsqu'il définit un salaire minimal mensuel, le calcul de ce SMH ou SMC résulte souvent d'une formule du type : coefficient attribué au salarié, multiplié par une valeur de point telle que négociée par les partenaires sociaux ; cette valeur s'appliquant à l'ensemble d'un secteur professionnel. Si l'on prend une valeur de point égale à 6 euros, la rémunération minimale d'un salarié au coefficient 270 ne pourra être inférieure à (6 × 270) soit 1 620 euros. De plus en plus de conventions collectives retiennent cependant une valeur de rémunération minimale propre à chaque niveau de qualification, sans passer par cette étape de valeur de point.

Si la formule est simple, son mode d'application devra être plus nuancé. Il convient, en effet, de définir au préalable les éléments qui vont eux-mêmes servir à définir le salaire minimum hiérarchique. Faut-il prendre en compte le seul salaire de base et comparer le SMH/SMC à celui-ci pour vérifier si le salarié est bien dans ses droits ? Ou faut-il ajouter d'autres éléments au salaire de base comme les primes conventionnelles versées en une ou plusieurs fois (prime 13e mois principalement, primes de vacances…) ? La Cour de cassation a cependant déjà pu décider que la prime d'ancienneté n'a pas, en l'absence de dispositions particulières, à être prise en compte pour le calcul du salaire minimal conventionnel.

En d'autres termes, peut-on allouer un salaire de base inférieur au SMH/SMC mensuel prévu pour un individu, au motif que le versement d'une prime 13e mois par exemple a pour effet de faire passer la rémunération globale du salarié au-dessus du minimum fixé ? Ainsi, si un salarié a un SMH/SMC de 1 500 euros et qu'il perçoit chaque mois un salaire de 1 480 euros mais sur 13 mois, l'employeur peut-il alléguer que sur l'année le salarié aura donc perçu plus que le SMH/SMC mensuel × 12 ? Les réponses sont en fait bien souvent fonction de la rédaction des clauses conventionnelles qui définissent ces minima et qui abordent souvent désormais ce problème sous forme de « garantie annuelle » précisant que sur l'année, la rémunération d'un salarié à un niveau défini de qualification ne peut être inférieure à « tel montant ». Il est à noter que ce montant annuel peut d'ailleurs fort bien être le salaire mensuel minimal × 13 mois. Cette définition d'un salaire minimal annuel égal à treize salaires mensuels vise naturellement à éviter que les salariés se voient indirectement supprimer l'attribution d'un 13e mois dont ils pouvaient bénéficier. À défaut de précision de la convention collective, un employeur se doit d'assurer chaque mois à ses salariés un revenu au moins égal à la rémunération mensuelle minimale. Cette garantie peut donc poser problème face à des salariés payés pour une très large part à la commission et qui peuvent avoir un niveau de rémunération très fluctuant d'un mois sur l'autre. Un employeur a donc tout intérêt à proposer un système d'avances récupérables dans un tel cas de figure.

Dans le prolongement de ce sujet de « l'annualisation du minimum », la Cour de cassation avait donc admis un temps que la prime de 13e mois devait être incluse dans le calcul du salaire minimum hiérarchique. Dans un autre arrêt rendu ultérieurement, la Cour a adopté une position inverse car elle avait déduit des circonstances de fait, la volonté implicite des parties de déroger à la convention collective au profit du salarié concerné et d'exclure par conséquent le 13e mois du salaire minimum conventionnel... En effet, le contrat de travail en cause prévoyait le bénéfice du 13e mois d'une façon séparée de la rémunération mensuelle.

La rédaction des contrats doit donc être d'une grande précision ; la mention expresse de l'inclusion ou de l'exclusion de certaines primes du salaire minimum conventionnel étant le plus sûr moyen d'éviter tout litige.

D'une façon générale, il convient de préciser que dans les entreprises pourvues d'au moins un délégué syndical, les salaires font l'objet d'une négociation annuelle obligatoire (NAO). Quand bien même l'employeur n'a jamais obligation de conclure par un accord de telles négociations, la question de « grilles de salaire » se trouve régulièrement posée lors des discussions qui interviennent.

La notion de rémunération minimale constitue l'une des garanties sociales majeures des salariés. Il reste cependant encore des conventions collectives qui offrent cette particularité d'être en retard sur le plan réglementaire en ce qui concerne les SMH des salariés les moins qualifiés ; si l'on a pu dire que les conventions collectives étaient souvent plus favorables que les textes issus du Code du travail, certaines présentent encore la particularité de proposer certains SMH mensuels, du fait de leur non-revalorisation, inférieurs au Smic mensuel. Il est évident qu'en la matière, c'est le Smic qui devra s'appliquer et non le SMH, le Smic constituant la base minimale de rémunération de l'ensemble des salariés, à quelques exceptions près.

1.3.1.2. La notion de Smic

Le Smic, salaire minimum interprofessionnel de croissance, fixé par décret et revalorisé dès que la progression cumulée de l'indice Insee dépasse 2 %, est le seuil en dessous duquel il est interdit de rémunérer un salarié.

Les derniers chiffres disponibles permettaient de constater que le Smic concernait plus de 3 millions de personnes, ce nombre étant cependant en constante progression. Le Smic est, de plus, revalorisé au 1er janvier de chaque année de façon à ce que son évolution suive celle de la moyenne des salaires réels. Son augmentation du 1er janvier d'une année au 1er janvier d'une autre année doit être au moins égale à la moitié de l'augmentation du taux horaire des salaires horaires moyens enregistrés par les enquêtes trimestrielles du ministère du Travail.

La conjoncture politique peut également entraîner une revalorisation importante (témoin l'augmentation de 10 % au lendemain de l'élection de F. Mitterrand en 1981, celle de 4 % après l'élection de J. Chirac en 1995, celle de 4 % à nouveau après les élections législatives de 1997). De façon plus générale, le Smic peut donc être revalorisé si le gouvernement le juge utile (principe dit « du coup de pouce »). Le 1er juillet 2001, le Smic avait augmenté de façon relativement substantielle (4,05 % dont « seulement » 0,29 % au titre du « coup de pouce ») et sans rapport avec l'inflation enregistrée. Cette augmentation que peu de personnes avaient anticipée résultait pour une large part de la conséquence des 35 heures : comme dit cidessus, l'augmentation du Smic résulte donc pour une part d'une prise en compte d'un taux horaire : à rémunération constante, un taux horaire, base 35 heures, est naturellement plus élevé qu'un taux horaire, base 39 heures. Ceci a donc entraîné mécaniquement une augmentation pour le moins inhabituelle dans une période d'inflation maîtrisée.

N. Sarkozy aura été le premier président à ne pas donner de « coup de pouce » au Smic au lendemain de son élection en 2007. Il est vrai qu'à l'heure de la mondialisation et des délocalisations, jamais le coût trop élevé – pour les employeurs – de la main-d'œuvre n'a autant été au centre des débats en France.

Le Smic ne concerne cependant pas les apprentis payés selon un pourcentage du Smic, ce pourcentage variant en fonction de l'âge et de l'année d'apprentissage. Ces pourcentages sont fixés comme suit :

Année / **Tranche d'âge**	**16-17 ans**	**18-20 ans**	**21-25 ans**
1re année	25 %	41 %	53 %
2e année	37 %	49 %	61 %
3e année	53 %	65 %	78 %

Le Smic ne concerne pas non plus les travailleurs rémunérés au pourboire, tout au moins lorsque celui-ci est perçu et centralisé directement par leur employeur. De même, le Smic ne s'applique pas aux VRP – voyageurs représentants placiers – dont l'horaire de travail n'est pas vérifiable. Ces VRP bénéficient toutefois, s'ils exercent à temps plein leur activité, d'un revenu minimal garanti par leur convention collective et fixé à 520 fois le taux horaire du Smic. En revanche, la jurisprudence a admis que le Smic était applicable aux salariés rémunérés à la tâche ou aux pièces, ainsi qu'aux travailleurs à domicile, ceux-ci ne pouvant percevoir une rémunération horaire inférieure au Smic pour les heures qu'ils ont pu effectuer.

Le Smic peut également être abattu de 20 % pour les salariés âgés de moins de 17 ans, c'est-à-dire ceux ayant entre 14 et 17 ans : le travail à partir de 14 ans est en effet possible dès 14 ans pour les jeunes qui veulent travailler pendant leurs vacances scolaires à condition que le travail effectué soit dit « léger », que le jeune garde un minimum de temps de repos – égal à la moitié de son temps de vacances – et qu'enfin, l'inspecteur du travail ne s'oppose pas à cette situation. Un employeur est tenu d'informer l'inspecteur de son désir d'embaucher un jeune de 14 ou 15 ans, même si la durée de l'embauche ne dure qu'une semaine ou moins. L'inspecteur dispose alors d'un délai de huit jours pour notifier son désaccord éventuel. Pour les salariés âgés entre 17 et 18 ans, l'abattement, si abattement il y a, ne peut être que de 10 %. Cet abattement est cependant supprimé dès que le jeune salarié justifie de plus de six mois de pratique professionnelle dans la branche d'activité dont il relève.

Les handicapés, travailleurs à aptitude réduite, qui exercent une activité professionnelle, bénéficient d'une garantie de ressources à la charge des employeurs et calculée au cas par cas en fonction du Smic ; l'État prenant à sa charge un complément de rémunération.

Enfin, pour les salariés en situation de chômage partiel et ayant subi une réduction de leur horaire, la loi a institué une rémunération minimale mensuelle égale au Smic minoré des cotisations obligatoires (voir le paragraphe 4.2 sur le chômage partiel dans la troisième partie).

Les éléments qu'il est possible de prendre en compte, autres que le salaire de base mensuel, pour définir si le salarié est bien rémunéré au moins au Smic, sont limités. Seuls peuvent être intégrés :

- les avantages en nature logement doivent être évalués d'après leur valeur réelle, au prix de revient pour l'employeur. Dans l'hypothèse où le logement est un accessoire du contrat de travail, le logement est évalué à 0,60 € par mois (ce chiffre n'ayant pas changé depuis l'année 1951, l'ancien montant en francs avant la mise en place de l'euro étant de 4,50 F par mois) ;

- les avantages en nature nourriture, évalués pour deux repas (à défaut d'accord ou de convention) à deux fois le minimum garanti (notion que nous aborderons au paragraphe 1.5) et pour un repas, une fois le minimum garanti ;
- les autres avantages en nature, qui sont évalués d'après leur valeur réelle au prix de revient pour l'employeur ;
- les primes de rendement ;
- et, plus généralement, les primes ayant le caractère de fait d'un complément de salaire (tel le 13e mois), à l'exclusion des sommes versées au titre des remboursements de frais ou de la participation de l'employeur aux frais de transport pour les salariés des entreprises situées à Paris ou en région parisienne, à l'exclusion également des majorations pour heures supplémentaires.

Un employeur ne peut pas, de plus, décider soudainement (à la suite d'une revalorisation du Smic, par exemple) de pratiquer des acomptes mensuels sur le 13e mois alors que depuis des années celui-ci faisait l'objet d'un ou de deux versements. La Cour de cassation y a vu une intention délibérée de satisfaire par un moyen détourné aux obligations du Smic.

Par ailleurs, l'employeur ne peut en aucun cas intégrer à la base du Smic les primes d'ancienneté, les primes d'assiduité, les indemnités de fin de contrat à durée déterminée ou d'intérim, les indemnités de non-concurrence, les majorations pour les heures supplémentaires, ou effectuées un dimanche, ou un jour férié, les primes de conditions de travail, ainsi que les primes de panier (versées aux salariés contraints de prendre une collation ou un repas en raison de leurs conditions particulières de travail ou de leur horaire d'activité : travail en équipe, de nuit, posté, en horaire décalé, etc.).

La remise en cause du Smic constitue un thème de débat qui revient régulièrement, et notamment à la veille des grandes consultations électorales. Nombre d'employeurs considèrent que le niveau du Smic d'aujourd'hui constitue un « frein à l'embauche » puisqu'il reviendrait à « surrémunérer » des jeunes sans expérience. Il est évident que cette position est vigoureusement contestée par les syndicats qui refusent par ailleurs toute

« annualisation du Smic », proposition qui avait été faite un temps par le patronat dès la fin des années 1980. L'objectif de la demande visait bien entendu à permettre de prendre en compte, par exemple, des primes 13e mois, des primes propres à chaque entreprise pour définir la notion de rémunération minimale annuelle ; cette proposition n'étant pas sans rappeler l'évolution connue au niveau du secteur de la métallurgie, évolution que nous avons déjà pu aborder précédemment.

Avec la mise en place des 35 heures, le Smic a connu une augmentation très forte. Le ministère du Travail avait rappelé que les salariés employés pour 39 heures et payés au Smic avant la mise en place des 35 heures ne devraient pas percevoir une rémunération réduite lorsqu'ils seraient à 35 heures. Il avait donc été conçu un système compliqué de garantie légale de rémunération, assurée par le versement d'un complément de salaire : le montant du complément était variable selon la date à laquelle l'entreprise passait aux 35 heures. On avait créé ainsi jusqu'à cinq niveaux différents de Smic selon la date à laquelle le passage aux 35 heures s'était effectué.

Face aux critiques soulevées par ces Smic multiples, le gouvernement issu des élections de 2002 avait décidé de mettre un terme au dispositif de garantie mensuelle de rémunération, et de porter progressivement du 1er juillet 2003 au 1er juillet 2005 les différentes garanties de rémunération et le Smic au niveau de la garantie la plus élevée, c'est-à-dire celle créée au 1er juillet 2002. Ceci a donc entraîné de façon mécanique une nouvelle forte augmentation du Smic. La mise en œuvre de ce dispositif avait nécessité un nouveau cortège d'exonérations (« les exonérations Fillon », du nom du ministre les ayant mises en place alors qu'il n'était cependant pas encore Premier ministre) d'un calcul particulièrement complexe, et qui avaient remplacé les anciens mécanismes nés des lois Aubry (« réductions Aubry » et « Aubry 2 ») – au demeurant tout aussi complexes !

Pour illustrer la complexité du mécanisme des « aides Fillon », on ne résistera pas à communiquer la formule permettant de calculer la réduction générale des cotisations. Dans le cas général (il existe un régime légèrement différent pour les entreprises de moins de 20 salariés), le montant de la réduction calculé chaque mois civil pour chaque salarié est égal au produit de la rémunération mensuelle par un coefficient égal à :

(0,26 / 0,6) × [(1,6 × Smic × nombre d'heures rémunérées/rémunération mensuelle brute) – 1]

Les aides dites « aides Fillon » cessant lorsque la rémunération brute est supérieure à 1,6 fois le Smic, force est de constater qu'avec de tels dispositifs on incite les employeurs à écraser les rémunérations à des niveaux resserrés par rapport au niveau du Smic : ceci n'est pas le meilleur remède pour développer la motivation… – surtout que les augmentations accélérées du Smic ont également contribué à augmenter de façon significative le nombre des smicards, et à tasser les rémunérations. Alors que les salariés payés au-dessus du Smic ne connaissaient pas les taux d'augmentation des salariés payés au Smic, l'évolution du Smic ne s'est donc pas faite sans développer chez certains salariés de profonds sentiments de démotivation lorsqu'ils constataient le faible écart entre leur rémunération et celle de leurs collègues payés au Smic. Lorsqu'un salarié constate qu'il gagne aujourd'hui quelques euros de plus qu'un smicard quand, quelques années avant, il gagnait beaucoup plus que le Smic, il ne peut être que désabusé. Et on rappellera l'adage qui dit que « si le salaire n'est pas la principale source de motivation chez un salarié, c'est la principale source de démotivation ! ».

À titre indicatif, on rappellera que le Smic était équivalent à 6,41 € au 1er juillet 2000 et était de 8,27 € au 1er juillet 2006, soit une augmentation de 29 % en six ans. Dans le même temps, l'inflation avait été d'environ 11 %. Or, et la situation est pour le moins paradoxale, malgré cette croissance du Smic plus élevée que celle de l'inflation, les problématiques de pouvoir d'achat pour les smicards sont particulièrement fortes ! Il est vrai que, pour les personnes qui entrent sur le marché du travail et qui travaillent 35 heures, elles percevront 151,67 fois le taux horaire du Smic. Sur une base 39 heures, elles auraient perçu 169 fois le taux horaire du Smic, soit 17 heures de plus… Alors que des sources de dépenses (notamment celles liées à la téléphonie mobile, au coût de l'essence, ou à l'immobilier) font des trous de plus en plus importants dans les budgets, ces quelque 17 heures qui ne sont plus payées font grandement défaut. Depuis juillet 2006, l'augmentation du Smic est de nouveau davantage en ligne avec l'inflation, étant précisé que depuis 2010, le Smic n'est donc plus réévalué le 1er juillet, mais le 1er janvier.

Dans les entreprises du secteur de l'hôtellerie et de la restauration, longtemps à la traîne sur le plan social, le Smic hôtelier (moins favorable, car intégrant notamment la nourriture fournie au personnel) a été supprimé et par voie de conséquence aligné sur le Smic national en parallèle à la mise en place progressive des 35 heures. Dans le même temps, un régime particulier de rémunération des heures comprises entre 35 et 39 heures a été instauré, ce qui amène de nombreuses entreprises à continuer à retenir un horaire de branche à 169 heures ; ce qui permet, en définitive, à ce secteur de donner plus de pouvoir d'achat à un salarié payé au Smic que celui qu'il aurait en travaillant dans un autre secteur à 35 heures. Cet alignement ne s'est cependant fait qu'en contrepartie de l'octroi d'aides spécifiques données par l'État, et très coûteuses pour le budget du pays et la collectivité. Ces mêmes aides ont ensuite été supprimées lorsque la TVA a été ramenée pour ce secteur de 19,6 % à 5,5 %. Cette situation illustre bien la situation qui est celle de la France où le poids de la rémunération et des charges sociales est tel qu'il faut mettre « sous perfusion » un grand nombre d'emplois, sous peine de les voir disparaître ou délocaliser. Ce constat ne peut manquer de susciter l'inquiétude.

Autre situation qui ne peut qu'interpeller, c'est le fait qu'alors que le Smic avait une vocation sociale, en constituant bien un minimum de rémunération, minimum dont on était supposé s'écarter rapidement, il est devenu au cours des récentes années une sorte de voiture-balai ramassant de plus en plus de salariés et a perdu cette dimension de seuil minimal temporaire. On comprend mieux, dans ces conditions, la décision qui avait été prise de ne pas augmenter le Smic au 1er juillet 2007 dans le souci de ne pas en élargir encore le nombre de bénéficiaires ; cette même logique ayant dicté l'absence de « coups de pouce » significatifs les années qui ont suivi.

1.3.1.3. Le rôle du Smig

L'institution d'un salaire minimal en France remonte à la loi du 11 février 1950 ; le gouvernement de l'époque avait alors fixé un salaire minimum interprofessionnel garanti (décret du 23 août 1950). À partir de la loi du 18 juillet 1952, le Smig évoluait automatiquement en fonction des variations de l'indice des prix à la consommation (dès que celles-ci atteignaient ou dépassaient 5 %). La loi du 26 juin 1957 modifia ce système d'indexation et le Smig fut désormais modifié lorsque l'indice avait accusé au cours de deux mois consécutifs une augmentation égale ou supérieure à 2 %. L'évolution du Smig se fit dès lors avec un certain retard par rapport à la tendance générale des salaires, et c'est donc pour cette raison qu'il fut brutalement réajusté de 35 % au lendemain de l'explosion sociale de Mai 68. Le Smig avait alors vécu, et sa réglementation devait être réformée. Il était remplacé par le Smic en tant que garantie sociale (le Smic offrant en effet, en outre par rapport au Smig, une revalorisation du pouvoir d'achat le 1er juillet), par la loi du 2 janvier 1970.

Le Smig ne sert plus aujourd'hui qu'en tant qu'élément de référence pour le calcul de diverses indemnités ou avantages sociaux comme le niveau d'indemnisation par l'État en cas de chômage partiel. Son rôle tend cependant à se réduire – pour ne pas dire à disparaître – comme le montre le fait que les dispositions adoptées en 2002, pour fixer le montant des seuils d'exonération des avantages en nature, ont cessé de prendre comme référence le Smig.

1.3.2. L'interdiction de l'échelle mobile

La loi interdit (article R. 3252-7 du Code du travail et ordonnance du 30 décembre 1958) de prévoir des clauses qui stipulent une indexation des salaires sur l'indice Insee des prix à la consommation. Une clause prévoyant une rémunération égale au Smic + 10 % serait donc interdite. Il est toutefois possible d'indexer les salaires sur les prix de vente des produits et biens fabriqués dans l'entreprise : les entreprises du secteur bâtiment et travaux publics pourraient ainsi choisir d'indexer les salaires sur l'indice du coût à la construction. Il est également possible d'indexer les salaires sur le chiffre d'affaires ou les bénéfices de l'entreprise, ou encore sur le prix d'achat des matières premières utilisées dans la fabrication.

Des clauses prévoyant des réunions afin d'examiner l'évolution des salaires par rapport à l'indice Insee ne sont également pas illicites, dès lors qu'elles n'évoquent pas une obligation de conclure.

La notion d'échelle mobile semblait être quelque peu tombée en désuétude jusqu'à ce qu'elle ne redevienne d'actualité de par des demandes des syndicats, surtout dans la fonction publique, d'envisager des dates de rencontre afin de renégocier le niveau général des salaires, dans l'hypothèse où les montants d'augmentation générale qu'ils avaient obtenus lors des négociations annuelles de salaire se trouveraient être inférieurs à l'inflation de la période de référence. Ces « clauses de sauvegarde », qui s'apparentent donc à la notion d'échelle mobile, doivent être libellées avec prudence pour éviter que les entreprises ne se retrouvent condamnées pour non-respect de la loi.

Sur ce thème de la « révision » des rémunérations, on rappellera que des clauses individuelles figurant sur un contrat de travail et prévoyant un « réexamen » du salaire à des périodes définies, n'ont pas un caractère contraignant pour l'employeur (sauf si elles s'appuient sur des éléments d'appréciation clairement définis). La Cour de cassation a eu l'occasion de le définir ; un salarié ne saurait donc exiger une augmentation aux dates de réexamen.

Toute clause d'indexation illicite est frappée de nullité d'ordre public et considérée comme nulle et non avenue.

1.3.3. Le principe de l'égalité des rémunérations entre les hommes et les femmes

À travail égal, salaire égal ! Le célèbre slogan féministe du début des années soixante-dix s'est trouvé concrétisé par la loi de 1972 qui a rendu obligatoire l'égalité des bases de rémunérations des emplois communs aux hommes et aux femmes. La réalité observée au sein des entreprises montre qu'il convient d'être plus nuancé et l'analyse des nombreuses statistiques ministérielles publiées régulièrement sur ce thème suffit pour s'en convaincre. Ce sujet a pourtant fait l'objet de nombreuses lois (en 1972, puis le 13 juillet 1983, puis le 23 mars 2006). Il est à noter que les écarts sont souvent beaucoup plus sensibles au fur et à mesure que les qualifications professionnelles augmentent. On rappellera que les travaux considérés comme ayant une valeur égale sont ceux qui exigent des salariés un « ensemble comparable » :

- de connaissances professionnelles consacrées par un titre, un diplôme, ou une pratique professionnelle ;
- de capacités découlant de l'expérience acquise ;
- de responsabilités et de charge physique ou nerveuse.

Les facteurs de discrimination sont souvent multiples et difficiles à cerner : les femmes occupent plus d'emplois qui sont mal rétribués que les hommes, elles sont employées dans une gamme étroite de secteurs, principalement dans les services où les salaires sont souvent inférieurs et la sécurité de l'emploi minime, le facteur ancienneté entre en ligne de compte, ainsi que la durée du travail, en particulier en matière d'heures supplémentaires, de travail à temps partiel (le temps partiel étant la plupart du temps subi faute d'avoir trouvé un emploi à temps plein), et d'heures de nuit. Le différentiel tend cependant progressivement à diminuer même si cette évolution reste lente.

Alors que le respect des textes sur l'égalité professionnelle a pu se limiter bien souvent dans de nombreuses entreprises à afficher, comme la loi l'impose, le texte des articles du Code du travail relatifs à l'égalité professionnelle, les choses changent. Une loi du 9 novembre 2010 qui porte sur la réforme des retraites a prévu une pénalité financière de 1 % de la masse salariale brute des entreprises de plus de 50 salariés non couvertes par un accord ou un plan d'action concernant l'égalité professionnelle. Toutes les entreprises d'au moins 50 salariés sont concernées depuis le 1er janvier 2012. La loi prévoit une information annuelle sur l'égalité professionnelle hommes/femmes sous forme d'un rapport annuel (remis au comité d'entreprise des sociétés d'au moins 300 salariés) sur la situation comparée des conditions générales d'emploi et de formation des hommes et des femmes. Dans les entreprises de moins de 300 salariés, l'information s'opère dans le cadre du rapport annuel – dit rapport annuel unique – sur la situation économique. Ces rapports doivent contenir un plan d'action destiné à assurer l'égalité professionnelle. Les entreprises de 50 à 299 salariés doivent traiter au moins deux domaines d'action, celles d'au moins 300 salariés doivent en traiter au moins trois. Les domaines d'action concernent l'embauche, la formation, la promotion professionnelle, la qualification, la classification, les conditions de travail, la rémunération effective, l'articulation entre l'activité professionnelle et l'exercice de la responsabilité familiale. Les entreprises doivent définir le montant du budget consacré aux actions à mettre en œuvre et faire connaître en interne – comme le cas échéant en externe – une synthèse du plan d'action retenu. On voit donc que l'égalité professionnelle devient un sujet majeur dans le domaine de la paie y compris au regard de ses conséquences financières liées aux pénalités qui peuvent être décidées par les DIRECCTE (Directions régionales des entreprises, de la concurrence, de la consommation, du travail et de l'emploi). Les règles de paiement des primes pourraient évoluer : ainsi, s'il a été jugé par le passé que ne constitue pas une discrimination à l'égard des femmes la décision de l'employeur de payer le demi-treizième mois en cas d'arrêt maladie et d'en refuser le paiement en cas de congé de maternité au motif qu'en l'absence de disposition légale ou conventionnelle contraire, la suspension du contrat de travail pendant le congé maternité dispense l'employeur de son obligation de payer le salaire dont fait partie le demi-treizième mois réclamé. Il n'est pas certain qu'une telle approche ne soit pas très contestable aujourd'hui…

On notera cependant que le principe de non-discrimination s'applique dans l'autre sens également : si un accord collectif prévoit l'octroi de « primes de crèche aux mères de famille », les pères de famille doivent également pouvoir bénéficier de ces primes…

Au-delà de l'égalité des rémunérations « hommes/femmes », la Cour de cassation a pu préciser que l'employeur est tenu d'assurer l'égalité de la rémunération entre tous les salariés de l'un ou l'autre sexe (et non seulement de se limiter à une comparaison hommes/femmes), dès lors que les salariés en cause sont placés dans une situation identique. Il s'agit en fait, là aussi, d'une illustration directe du principe « à travail égal, salaire égal ». Un arrêt avait en son temps fait grand bruit : il concernait une secrétaire qui reprochait à son employeur de lui verser un salaire inférieur à celui que recevaient d'autres secrétaires effectuant un travail comparable. L'argumentation de l'employeur qui avait invoqué une ancienneté moindre avait été balayée dans la mesure où une prime d'ancienneté distincte du salaire de base, prenait déjà précisément en compte cette ancienneté. Cet arrêt avait provoqué un certain émoi au sein des directions des ressources humaines car il constituait, ni plus ni moins, une forme de remise en cause du pouvoir de direction reconnu à l'employeur. Celui-ci était ainsi autorisé dans ce cadre, à mener comme il l'entendait la gestion de son personnel, et notamment la politique salariale. La frontière est parfois étroite entre ce que l'on peut faire et ce que l'on ne peut pas faire, et dans la gestion des rémunérations, on se doit d'être prudent en matière de politiques d'individualisation des rémunérations qui se sont beaucoup développées dans les entreprises du secteur privé. Celles-ci doivent toujours s'exercer « sous haute surveillance » et les employeurs doivent pouvoir pleinement justifier de leurs choix même si d'autres arrêts ont été rendus qui considèrent que les différences de rémunération peuvent également être justifiées par des parcours professionnels différents. Or, bien évidemment, deux salariés n'ont jamais très exactement les mêmes parcours, ce qui pourrait laisser à penser qu'on a redonné un peu de souplesse aux entreprises dans le domaine de la fixation des salaires. Mais d'autres arrêts de cour de cassation ont pu être rendus, allant dans un sens contraire. Ce qui peut sembler légitime et frappé de bon sens (par exemple que deux salariés sur des mêmes postes ne font pas pour autant leur travail de la même façon et ne donnent pas la même satisfaction) n'est parfois pas toujours facile à démontrer. Des différences de rémunération doivent répondre à des exigences professionnelles essentielles et déterminantes.

Dans ce cadre, certaines entreprises ont développé des pratiques telles que pour une qualification définie, si le « salaire de base » est commun à tous les salariés, en revanche, elles créent des rubriques de paie « suppléments individuels », qui comme leur nom l'indique, sont bien individuels et propres à chaque salarié. Il est ainsi beaucoup plus aisé de justifier des écarts de la rémunération brute globale d'un individu à l'autre, les « suppléments » versés visant précisément à valoriser des éléments qui, même s'ils peuvent parfois avoir des connotations subjectives, peuvent diverger d'un individu à l'autre (assiduité, investissement individuel, disponibilité, qualités professionnelles personnelles, etc.). Mais là aussi, la frontière est particulièrement étroite, et un tel dispositif ne met absolument pas l'entreprise à l'abri de recours devant des juges de salariés qui viendraient à s'estimer discriminés…

Cette gestion du « salaire égal, travail égal », largement défendue par les syndicats peut d'autant plus poser problème pour les salaires proches du Smic. Il est souvent difficile d'expliquer à des salariés ayant une certaine ancienneté (par exemple, des conseillers de vente dans un magasin) que leur rémunération après plusieurs années de travail dans l'entreprise n'est en définitive que peu supérieure à celle des nouveaux qui viennent d'être embauchés, et qui bénéficient des derniers relèvements du Smic. Comme déjà mentionné dans le paragraphe sur le Smic, ce relèvement peut avoir pour effet d'écraser l'échelle des rémunérations… et est de nature à générer bien souvent frustration et démotivation ; l'entreprise pouvant n'avoir bien souvent que les moyens financiers de relever les seuls salaires proches du Smic, et non tous les salaires. Ce constat pose le problème de la capacité à chiffrer le montant de la différence de salaire qui peut – ou doit ? – exister entre deux salariés qui, sur le fond, effectuent sensiblement les mêmes tâches, même s'il apparaît indéniable que l'un connaît mieux son métier ou, dans l'exemple des vendeurs cités ci-dessus, les produits qu'il propose à sa clientèle.

1.3.4. L'interdiction des discriminations

1.3.4.1. Discrimination syndicale

En matière de salaire, la loi interdit à un employeur d'établir une quelconque discrimination fondée sur une appartenance syndicale : on rappellera l'article L. 2141-5 du Code du travail qui stipule qu'un employeur ne peut prendre en considération « l'appartenance à un syndicat ou l'exercice d'une activité syndicale pour arrêter ses décisions en ce qui concerne notamment l'embauchage, la conduite et la répartition du travail, la formation professionnelle, l'avancement, la rémunération et l'octroi d'avantages sociaux (…) ».

Toute position d'un employeur allant à l'encontre de ce principe serait considérée comme abusive et donnerait lieu à dommages et intérêts. La charge de la preuve de la discrimination sera toutefois à apporter par le salarié qui s'estime victime de cet état de fait. De façon régulière, des employeurs se trouvent condamnés à des peines d'amendes et à des réparations civiles. Diverses grandes sociétés ont pu être amenées à devoir conclure des accords afin de dédommager un nombre important de représentants du personnel des préjudices qu'ils avaient pu subir durant leur carrière professionnelle du fait de leurs mandats.

1.3.4.2. Discrimination liée à la forme du contrat

Les salariés sous contrat à durée déterminée doivent pouvoir bénéficier de la même rémunération à qualification et à fonctions équivalentes que le salarié à contrat à durée indéterminée.

Les salariés à temps partiel doivent bénéficier proportionnellement des avantages de la rémunération consentis par l'employeur aux salariés à temps complet après réduction du temps de travail hebdomadaire de ceux-ci. Ce principe était revenu particulièrement d'actualité à l'heure où les entreprises pouvaient proposer des compensations « 35 heures payées 39 heures ». Un salarié à temps partiel doit donc pouvoir prétendre, soit à une proposition de réduction de son horaire, soit au versement d'une somme compensatoire pour tenir compte de l'avantage que peuvent retirer ses collègues employés à temps plein.

1.3.4.3. Discrimination à l'égard des grévistes

L'exercice du droit de grève ne saurait donner lieu de la part de l'employeur à des mesures discriminatoires en matière de rémunération et d'avantages sociaux.

1.3.4.4. Interdiction de baisser la rémunération d'un salarié

Un employeur ne peut pas modifier unilatéralement la rémunération d'un salarié. Il est cependant possible dans certains cas de procéder à cette baisse :

- en cas de sanction disciplinaire ou de rétrogradation, la procédure ne pouvant s'appliquer que selon la procédure prévue aux articles L. 1331-4 et suivants du Code du travail ;
- si le salarié n'exécute pas son travail et ne fournit donc pas sa prestation contractuelle ;

- en cas d'impossibilité de réintégrer à son poste d'origine un salarié déclaré inapte ;
- en cas de demande de mutation par le salarié.

Dans tous les cas, l'employeur devra veiller à éviter que sa décision ne risque pas d'être assimilée à une sanction financière dont il aurait à répondre face à des tribunaux !

D'une façon générale, tout salarié qui s'estime victime de discriminations peut engager des actions en justice. Parmi les dispositifs non contentieux qui s'offrent à lui, un salarié peut également saisir la Haute autorité de lutte contre les discriminations et pour l'égalité (HALDE).

1.3.5. Les interventions de l'État

L'intervention directe de l'État dans le domaine de la fixation des salaires se limitait en définitive jusqu'à une époque récente aux quelques textes cités ci-dessus et qui n'ont pas connu d'évolution fondamentale depuis plus de vingt ans. Il convient bien sûr de rappeler que l'État intervient toutefois indirectement sur le salaire et par conséquent sur le coût de celui-ci au sein des entreprises : l'obligation des congés payés, la fixation autoritaire du taux des cotisations ou de la durée du travail, l'obligation pour un employeur de participer au remboursement des frais de transport de ses salariés, etc. On citera également l'obligation qu'a un employeur de rémunérer un salarié à temps partiel sur la base proratisée en fonction de la durée du contrat de ce qu'aurait touché un salarié à temps complet : il s'agit, ni plus ni moins, d'une intervention du législateur dans le domaine des salaires réels, puisque cette obligation ne se réfère pas seulement à la rémunération garantie minimale, le Smic. Bien entendu, la loi sur les 35 heures a également eu un effet direct majeur sur la paie. D'une façon générale, il faut bien reconnaître que le législateur ne cesse d'intervenir sur la paie au travers des textes qui s'imposent aux entreprises, des créations de cotisation, des aides à l'emploi multiples qui ont pu se développer, etc.

Les politiques dites « de rigueur », menées durant le septennat de V. Giscard d'Estaing et le premier septennat de F. Mitterrand (plan Barre et plan Delors) avaient pu, en leur temps, marquer une évolution nouvelle dans les interventions de l'État.

Les salaires étant considérés comme un facteur inflationniste – l'interdiction de l'échelle mobile résultant de cette analyse afin d'éviter toute spirale « prix-salaire-prix » qui aurait pour effet de conduire à une anticipation de l'inflation… –, l'augmentation des salaires annuels supérieurs à 216 000 F fut ainsi en 1977 plafonnée. Quelques années plus tard, de juin 1982 à octobre 1982, c'est l'ensemble des salaires qui fut mis sous surveillance par le biais d'un blocage total de ceux-ci, qui s'accompagnait parallèlement d'un blocage des prix. Une telle mesure n'a cependant jamais été reconduite par la suite, la maîtrise de l'inflation ayant, il est vrai, rendu inutiles de telles réactions – au demeurant très impopulaires.

Parallèlement à ces interventions étatiques, on a pu noter la multiplication des interventions patronales en matière de « recommandations » à toute forme de politique salariale qui trouve son expression dans le domaine de la paie.

Parmi toutes ces interventions, la paie est ainsi devenue un véritable enjeu stratégique à travers le rôle économique qu'il est possible de lui attribuer. Il est vrai qu'une maîtrise de la paie peut conduire une entreprise à réaliser des économies substantielles, on verra comment en nombre d'exemples. La paie n'est pas une simple technique administrative, on commence à s'en rendre compte.

II. Structure et organisation de la paie

2.1. La classification des rubriques de paie

Dans la première partie de cet ouvrage, le lecteur a pu être prévenu de la complexité de l'environnement réglementaire dans lequel la paie évolue – le pire restant pourtant à venir, tant ce qui a pu être dit jusqu'à présent ne constitue qu'un « avant-goût » ! C'est en grande part cette situation qui contribue à rendre si difficile pour les non-initiés la perception de la paie. En revanche, on constatera que la structure de la paie est d'une plus grande simplicité et permet de distinguer quatre grandes familles de rubriques :

1° Les éléments qui constituent ce que l'on appelle la rémunération brute du salarié, c'est-à-dire celle à partir de laquelle seront calculées les cotisations sociales.

2° Les cotisations sociales proprement dites, qui sont versées aux différents organismes sociaux collecteurs (Sécurité sociale, caisses de chômage, contribution sociale généralisée – CSG – pour sa partie dite « déductible », caisses de retraite et de prévoyance...). L'opération « brut » – « cotisations » permet d'obtenir ce que l'on appelle le salaire net fiscal, c'est-à-dire la somme que tout salarié doit indiquer à l'administration fiscale au moment de rédiger sa déclaration de revenus.

3° Les données qui constituent des « indemnités », c'est-à-dire qui viennent s'ajouter à la rémunération du salarié, mais qui sont exemptées de cotisations sociales ; il en est ainsi du remboursement des frais professionnels (par exemple, la prise en charge par l'employeur d'une partie des frais de transport pour les salariés qui voyagent en transport en commun).

4° Les éléments qui constituent des retenues sur la rémunération des salariés, mais qui ne sont pas pour autant déductibles des bases servant au calcul des cotisations sociales, et qui ne viennent donc pas diminuer le « net fiscal ». Il en est ainsi des avances, des acomptes, des remboursements de prêt, des saisies arrêts, mais également de la contribution sociale généralisée (CSG, entrée en vigueur le 1er février 1991) pour sa partie dite « non déductible », de la contribution au remboursement de la dette sociale – CRDS – entrée en vigueur à partir du 1er février 1996, etc. En ce qui concerne ces dernières contributions, si l'on a enregistré ces années passées une augmentation de leur part dans le total des cotisations, on a pu noter une simplification de la gestion. Ainsi, au moment de la création de la CSG, le législateur avait imposé que cette contribution apparaisse sur une ligne du bulletin de salaire située… en première ligne de toutes les cotisations alors que cet élément n'était pas pour autant déductible des bases de cotisations ! Le problème s'était même compliqué en 1993 par le fait qu'une partie (et une partie seulement !) de la CSG devenait déductible du net fiscal ! Cette gestion pour le moins complexe a fort heureusement disparu, au moins pour une large part. La lecture des lignes CSG et CRDS, sans être simple, est devenue compréhensible pour le commun des salariés, ce qui pendant longtemps n'était plus le cas !

Le gain effectivement perçu par le salarié et qui apparaît sur la dernière ligne d'un bulletin sous la dénomination « net à payer » est donc égal au « net fiscal » majoré des « indemnités non soumises » et minoré des diverses « retenues non déductibles » : ce gain peut alors être tout autant supérieur, inférieur, ou égal au « net fiscal » selon la nature des divers éléments qui composent l'ensemble d'une paie.

La réalisation d'une paie se traduit par la détermination et le traitement successifs de chacune des familles de rubriques citées ci-dessus ; la paie est donc une opération que l'on peut calculer de façon « linéaire » et dont on peut dire, comme on le comprendra à la lecture du schéma ci-dessous qu'elle s'effectue de « bas en haut » :

DÉTERMINATION DU SALAIRE BRUT

CALCUL DES COTISATIONS

DÉTERMINATION DES INDEMNITÉS NON SOUMISES

DÉTERMINATION DES RETENUES NON DÉDUCTIBLES

Un cinquième type de données de paie est constitué par l'ensemble des charges et cotisations sociales afférentes aux rémunérations et supportées par les employeurs, et dont le montant est communiqué aux salariés, pour une large part, par le biais du support physique qu'est le bulletin de salaire ; il s'agit bien, en effet, d'un élément dont on mesurera vite l'importance au cours de l'avancée de notre étude. Le législateur l'a d'ailleurs bien compris puisqu'il a été amené à intervenir sur ce point pour sensibiliser les salariés à cette perception comme on va pouvoir le constater à travers l'étude du bulletin de salaire.

2.2. Le bulletin de salaire

La loi fait obligation à tout employeur de remettre à un salarié, et ce, quelle que soit la durée du contrat de travail de celui-ci, un bulletin de salaire. Ce document, on s'en doute, ne peut constituer une preuve du paiement dudit salaire, tout au plus une simple présomption, et il appartiendra toujours à l'employeur de pouvoir justifier le paiement effectif de celui-ci, et principalement lorsque le salaire est versé en espèces.

Si la forme du bulletin est totalement libre – le procédé d'écriture doit simplement être indélébile pour éviter les contestations et les fraudes – (toute informatisation de la paie devant faire l'objet par l'entreprise d'une déclaration à la Commission nationale de l'informatique et des libertés), le contenu en revanche a été précisé par l'intermédiaire de divers textes qui font donc obligation à l'employeur de fournir un certain nombre de renseignements (article R. 3243 -3 du Code du travail) :

- Renseignements relatifs à lui-même : l'employeur doit faire figurer son nom et l'adresse, ou la dénomination de l'établissement dans lequel le salarié exécute son contrat de travail (cette indication étant de nature à définir le siège du conseil de prud'hommes compétent en cas de litige). Doivent être aussi mentionnés la référence de l'organisme auquel sont versées les cotisations sociales d'Urssaf, le numéro d'immatriculation sous lequel ces cotisations sont versées, le numéro d'identification de l'activité principale exercée (code NAF) ainsi que l'intitulé de la convention collective de branche applicable au salarié s'il y a lieu. Lorsqu'il n'existe pas de convention collective, l'employeur doit indiquer les références du Code du travail relatives à la durée des congés payés (articles L. 3141-3 et suivants) et à la durée des délais de préavis en cas de cessation de la relation du travail (articles L. 1237-1 et L. 1234-1).
- Renseignements relatifs à la paie : les mentions de période de paie, de nombre d'heures de travail au taux normal, de nombre d'heures supplémentaires – ainsi que de leurs taux de rémunération et de leur nature : travail de nuit, de dimanche… – le montant de la rémunération brute, la nature et le montant des diverses cotisations sociales salariales, le détail des diverses retenues opérées sur la rémunération, le montant des acomptes versés, la nature et le montant des sommes qui s'ajoutent à la rémunération et qui ne sont pas soumises aux cotisations sociales (par exemple, la participation de l'employeur aux dépenses de trajet), la date et le mode de paiement, ainsi que la date de prise des congés payés et le montant de l'indemnité versée au titre desdits congés. Tous ces éléments

doivent figurer clairement sur le bulletin de salaire, de même que les indemnités de Sécurité sociale. En ce qui concerne ces éléments, uniquement en cas de « subrogation de l'employeur » – ce thème étant développé en deuxième partie au paragraphe 3.4.1. En revanche, les indemnités de licenciement n'ont pas à figurer obligatoirement sur un bulletin de paie, en application d'une circulaire ministérielle. Pour les travailleurs handicapés employés dans des ateliers protégés ou des centres d'aide par le travail, le complément de rémunération doit apparaître sur le bulletin.

Le bulletin de salaire français est réputé le plus lourd du monde en ce qui concerne le nombre de lignes qui le compose. C'est pour tenter de réduire (bien modestement...) ce volume que l'administration admet le regroupement des cotisations salariales et patronales par assiette et par collecteur, l'assiette commune permettant de calculer la cotisation en appliquant à la base un taux cumulé. Pour que le salarié dispose d'une information détaillée sur les prélèvements effectués, le contenu de chaque ligne peut figurer au bas du bulletin (ou à tout autre endroit) avec la destination et le taux de chaque prélèvement. Pour ne pas simplement déplacer le problème, l'administration proposait que ces informations puissent être lisibles/lues/mentionnées sur le seul premier bulletin de l'année ou de l'embauche, sous réserve de modifications éventuelles de ces informations en cours d'année. Comme il est inscrit que les simplifications ne peuvent jamais être totales, la circulaire du 7 avril 1997 qui les mettait en place précisait également que la présentation « allégée » – puisque c'est le terme retenu par la circulaire – ne s'appliquait pas au livre de paie. En d'autres termes, on peut dire que cette simplification a surtout eu le mérite de compliquer les choses...

En revanche, il convient de saluer la démarche entreprise à l'occasion de la création du chèque-service. Ce dernier est destiné aux particuliers qui emploient à leur domicile un ou plusieurs salariés à des tâches à caractère familial ou domestique. Le chèque-service dispense l'employeur d'établir un bulletin de paie, de procéder aux formalités d'embauche, de calculer les cotisations sociales et de produire des déclarations trimestrielles de paiement des charges. Hélas, cette simplicité d'utilisation n'a pas été étendue...

Avec le passage à l'euro, le bulletin de salaire aura connu, lui aussi, sa révolution puisqu'à partir du 1er janvier 2002, l'euro est devenu la seule monnaie de référence : le bulletin de salaire doit être libellé en euros même si de nombreuses entreprises continuent cependant à maintenir l'information relative à la conversion du net à payer en francs. Il n'est pas certain qu'une telle démarche, aussi louable soit-elle, contribue à faciliter l'intégration de l'euro à la vie quotidienne et l'abandon définitif de toute référence aux francs !

Le montant des charges patronales (pour ce qui concerne la Sécurité sociale et les régimes complémentaires de retraite et de prévoyance) doit être indiqué. La prise en compte des cotisations sociales dans la gestion de la paie est en effet un élément non négligeable. Certains employeurs, lorsqu'ils évoquent ce thème, vont d'ailleurs jusqu'à parler de « salaire différé » tant il est vrai qu'en ce qui concerne les cotisations de retraite, on ne peut nier qu'un salarié, lorsqu'il arrêtera son activité professionnelle, percevra un revenu provenant certes, pour une part, de ses propres cotisations, mais pour la plus grosse partie des cotisations payées par ses différents employeurs durant sa carrière professionnelle. Depuis le 1er septembre 1995 et la mise en place d'une « ristourne sur cotisations » portant sur les bas salaires, le montant des allégements des charges dont bénéficie l'employeur doit également figurer sur le bulletin de salaire.

On notera toutefois que le législateur n'a imposé aux entreprises de faire figurer que la nature et le montant des cotisations citées, mais pas leur taux, leur assiette, voire le total global des cotisations (à l'exception pour ce dernier point des employés de maison). De même, les cotisations à un régime de prévoyance versées à la seule initiative d'un employeur ne sont pas, d'un point de vue strictement juridique, à mentionner.

La journée de solidarité doit être mentionnée, soit de façon distincte sur chaque bulletin, dans la colonne des cotisations patronales avec mention de sa destination (caisse nationale de solidarité pour l'autonomie), soit fusionnée avec la cotisation patronale d'assurance-maladie. Il est également possible de mentionner cette contribution patronale sur le dernier bulletin de l'année ou sur un document annexé.

Par rapport aux éléments cités ci-dessus, l'employeur doit tenir informé le salarié de ses droits acquis au titre du repos compensateur (cette notion sera étudiée dans la deuxième partie au paragraphe 1.3). L'employeur doit aussi indiquer au salarié le moment à partir duquel ce repos doit être pris, ainsi que le délai dans lequel le repos est à prendre. À la différence des éléments mentionnés plus haut et qui doivent figurer sur le bulletin, ces indications n'ont pas à être éditées directement sur le bulletin : elles peuvent être communiquées par tout moyen à la convenance de l'employeur (note agrafée au bulletin…). Il en va de même pour tout ce qui a trait aux versements de la participation, de l'intéressement, des allocations publiques de chômage partiel, des allocations de formation pour les heures de formation suivies hors temps de travail dans le cadre du droit individuel de formation (DIF). Si le bulletin de paie peut être le support de ces informations, rien ne l'impose.

Sur un bulletin, le nom du salarié ainsi que la nature exacte de l'emploi occupé par celui-ci doivent figurer. La Cour de cassation a clairement indiqué que la mention de l'emploi sur une fiche de paie doit permettre de contrôler que la rémunération versée au salarié est bien conforme à sa qualification (la simple indication d'un « grade » ne saurait ainsi suffire). Il est toutefois à noter que la qualification n'est pas prouvée par la seule mention sur le bulletin. Cette qualification devra pouvoir être prouvée par tout autre élément permettant d'établir les fonctions réelles du salarié, voire notamment par la position du salarié dans la classification conventionnelle à travers son coefficient hiérarchique ; cette information devant figurer sur le bulletin.

Depuis le 1er février 1991, la contribution sociale généralisée doit également apparaître sur le bulletin de salaire. Il en va de même depuis le 1er février 1996 pour ce qui est de la contribution au remboursement de la dette sociale. Ces notions seront développées en même temps que celles des cotisations sociales en troisième partie.

Enfin, une mention en caractères apparents, destinée à inciter le salarié à conserver son bulletin de paie sans limitation de durée doit également être inscrite. Le bulletin de salaire peut parfois devenir le seul élément permettant de faire valoir des droits, et ce plus particulièrement lorsqu'un employeur a disparu. La durée de conservation imposée à un employeur de ces documents n'est que de 5 ans en application de l'article L. 3243-4 du Code du travail. En pratique, les doubles des bulletins doivent être conservés plus longtemps car l'administration fiscale impose une conservation de 6 ans et l'article L. 123-22 du Code du commerce impose pour sa part une conservation pendant 10 ans ! Les caisses de retraite peuvent également faire obligation aux entreprises de délivrer à leurs salariés ou anciens salariés les certificats ou attestations leur permettant de déterminer et de justifier leurs droits à la retraite.

Tout élément supplémentaire peut être ajouté à la liste ci-dessus. Un employeur est tout à fait fondé d'ajouter des informations qui lui sembleraient de nature à éclairer, ou mieux informer ses salariés (par exemple, en indiquant le nom marital des femmes mariées, l'adresse du salarié, son numéro de Sécurité sociale, le numéro du compte bancaire sur lequel est virée la paie, le net imposable – cette mention à la différence du net à payer n'étant en effet pas obligatoire –, etc.). Mais on constate trop souvent que les employeurs demandent des informations à leurs futurs salariés, au moment de l'embauche, qui dépassent largement le cadre dans lequel doit se faire la paie. En quoi est-il réellement utile à une société de connaître la profession ou l'âge des parents de ses salariés ? la date de leur mariage ? le nombre de frères ou sœurs ? ou autres éléments dont il serait facile de faire une longue liste. Outil de gestion ne saurait être confondu avec « forme moderne d'indiscrétion » ; si le législateur a défini les limites dans lesquelles devaient se faire la collecte et la conservation de ces données, on ne saurait trop rappeler qu'un salarié est tout à fait fondé à refuser de communiquer des renseignements qui débordent du strict champ professionnel. Le seul problème étant qu'un candidat qui agirait ainsi au moment de son embauche aurait toutes les chances de se voir refuser l'accès au poste qu'il sollicite. En effet, rares sont les employeurs qui envisagent sereinement l'éventualité qu'un salarié prenne des responsabilités de représentant du personnel au sein d'une entreprise. Or, le refus de celui qui n'est encore qu'un candidat, peut inciter un employeur à prévoir cette hypothèse… Une réponse ministérielle sur ce sujet de la confidentialité a interdit qu'un employeur puisse exiger et consulter le dossier scolaire d'un candidat, ce dossier étant un document personnel comportant des appréciations sur le candidat, voire des renseignements confidentiels relatifs à l'environnement familial et social de l'intéressé. Cette interdiction ne constituait, en définitive, qu'une bien mince protection et il n'est pas certain que la loi du 31 décembre 1992 ait permis une meilleure protection des candidats. Cette loi prévoit que, dorénavant, les informations demandées à un candidat à un emploi ne doivent pas excéder le domaine de l'aptitude à un emploi ou à la vie professionnelle. Ces informations doivent donc avoir un lien direct avec l'emploi ou la formation. De nouveaux pouvoirs ont été accordés aux représentants du personnel pour veiller au respect de cette règle ; les candidats devant en outre être préalablement informés des méthodes et techniques d'aide au recrutement et d'évaluation. On nous permettra de rester sceptiques quant à la réelle portée de cette loi en une époque qui compte tant de chômeurs et qui permet à nombre d'employeurs de continuer à agir à leur convenance…

Certaines informations liées à la vie du salarié au sein de l'entreprise et affichées sur un bulletin ne sont d'ailleurs pas tout à fait neutres. Il en est ainsi des « heures de délégation » accordées aux représentants du personnel afin de leur permettre d'assurer leur mission. On notera au passage que ces heures sont cause de nombreux contentieux en raison de l'utilisation qui peut en être faite. Les employeurs sont parfois amenés à considérer que certaines absences au titre de ces heures de délégation ne rentrent pas dans le cadre de l'exercice du mandat (comité d'entreprise, délégué du personnel, délégué syndical, membre du comité hygiène sécurité et amélioration des conditions de travail…) au titre duquel elles sont accordées. Les contentieux étaient d'autant plus grands qu'un salarié pouvait poser des heures de délégation pour un nombre pouvant le conduire à dépasser largement la durée maximale quotidienne du travail. Il a pu ainsi arriver de voir des salariés, et particulièrement ceux soumis à des horaires invérifiables comme les VRP par exemple, poser jusqu'à 18 heures de délégation pour une même journée, l'employeur ne pouvant que prendre acte de cette situation et rémunérer toutes ces heures ! Un inspecteur du travail avait ainsi expliqué à un employeur qui s'étonnait de ce fait que, si les heures de délégation sont bien considérées comme du temps de travail eu égard à la rémunération, le temps de travail effectif devait s'entendre comme étant les heures de travail effectuées sur ordre de l'employeur, ou au moins avec son accord implicite. Par définition, les heures de délégation n'étant pas effectuées sur ordre de l'employeur, elles ne peuvent donc être prises en compte pour vérifier si le salarié dépasse ou non la durée maximale quotidienne du travail… La Cour de cassation dans un arrêt du 25 juin 2008 est venue (enfin !) assainir cette situation ubuesque et a remis de l'ordre dans certaines pratiques déviantes en précisant que les heures de délégation utilisées en dehors du temps de travail devaient dorénavant respecter la réglementation sur la durée maximale du travail et le repos journalier ! Le sujet des heures de délégation revient régulièrement sur le devant de la scène et, en ce domaine comme en bien d'autres, des abus peuvent être réguliers : la Cour de cassation a pu considérer que c'est avec raison qu'un employeur avait licencié pour faute grave un représentant du personnel ayant pris des heures de délégation… pour aller à la chasse !

Ces heures ne figurent pas au nombre des mentions obligatoires qui doivent paraître sur le bulletin de paie, telles qu'énumérées par l'article R. 3243-3 du Code du travail. Bien au contraire, il est interdit de les faire figurer sur le bulletin de salaire. Longtemps, l'administration estimait nécessaire de les faire apparaître afin de permettre aux représentants du personnel de « vérifier leurs comptes ». Cette décision n'était pas sans conséquence et pouvait prêter à contestation car elle était susceptible de causer un préjudice aux représentants du personnel en certaines occasions, et principalement lors de la production du bulletin de paie au moment d'une embauche ou lors de démarches privées. Si l'étiquette « représentant du personnel » ne peut selon la loi constituer un obstacle à une embauche, elle peut dans la pratique freiner l'ardeur d'un employeur à embaucher une personne qui risque de devenir un salarié par trop revendicatif. Aussi, l'administration s'appuyant sur une recommandation de la Commission nationale de l'informatique et des libertés saisie du dossier, est revenue sur sa première position en affirmant à propos des heures de délégation que, si elles n'ont pas à figurer isolément sur le bulletin de salaire, il est toutefois souhaitable de les récapituler sur une note à part en annexe du bulletin (à l'image de ce qui peut se faire comme on l'a dit du repos compensateur). La note ministérielle du 13 octobre 1987 qui définit cette position faisait suite à plusieurs décisions (émanant notamment de divers conseils de prud'hommes) qui avaient eu à se prononcer sur ce thème : si, à l'inverse, un employeur peut être obligé de faire figurer les heures de délégation sur un bulletin si un salarié l'exige (cassation sociale du 16 décembre 1982), en revanche il pouvait déjà être exigé de l'employeur qu'il ne fasse figurer sur les bulletins de salaire que les seules mentions prévues par la loi

Face à ces diverses positions, une circulaire du ministère du travail du 24 août 1988 a définitivement clos le débat en interdisant que figurent sur un bulletin des mentions relatives à une activité de représentation du personnel, mais aussi des indications relatives à l'exercice du droit de grève ; les absences pour grève devront donc être remplacées par une indication « absences non rémunérées » ou toute autre indication similaire.

De même, ne peuvent figurer sur un bulletin de salaire les heures passées par un salarié à l'extérieur de l'entreprise en tant que membre représentant des salariés dans les entreprises dotées de conseils d'administration ou de surveillance, ou en tant que membre d'un conseil de prud'hommes ou d'une caisse de Sécurité sociale, ou tout autre mandat autorisant le salarié à quitter son poste de travail.

Enfin, le législateur n'a pas interdit de faire figurer sur un bulletin de salaire l'indemnité de licenciement qu'un salarié est susceptible de recevoir à la rupture de son contrat de travail. L'employeur a donc le choix, soit de l'inscrire, soit de la faire figurer sur un document annexe : on peut penser naturellement que dans l'intérêt d'un salarié pouvant être amené à présenter son dernier bulletin à un futur employeur, il puisse être souhaitable qu'une telle mention soit évitée. Mais nombre d'entreprises arguent que les opérations de centralisation comptables de la paie nécessitent que toutes les informations – y compris celles relatives, par exemple, à des remboursements de frais – soient concentrées à partir d'un seul document.

À travers ces notions, on aborde en fait l'un des débats du rôle de la paie. Où finit l'information ? Où commence l'atteinte aux droits individuels des salariés ? Car qui pourra prouver que c'est pour nuire à ses représentants du personnel, comme ont pu le dire certains syndicalistes, qu'un employeur a pu faire figurer jusqu'à ce que cela lui soit interdit ces éléments d'information ? Ne faut-il pas y voir davantage le souci de gérer au plus près le « présentéisme » ou d'étudier le plus finement possible les données d'absentéisme ? L'absentéisme pouvant également être défini en tenant compte de ce type d'absences que constituent les heures non travaillées du fait des délégations.

À travers le simple exemple que nous venons de citer, on constate que la frontière est étroite et qu'un bulletin de salaire, mais, plus généralement la paie, de par ce qu'elle laisse ou ne laisse pas voir, n'est pas un élément neutre au sein des entreprises. La paie peut facilement devenir une source de conflits et on comprend donc qu'elle doive être totalement intégrée à toute politique sociale, et par voie de conséquence, être considérée comme un véritable outil de gestion. Le bulletin de salaire est un élément qui redevient d'actualité avec l'apparition de plus en plus fréquente de bulletins remis sous forme électronique (bulletins dématérialisés). Ce mode de remise est expressément prévu par la loi (article L. 3243-2 du Code du travail) mais ne peut se faire, d'un part, qu'après que le salarié a donné son accord sur une telle modalité de remise du bulletin et, d'autre part, à la condition que l'intégrité des données soit bien garantie. Le format utilisé devra donc être non modifiable et garantir que les données sont bien intangibles.

Nous avions annoncé en introduction que la réglementation de la paie contribuait à rendre celle-ci difficile à comprendre. Le législateur a sans nul doute imposé des contraintes, des règles incontournables. On serait tenté de dire que les entreprises ont fait le reste, car à travers l'étude qui va suivre portant sur les composantes de la rémunération brute, on entre de plain-pied dans la jungle des « réglementations internes d'entreprises ». La cacophonie sera souvent de règle car, en la matière, les façons de faire la paie sont multiples.

DEUXIÈME PARTIE

Les composantes de la rémunération brute

Il est évident qu'à travers l'étude qui va suivre, il n'est nullement question de vouloir dresser une liste exhaustive des différentes rubriques qui permettent de définir le montant de la rémunération brute, celle-ci servant elle-même de base au calcul des cotisations sociales. Chaque entreprise, on le verra, a ses règles en fonction de son histoire, de son activité, de ses spécificités propres, et cette situation a pour effet de générer un traitement de la paie qui peut différer d'une société à l'autre. Les éléments de la rémunération vont donc varier, ainsi que les modes de calcul retenus. Il est toutefois possible de constater que toutes les rubriques qui composent le « brut » d'une paie, sont :

- soit des éléments de base de la rémunération, éléments qui peuvent être aussi bien permanents – c'est-à-dire revenir à chaque bulletin de salaire – que variables, c'est-à-dire versés à échéance définie, ou de façon tout à fait aléatoire ;
- soit des primes ;
- ou des éléments d'absentéisme, notamment en matière de congés payés, de maladie, de maternité, d'accident, etc. qui auront pour cause de diminuer ou non le gain d'un salarié.

I. Les éléments de base de la rémunération

1.1. Le salaire de base

La première ligne de tout bulletin de paie mentionne, en règle générale, le montant de la rémunération contractuelle de base : on parlera selon les entreprises de « salaire de base », « d'appointements »... en remarquant que ce vocable introduit une notion de fixité, attachée à un emploi régulier. Cette notion de salaire peut également être remplacée par celle de « gages » pour les employés de maison notamment, de « traitement » pour les fonctionnaires, d'« honoraires » pour les personnes qui exercent une activité libérale, d'« émoluments » pour les rétributions tarifées allouées à un officier ministériel pour un acte de son ministère, etc. Au sein des entreprises, ce sont, pour notre part, les notions de salaire – terme dont l'étymologie remonte au latin *salarium*, le sel ; le salaire étant à l'origine « la solde pour acheter du sel » – et d'appointements qui nous intéresseront au premier plan.

Cette rubrique concernera l'ensemble des salariés régis par la loi de mensualisation étudiée dans la première partie de cet ouvrage.

Le salaire peut cependant prendre encore d'autres formes : au-delà des salariés payés de façon forfaitaire mensuelle ou à l'heure, certains salariés peuvent être payés au rendement (à la pièce, à la tâche...) au pourboire (pourboires centralisés par l'employeur ou perçus directement par le personnel), ou à l'intéressement (cet intéressement étant alors individuel et ne doit pas être confondu avec les sommes versées en application de l'ordonnance de 1986 relative à l'intéressement collectif, et résultant d'un contrat signé entre l'employeur et les salariés pour une durée de 3 ans).

La loi sur les 35 heures a eu pour conséquence de développer de façon très importante les recours à des notions de « forfait ». Les employeurs souhaitent, en effet, particulièrement pour les cadres, préciser que les fonctions assumées par certains salariés les amènent obligatoirement à devoir réaliser des heures supplémentaires dont le paiement est inclus dans la rémunération mensuelle. Ces forfaits font alors référence, selon les cas, à des horaires mensuels ou annuels, voire à des missions sans référence horaire aucune (aucune notion d'horaire n'apparaît alors sur le bulletin de salaire). Pour être valables, ces forfaits doivent cependant faire l'objet, dans tous les cas, d'une définition précise. Les forfaits peuvent même être établis par rapport à un nombre de jours travaillés dans l'année (généralement variables de 215 à 217 jours travaillés se décomposant comme suit : 365 jours calendaires – 52 samedis – 52 dimanches – 25 jours de congés payés (5 semaines) – une moyenne de 9 jours fériés – 10 à 12 jours de RTT = 215 ou 217 jours de travail). La CGC (syndicat de l'encadrement) s'est toujours opposée à de tels forfaits considérant qu'ils n'offraient aucune protection aux salariés auxquels il pourrait être demandé de travailler 10 heures par jour sans aucun paiement d'heures supplémentaires.

1.2. Les heures supplémentaires

Le second élément indissociable des bases de la rémunération repose sur la notion des sommes versées au titre des heures supplémentaires effectuées, en sus du contrat de travail de base.

Les conditions de rémunération, voire de définition des heures supplémentaires, ont considérablement évolué à partir du moment où le législateur est intervenu dans le domaine de l'aménagement du temps de travail. Les premières lois ayant remis en cause le principe sacro-saint d'une évaluation hebdomadaire du temps de travail remontent à février 1986 avec les lois Delabarre. En juin 1987, la loi Seguin avait, elle aussi, introduit, et il s'agissait d'une véritable révolution, la notion de flexibilité dans l'organisation du temps de travail : l'objectif étant de permettre aux entreprises d'introduire des horaires susceptibles de fluctuer suivant le carnet de commandes, dans une fourchette négociée sur une périodicité définie. La loi sur les 35 heures a naturellement considérablement modifié le régime général d'appréciation des heures supplémentaires. Avant de revenir, en cinquième partie, plus longuement sur les différentes possibilités d'aménager le temps de travail, nous aborderons le cadre général qui serait celui d'une entreprise n'ayant signé aucun accord particulier en matière d'aménagement du temps de travail (ATT) On distinguerait alors dans cette entreprise les heures supplémentaires dites « au taux normal » des heures supplémentaires dites « au taux majoré ».

Une heure supplémentaire « au taux normal » est une heure de travail effectuée au-delà de l'horaire hebdomadaire habituel de travail, sans que cette heure ait pour effet de faire accomplir au salarié plus que l'horaire légal de travail qui, fixé à 39 heures depuis le 1er février 1982, a été ramené à 35 heures à compter du 1er janvier 2000 pour les entreprises de plus de 20 salariés et à compter du 1er janvier 2002 pour les autres entreprises.

Ainsi, un salarié dont l'horaire de travail est de 32 heures et qui accomplirait durant une semaine 34 heures, se verrait payer 2 heures supplémentaires au taux normal (on parle d'ailleurs généralement d'« heures complémentaires » plus que d'heures supplémentaires au taux normal pour bien créer la distinction entre les deux régimes : taux normal/taux majoré).

Le recours aux heures supplémentaires pour les salariés à temps partiel ne peut excéder le dixième des heures prévues au contrat de travail. Une convention ou un accord de branche étendu peut toutefois porter jusqu'au tiers de cette durée le nombre d'heures supplémentaires qu'un salarié à temps partiel est en droit d'effectuer. La loi sur les 35 heures dans un souci de « moraliser le temps partiel » a donc précisé qu'un simple accord d'entreprise n'était plus suffisant pour porter au tiers du contrat de base le nombre des heures complémentaires. De même, la loi sur les 35 heures impose, sauf dérogations, une limitation du nombre et de la durée des interruptions quotidiennes, et précise qu'en cas de dépassement d'au moins deux heures durant douze semaines consécutives du nombre d'heures contractuellement prévu, un salarié est en droit de réclamer un avenant à son contrat afin d'intégrer le volume moyen des heures complémentaires réalisées au cours de la période considérée.

Pour les salariés dont le temps de travail est annualisé, les heures supplémentaires sont celles effectuées au-delà de 1 607 heures par an.

Certaines professions sont (encore) astreintes à des horaires dits « d'équivalence » (dont la première consécration légale est apparue dans la loi du 21 juin 1936) car l'activité des travailleurs desdites professions connaît des périodes creuses du fait du caractère intermittent du travail. Les principaux secteurs concernés par ces horaires d'équivalence sont aujourd'hui (sauf dispositions ou accords plus favorables), les hôpitaux, les cliniques, les hospices, les maisons de santé ou d'accouchement, les dispensaires, les établissements de cure, les magasins de vente au détail des denrées alimentaires. Dans ces structures, la durée de présence est réputée correspondre à une durée moindre de travail effectif. En d'autres termes, les salariés des entreprises concernées par les horaires d'équivalence ne sont pas rémunérés pour toutes les heures qu'ils peuvent passer dans leur entreprise. La loi du 19 janvier 2000 relative aux 35 heures, sans remettre en cause les décrets de 1936, a toutefois réglementé les conditions d'existence des horaires d'équivalence. Elle a notamment subordonné la création de nouvelles extensions à la conclusion d'une convention ou d'un accord de branche, étendu par décret pris en Conseil d'État.

Les 35 heures ont cependant considérablement fait évoluer les notions d'équivalence.

Le calcul des heures supplémentaires s'effectue toujours dans le cadre d'une semaine complète de travail. L'administration et la Cour de cassation n'avaient cependant pas la même appréciation des bornes définissant la semaine : ainsi l'administration estimait qu'une semaine commence le lundi à 0 heure pour se terminer le dimanche à 24 heures. La Cour de cassation considérait pour sa part qu'une semaine commence le dimanche à 0 heure pour se terminer le samedi à 24 heures. La différence d'interprétation pouvait avoir des conséquences, par exemple face à un salarié travaillant deux semaines consécutives, avec le dimanche travaillé entre ces deux semaines, et un jour de repos en semaine. Selon que pour le décompte des heures supplémentaires la semaine débute le lundi ou le dimanche, la valorisation des heures supplémentaires n'est plus la même. La loi sur les 35 heures a réglé le contentieux en précisant qu'une semaine débutait le lundi.

À noter également que pour les salariés qui sont amenés à travailler lors du passage de l'heure d'été vers l'heure d'hiver et à effectuer de ce fait une heure supplémentaire, ils bénéficient du paiement de cette heure supplémentaire. Dans l'autre sens, lorsqu'ils effectuent une heure de travail en moins lors du passage de l'heure d'hiver vers l'heure d'été, l'employeur est fondé à opérer la déduction correspondante.

Les heures supplémentaires dites « au taux majoré » sont les heures effectuées au-delà du seuil de l'horaire hebdomadaire légal fixé à 35 heures.

À défaut de convention ou d'accord, la majoration est de 25 % pour les huit heures effectuées après 35 heures (soit de la 36e à la 43e heure incluse), et de 50 % au-delà (soit à partir de la 44e heure).

Les taux fixés par convention ou accord ne peuvent être inférieurs à 10 %. En d'autres termes, s'il existe une majoration légale des heures supplémentaires, un accord, une convention collective, peuvent décider que le taux de rémunération de ces heures pourra être inférieur à ce taux légal. C'est le cas par exemple de la branche Hôtel cafés Restaurant qui prévoit une majoration de 10 % des heures comprises entre 35 et 39 heures en lieu et place des 25 % prévus par la loi. On voit donc une fois de plus que la hiérarchie convention collective/Code du travail doit être manipulée avec prudence ! Bien évidemment, rien ne s'oppose à ce que des accords ou conventions fixent des taux de majoration supérieurs au taux légal.

Pour en revenir au cadre légal, un salarié dont l'horaire habituel est de 34 heures, et qui effectue une semaine 49 heures se verra payer les heures suivantes :

34..............35...............43............49

1 h 8 h 6 h

- De 34 à 35 heures : 1 heure supplémentaire (ou complémentaire) sans majoration.
- De 35 à 43 heures : 8 heures « majorées » à 25 %.
- De 43 à 49 heures : 6 heures « majorées » à 50 %.

Sur un bulletin de salaire si le taux horaire du salarié est de 10 euros, les heures supplémentaires apparaîtront, soit sous cette forme :

- Heures supplémentaires : (15 × 10 euros) = 150 euros.
- Majorations 25 %/ 8 × (25 % de 10 euros) = 20 euros.
- Majorations 50 %/ 6 × (50 % de 10 euros) = 30 euros.

soit sous cette forme :

- Heures supplémentaires au taux normal : 1 × 10 euros = 10 euros
- Heures supplémentaires majorées à 125 % / 8 × (125 % de 10 euros = 12,50 euros) = 100 euros.
- Heures supplémentaires majorées à 150 %/ 6 × (150 % de 10 euros = 15 euros) = 90 euros.

Une semaine de 49 heures est théoriquement impossible puisque la durée maximale du travail pour une semaine de travail ne peut excéder 48 heures et celle d'une journée de travail ne peut être supérieure à 10 heures. La durée hebdomadaire ne peut, de plus, étudiée sur une période de 12 semaines consécutives, être supérieure à 44 heures. Dans la pratique, des dérogations peuvent être accordées à la durée quotidienne de travail, celle-ci pouvant être portée à 12 heures, notamment en cas de surcroît exceptionnel et temporaire d'activité, de travaux devant être exécutés dans un délai déterminé en raison de leur nature, des charges imposées à l'entreprise ou des engagements contractés par celle-ci. Cette situation se retrouve notamment en matière de travaux saisonniers ou dans le domaine des transports routiers. Toutes les demandes de dérogation doivent être adressées à l'Inspection du travail préalablement à la réalisation des dépassements. En cas d'urgence, ou lorsque l'Inspection du travail n'a pas donné sa réponse, si l'employeur a la possibilité sous sa responsabilité de déroger aux limitations, il doit cependant immédiatement présenter à l'Inspection du travail une demande de régularisation de sa situation et expliciter les raisons l'ayant conduit à sa démarche.

Des règles plus avantageuses peuvent être instaurées à travers les conventions collectives ou les accords d'entreprises (à condition toutefois que le dépassement n'ait pas pour effet de porter la durée quotidienne du travail à plus de 12 heures), des clauses pouvant abaisser le seuil de déclenchement des majorations peuvent être adoptées. En revanche, le seuil de majoration est indépendant de l'horaire collectif pratiqué dans l'entreprise : si l'horaire de travail est de 34 heures par semaine pour l'ensemble des salariés, le seuil de majoration n'est pas pour autant, de fait et automatiquement, ramené de l'horaire légal à 34 heures. Des clauses peuvent également prévoir des taux de majoration plus importants, notamment lorsque les heures supplémentaires sont effectuées de nuit. La gestion des heures de nuit n'a été codifiée qu'à compter de la loi du 9 mai 2001. Avant cette date en effet, une heure de nuit, comprise entre 22 heures et 6 heures, était une heure normale de travail ne justifiant aucune majoration spécifique. La loi de mai 2001 et ses décrets d'application ont précisé que tout travail entre 21 heures et 6 heures est considéré comme travail de nuit, et que des contreparties devaient exister, sous forme de repos compensateur et, le cas échéant, sous forme de compensation salariale (contrairement à une idée reçue, le travail de nuit n'ouvre donc pas droit légalement à une majoration spécifique du taux horaire de la rémunération !). Des majorations peuvent également exister lorsque les périodes travaillées le sont un dimanche ou un jour férié. Ces majorations peuvent donc se cumuler à celles de base et atteindre ainsi des taux de 75 ou 100 %.

Une entreprise de la région parisienne travaillant « à feu continu », et qui relevait du secteur de la papeterie, était ainsi amenée par application de cette notion de cumul à rémunérer des heures avec des majorations de 300 % lorsque ces heures étaient des heures supplémentaires effectuées un dimanche, de nuit, ce dimanche étant un jour férié. Le record était atteint lorsque ce jour férié se trouvait être le 1er Mai !

Lorsque l'horaire de travail est régulièrement supérieur à la durée légale du travail, il est possible d'inclure au salaire de base les heures supplémentaires, à condition que le calcul ne défavorise pas le salarié. Ainsi, un salarié accomplissant régulièrement 37 heures par semaine soit, sur la base d'un horaire hebdomadaire légal de 35 heures, 2 heures majorées (ou bonifiées) à 125 % que l'on peut donc convertir en 2,5 heures, pourrait se voir calculer un horaire de base de :

151,67 heures + (2,5 × 52/12 = 10,83) soit 162,50 heures

Divers arrêts sont venus préciser le mode de paiement des salariés qui sont représentants du personnel et qui bénéficient d'heures de délégation. Lorsqu'en raison des nécessités du mandat ces heures sont prises en dehors de l'horaire normal de travail, elles doivent alors être payées comme des heures supplémentaires. Il en ira ainsi par exemple pour un salarié qui travaille de nuit, et qui ne peut faire autrement que de prendre des heures de délégation pendant la journée. En revanche, elles n'ont pas obligatoirement à supporter des majorations lorsque c'est le salarié qui a pris la décision de prendre ces heures en dehors de son temps normal de travail et que ce n'est donc pas du fait de l'employeur qu'il prend ses heures à un tel moment.

En ce qui concerne les jours fériés, il est intéressant de noter que le législateur n'a pas assimilé ceux-ci à des périodes de travail pour déterminer les majorations à appliquer en matière d'heures supplémentaires – à la seule exception du 1er Mai. En revanche, la jurisprudence et, plus récemment, l'une des circulaires ministérielles relatives à la mise en œuvre des 35 heures sont venues définitivement clarifier le débat.

Prenons l'exemple d'une semaine qui s'étend d'un lundi 14 juillet (jour férié) au vendredi 18 juillet.

Un salarié a travaillé 9 heures du mardi au vendredi. Son horaire de travail habituel est de 7 heures tous les jours. Ce salarié a donc effectué des heures supplémentaires. Il a travaillé 36 heures (4 × 9) – c'est-à-dire une heure de plus que l'horaire légal de travail fixé à 35 heures alors que, sans heures supplémentaires ce salarié aurait travaillé 28 heures (4 × 7). Le salarié a donc effectué 8 heures supplémentaires (36 – 28).

Comment payer ces heures ? Longtemps, il a été considéré que, les heures faites dans cet exemple au-delà des 28 heures qu'il aurait dû travailler cette semaine de quatre jours du fait du jour férié, jusqu'au seuil de l'horaire légal de 35 heures ne devaient être payées qu'au taux normal. Dans cet exemple, le salarié se serait donc vu rémunérer sept heures au taux normal (les heures comprises entre 28 et 35) et une heure (l'heure comprise entre 35 et 36) avec un taux horaire majoré de 25 %.

Aujourd'hui, il convient de toujours rémunérer le salarié en considérant qu'il a « effectivement travaillé » les 36 heures effectuées au vu des chiffres de l'exemple + les 7 heures du jour férié non travaillé. Le salarié est donc considéré comme avoir « fait » 43 heures, par rapport aux 35 heures qu'il aurait dû accomplir une semaine normale de travail : il convient donc de lui rémunérer les 8 heures au-delà de 35 heures au taux de 125 %. À noter que ce principe de calcul s'appliquait déjà lorsque le jour férié non travaillé était le 1er Mai, qui était donc déjà toujours assimilé à un jour travaillé pour le décompte des majorations en matière d'heures supplémentaires.

La loi de mensualisation et certaines conventions collectives avaient simplifié le problème posé par l'assimilation du jour férié à des heures réelles de travail en stipulant que tous les jours fériés suivent le même régime de traitement que le 1er Mai en matière d'incidences sur les majorations à appliquer en matière d'heures supplémentaires. En ce qui concerne la loi de mensualisation, pour qu'un salarié bénéficie du paiement de la journée fériée chômée, encore faut-il qu'il justifie bien d'au moins trois mois d'ancienneté ou qu'il ait effectué 200 heures au cours des deux mois qui précèdent. En revanche, des salariés qui refuseraient de venir travailler un jour férié (par exemple le 8 Mai) alors que leur employeur le leur a demandé, s'exposent à des retenues sur salaires, voire à des sanctions disciplinaires.

Les apprentis et jeunes travailleurs de moins de 18 ans ne peuvent pas effectuer plus de cinq heures supplémentaires par semaine, et celles-ci ne peuvent être effectuées qu'après autorisation de l'inspecteur du travail, autorisation elle-même donnée sur avis conforme du médecin du travail. En revanche, les jeunes sous contrat de qualification peuvent être amenés à effectuer des heures supplémentaires.

La réalisation d'heures supplémentaires par un salarié peut également poser le problème du moment du paiement de ces heures. Il est évident que lorsqu'une entreprise verse leur paie à ses salariés à une date précise – le dernier jour ouvré d'un mois, soit par exemple, un mercredi 31 octobre –, les heures supplémentaires effectuées le lundi 29 et le mardi 30 ne pourront souvent pas être rémunérées sur la paie du mois d'octobre. Les délais de traitement des paies, principalement lorsqu'elles sont informatisées, impliquent que la saisie des données de paie soit effectuée bien avant la date de remise de la paie. De même, les opérations de virement – mode de paiement de plus en plus généralisé – sur les comptes bancaires peuvent nécessiter jusqu'à trois jours (ouvrés) de délai. Dans les faits donc, le calendrier des opérations de paie sera arrêté à une date antérieure à celle du mercredi 31 octobre de notre exemple. Les responsables concernés auront pu ainsi décider d'arrêter leur « calendrier de paie » à la date du 22 octobre. Cette « date butoir » introduit alors la notion de « rompu d'une semaine » en termes de gestion des heures supplémentaires. La date butoir ne correspond pas forcément à une fin de semaine complète ; or, on rappellera que les calculs des heures supplémentaires et les déterminations des taux de majoration éventuelle y afférents se font bien au niveau d'une semaine complète de travail. Divers modes de gestion sont alors possibles.

L'entreprise choisit une date mensuelle butoir de calendrier de paie telle qu'elle soit fixée systématiquement en fin d'une semaine, ce qui a pour effet de simplifier la gestion des heures supplémentaires.

En revanche, considérons une entreprise qui verse la rémunération de ses salariés le dernier jour du mois et qui considère que la date limite de traitement des éléments mensuels est le 25, mais que cette date peut être avancée afin de finir la semaine sur une semaine complète. Pour peu que la dernière semaine complète de travail soit située de telle sorte que l'on ait un dimanche 19 (juillet par exemple), tous les éléments qui surviendront après le 19, c'est-à-dire du 20 au dernier jour du mois de juillet, seront traités sur la paie du mois d'août, versée le dernier jour du mois d'août. Cette situation peut donc créer un grand décalage entre le moment où l'« évènement » a lieu (réalisation d'heures en sus du contrat d'absence ou prise en compte d'absences) et le mois de paie sur lequel il est traité. Ainsi, des heures supplémentaires effectuées le lundi 21 juillet de notre exemple, ne seraient finalement payées que le 31 août.

Une solution pour éviter ce trop grand décalage est de mettre en place un système qui accepte que la date limite retenue (par exemple le 25 du mois) se situe éventuellement en cours de semaine. Soit, par exemple, une entreprise qui remet à ses salariés la paie le dernier jour du mois et arrête la prise en compte des données le 24 au soir : si ce jour est un mercredi, l'entreprise peut rémunérer les heures supplémentaires faites le lundi, le mardi et le mercredi, en les payant au seul taux normal et en régularisant le mois d'après, c'est-à-dire une fois la semaine achevée et quand il est possible de savoir alors quelle majoration il faut appliquer à ces heures.

L'entreprise peut également anticiper le paiement des majorations en fonction de l'horaire probable du salarié pour le restant de la semaine, et régulariser le mois d'après si le salarié n'a pas accompli l'horaire que l'on attendait qu'il fasse ; ce salarié ayant fort bien pu accomplir d'autres heures supplémentaires ou avoir été absent, ce qui peut avoir pour effet de supprimer ou modifier les taux de majoration.

On constate donc que le choix du mode du « rompu » tel qu'il est fait par l'entreprise est lui aussi, d'une certaine façon, le reflet d'une politique qui selon qu'elle diffère ou anticipe le paiement des majorations liées aux heures supplémentaires, avantage ou non les salariés. Le choix ne peut pas être totalement neutre en termes de gestion de trésorerie notamment. Ceci est vrai particulièrement dans les entreprises qui ont recours de façon systématique et importante aux heures supplémentaires, comme dans le domaine du bâtiment ou des travaux publics. C'est souvent pour résoudre ces problèmes que les entreprises adoptent les systèmes dits de paie décalée, les salariés se voyant remettre leur rémunération entre le 5 et le 15 du mois suivant. Cette situation est généralement moins pratique pour les salariés dont les débits (paiement des loyers, prélèvements de Carte bleue, remboursement de crédits...) s'effectuent en fin de mois ou aux tout premiers jours du mois suivant. Les salariés y voient parfois une volonté de leur entreprise de « faire de la trésorerie » en retardant le moment de payer les salaires. En fait, l'écart entre deux paies est toujours de 30 jours, que l'entreprise paie les salaires le 30 du mois ou le 15 du mois suivant, et cette explication ne peut être retenue. L'année fiscale et sociale s'étend dans une situation de paie décalée, non plus comme c'est le cas le plus fréquent du 1er janvier au 31 décembre, mais du 1er décembre au 30 novembre.

En 2007, le thème des heures supplémentaires a été au cœur de la campagne présidentielle. Celles-ci étaient considérées comme un moyen de rendre du pouvoir d'achat dont le candidat Nicolas Sarkozy considérait qu'il avait été gravement amputé par la mise en place des 35 heures. Le candidat, devenu président, fit adopter très rapidement une loi sur l'exonération des charges sociales et la défiscalisation des heures supplémentaires. Le principe étant que les heures supplémentaires puissent ne supporter aucune cotisation sociale salariale et soient exonérées d'impôt sur le revenu. Pour les entreprises, ces heures supplémentaires bénéficient d'une réduction de cotisations de 0,5 à 2 euros par heure travaillée, variable selon leur effectif. Ce dispositif, pour le moins complexe dans sa mise en œuvre technique, s'applique à l'ensemble des salariés, dont en particulier ceux embauchés à temps partiel ou bénéficiant d'une convention de forfait (les cadres notamment, la mesure ayant vocation à s'appliquer pour les jours travaillés au-delà de 218 jours par an).

Cette approche des heures supplémentaires, qui s'inscrivait dans le prolongement du slogan du candidat Sarkozy : « travailler plus pour gagner plus » a semblé susciter un certain succès. La crise mondiale survenue à partir de 2008 a cependant considérablement amoindri sa portée, les entreprises n'étant plus en mesure de proposer à leurs salariés de faire des heures supplémentaires, faute d'avoir des commandes ! Il est donc difficile aujourd'hui de porter une appréciation définitive sur un tel dispositif qui s'inscrivait dans une volonté d'améliorer le pouvoir d'achat.

1.3. La contrepartie obligatoire de repos

La loi du 20 août 2008 a mis un terme au principe de ce que l'on appelait le repos compensateur : à partir d'un certain volume d'heures supplémentaires effectuées, les salariés bénéficiaient d'un repos compensateur. Ce principe a donc disparu pour laisser place à « la contrepartie obligatoire de repos ». Cette contrepartie ne s'applique que pour les heures effectuées au-delà du contingent annuel d'heures supplémentaires. La loi fixe ce contingent à 220 heures pour une année complète ; ce nombre pouvant être aménagé par convention ou accord collectif d'entreprise ou d'établissement, voire par un accord de branche.

Une heure supplémentaire effectuée au-delà du contingent annuel donne droit à une contrepartie de 50 % pour les entreprises d'au moins 20 salariés, et de 100 % pour les entreprises de plus de 20 salariés.

De plus, on rappellera qu'avant de faire faire des heures supplémentaires au-delà du contingent, l'employeur n'a plus l'obligation de demander l'autorisation de l'inspection du travail. L'employeur n'a plus davantage l'obligation d'informer l'inspection du travail préalablement à l'accomplissement d'heures supplémentaires dans les limites du contingent. L'exécution d'heures supplémentaires continue, en revanche, à devoir procéder à une information du comité d'entreprise ou, à défaut, des délégués du personnel, voire à une consultation des représentants du personnel si des heures supplémentaires sont effectuées au-delà du contingent.

Il convient de préciser que ne s'imputent sur le contingent que les heures passées effectivement au poste de travail : ainsi, certains temps qui peuvent certes être assimilés à du temps de travail (notamment dans le cadre de tâches effectuées en équipe comme les heures de douche, d'habillage, de pause, de repas…) et générer d'éventuelles majorations de taux horaire, ne sont pas pour autant légalement intégrables au contingent.

L'employeur peut imposer des heures supplémentaires en raison des nécessités de l'entreprise, dans la limite du contingent, sans que cela n'entraîne une modification du contrat de travail ; le refus du salarié d'effectuer des heures supplémentaires pouvant souvent constituer, à l'appréciation des juges, un motif de licenciement pour cause réelle et sérieuse, voire être considéré comme une faute grave).

La journée de solidarité ne s'impute pas sur le contingent annuel d'heures supplémentaires et ne donne pas lieu à contrepartie obligatoire de repos.

Aux termes de la loi, le repos doit se prendre par journée complète ou par demi-journée de travail, dans un délai de deux mois à compter de l'ouverture des droits, c'est-à-dire dès que la durée de repos atteint sept heures. Cependant, la loi sur les 35 heures, pour limiter les pratiques conduisant le salarié à abandonner son droit à congé, a rappelé que ce principe de prendre avant un délai de deux mois ce congé, s'accompagne de l'affirmation de la règle suivant laquelle l'absence de demande de prise de repos par le salarié ne peut entraîner la perte de son droit à repos. Dans ce cas, l'employeur est tenu de lui demander de prendre effectivement ses repos dans un délai maximal d'un an. L'employeur a l'obligation de tenir informés – rappelons que c'est par le biais d'une mention sur le bulletin de salaire – ses salariés en matière de leurs droits capitalisés au titre du repos, ainsi qu'en ce qui concerne les modalités de prise de ces droits. Lorsque le salarié quitte l'entreprise sans avoir pu bénéficier de son repos, celui-ci lui est payé sous forme d'indemnité ayant caractère de salaire, et correspondant aux droits acquis.

Rien ne s'oppose à ce que toutes les règles précitées (heures supplémentaires, une contrepartie obligatoire en repos) ne s'appliquent aux cadres. Si de façon générale, ceux-ci ne bénéficient pas du paiement d'heures supplémentaires, c'est en raison du caractère « forfaitaire » de leur rémunération. Mais encore faut-il que le forfait tienne compte de ces heures. En cas de litige, face à un cadre demandant le paiement d'heures supplémentaires, les tribunaux ont longtemps apprécié l'importance de la rémunération et des fonctions du cadre, sa liberté d'action et le degré d'initiative qui lui est autorisé, afin de déterminer si ce cadre peut prétendre au paiement d'heures supplémentaires. La loi sur les 35 heures est venue cependant rappeler avec force qu'un cadre était en définitive un salarié comme un autre, et qu'il ouvrait droit, comme un ouvrier ou un employé, au paiement des heures supplémentaires. La Cour de cassation avait déjà ouvert une large brèche par un arrêt du 31 mars 1998 relatif précisément à un cadre. Cet arrêt rappelait que l'heure supplémentaire pour être payée suppose un accord indispensable de l'employeur pour que le salarié accomplisse ladite heure. Dès lors que l'employeur ne s'oppose pas à la réalisation d'heures supplémentaires, il est réputé y avoir consenti.

Beaucoup d'employeurs craignaient que tous les cadres deviennent des salariés susceptibles, comme certains de leurs collègues non-cadres, d'effectuer leurs heures contractuelles, et pas une minute de plus. La réalité de l'organisation même de la vie en entreprise et la modification de la loi sur les 35 heures dite « loi Fillon, de 2002 » ont permis cependant d'introduire une plus grande souplesse. On se doit en effet de distinguer :

- Les cadres occupés dans des conditions proches de l'horaire collectif applicable (on parle généralement de cadres « intégrés ») dont les conditions d'exercice de leur activité ne leur permettent pas de prétendre travailler de façon autonome. Ces cadres peuvent cependant, par la nature de leur activité, déborder légèrement en début ou en fin de vacation des horaires collectifs pour permettre la transmission des consignes ou préparer le travail des jours suivants.
- Les cadres non occupés selon l'horaire collectif applicable. Pour ces salariés, la durée du temps de travail n'est pas prédéterminée. Ils disposent d'une certaine autonomie définie par la liberté qui leur est accordée dans l'organisation de leur temps de travail et de leur emploi du temps. Ces cadres bénéficient en règle générale d'un forfait représentant un nombre de jours travaillés par an (ce nombre allant généralement de 215 à 218 jours). Par voie de conséquence, il leur est alors accordé des jours supplémentaires de jours de repos dits de RTT (Récupération du temps de travail). Un arrêt de cour de cassation du 29 juin 2011 est venu confirmer la licéité de ce statut de cadre « au forfait » tout en précisant que ce type de forfait devait être très encadré pour éviter des dérives et garantir le respect des durées maximales du travail ainsi que des repos, journaliers ou hebdomadaires.

Le problème est plus simple face à des salariés en horaires individualisés (c'est-à-dire en horaires variables, leur mise en place ne pouvant se faire qu'à la condition que le comité d'entreprise – ou s'il n'en existe pas, les délégués du personnel – ne s'y oppose pas ; c'est l'un des très rares domaines du droit du travail ou il existe un véritable droit de veto de la part des représentants du personnel) : les heures faites au-delà de l'horaire légal ne peuvent constituer des heures supplémentaires que si elles ont été effectuées à la demande de l'employeur ou de la hiérarchie. À défaut, il ne s'agit que d'heures excédentaires n'ouvrant droit à aucune indemnisation particulière.

La rémunération des heures supplémentaires n'est toutefois plus systématique. Les lois Delebarre de 1986 et Séguin de 1987 et les apports de la loi du 20 août 2008, portant sur l'aménagement du temps de travail, ont comblé le vide juridique qui existait en matière de possibilité de « récupérer » les heures supplémentaires ; jusqu'à ces lois, les accords d'entreprises qui offraient cette possibilité à leurs salariés étaient en totale infraction vis-à-vis du Code du travail qui ne prévoyait aucunement cette situation. Un salarié ayant effectué des heures supplémentaires peut donc convertir ces heures en repos compensateur de remplacement : une heure payée à 125 % peut représenter une heure et un quart d'heure de repos, une heure payée à 150 % peut représenter une heure et demie de repos, etc. sous réserve qu'un accord collectif prévoit cette possibilité Dans les entreprises dépourvues de délégués syndicaux (et donc dans l'impossibilité de signer un accord juridiquement valable – rappelons que les accords conclus avec des élus n'ont en effet pas légalement de valeur juridique), la loi quinquennale pour l'emploi de 1993 a prévu que le chef d'entreprise peut instituer le remplacement du paiement des heures supplémentaires par du repos dès lors que le comité d'entreprise (ou à défaut les délégués du personnel) ne s'y sera pas opposé. Ces repos entrent donc en ligne de compte pour le déclenchement du seuil de sept heures permettant d'ouvrir droit au repos.

Les solutions de « panachage » sont également désormais possibles, le salarié pouvant prétendre au paiement des majorations et à du repos pour les heures. Ainsi, un salarié qui bénéficierait d'une heure supplémentaire payée à 125 % peut demander à bénéficier d'une heure de repos et à se faire payer 25 % de son taux horaire au titre de la majoration.

Enfin, lorsque les heures sont non payées car récupérées (même partiellement), elles ne s'imputent pas sur le contingent annuel d'heures supplémentaires. On précisera également que le temps de déplacement pour se rendre sur le lieu de travail n'est pas un temps de travail effectif. Toutefois, s'il dépasse le temps normal de travail entre le domicile et le lieu habituel, il fait l'objet d'une contrepartie, soit sous forme de repos, soit financière. Cette contrepartie est déterminée par convention ou accord collectif ou, à défaut, par décision unilatérale de l'employeur prise après consultation du comité d'entreprise ou des délégués du personnel s'il en existe. Cette disposition résulte de la loi du 18 janvier 2005 qui a constitué un coup d'arrêt mis par le législateur à des évolutions jurisprudentielles qui, pour les situations de déplacement inhabituel, tendaient à assimiler le temps de trajet à du travail effectif.

1.4. Le paiement des heures supplémentaires

À travers la notion d'heures supplémentaires, on a pu aborder le problème des majorations. Encore convient-il de définir sur quelle base doivent s'appliquer les majorations. Doit-on, en effet, considérer le seul taux horaire du salarié, ce taux horaire s'obtenant par la formule : salaire mensuel de base/horaire mensuel moyen ? Ou faut-il également intégrer certains éléments de la rémunération comme les primes d'ancienneté, par exemple ?

L'administration pour répondre à cette question distingue les primes inhérentes à la nature du travail, des primes sans rapport avec celui-ci.

Les premières, comme les primes d'insalubrité, les primes de danger, les primes de rendement, les primes de froid… doivent selon ses directives être intégrées à la base des taux horaires de majoration. En revanche, toutes les primes sans lien direct avec le travail proprement dit, c'est-à-dire les primes d'ancienneté, les primes d'assiduité… ou induites par le travail, comme les primes de panier, de déplacement, de salissure, d'outillage, d'usure de vêtements… n'ont pas (circulaire du 18 avril 1946) à être intégrées à la base des taux horaires de majoration. La Cour de cassation a globalement confirmé cette position, de nombreux arrêts le démontrant : cassation sociale du 29 octobre 1973 et du 29 mai 1986 sur l'exclusion des primes d'ancienneté, cassation sociale du 5 mars 1981 sur l'exclusion des primes de productivité (sauf lorsque celles-ci sont directement liées au rendement individuel), etc. Au contraire, la Cour de cassation, en date du 26 octobre 1979, a jugé que les primes d'assiduité devaient être incluses à la base servant au calcul des majorations – dès lors que cette prime constitue un élément de salaire en raison de sa généralité, de sa constance et de sa fixité – et a donc adopté une position différente de l'administration qui écarte pour sa part cette prime. Bien entendu, des dispositions conventionnelles peuvent améliorer le régime légal de rémunération des heures supplémentaires.

1.5. Les avantages en nature

Salaire de base, heures supplémentaires composent pour une large part la « rémunération de base » d'un salarié. Nous y intégrerons également les avantages en nature aux termes de notre classification personnelle des rubriques qui composent cette rémunération. Ces avantages en nature consistent en la fourniture (à titre contractuel ou conventionnel) par l'employeur de nourriture, d'un logement, d'une voiture, voire d'énergie – par le biais de la prise en charge de tout ou partie des frais d'électricité, d'eau ou gaz –, etc. Ces avantages, mis à la libre disposition du salarié, ne lui sont pas indispensables pour exercer son activité professionnelle et sont considérés comme des avantages acquis. La Cour de cassation définit l'avantage en nature comme « toute prestation en nature en relation avec le contrat de travail et qui n'est pas destinée à compenser des charges particulières inhérentes à l'emploi ou qui n'est pas motivée par une véritable volonté de libéralité de la part de l'employeur ».

Pour la Sécurité sociale, la notion d'avantages en nature va au-delà de ces aspects. Ainsi, les sommes versées par les comités d'entreprise à des salariés, dès lors qu'elles ne peuvent être assimilées à un quelconque « secours » (indemnités complémentaires en cas de maladie, indemnités pour pertes de salaire en cas de congé syndical, primes de mariage, de scolarité… doivent être intégrées aux bases de cotisation).

Les « bons d'achats » offerts par les comités aux salariés sont également soumis aux mêmes règles sauf si leur montant est inférieur à 5 % du plafond mensuel de Sécurité sociale. Au-delà de cette limite, il conviendra de définir si leur valeur est bien « conforme aux usages ». Si tel est le cas, ils seront exclus des bases de cotisation car « distribués en relation avec un événement et permettant d'acquérir un bien déterminé (mariage, naissance, retraite, fêtes traditionnelles – des mères, des pères, Sainte-Catherine, Saint-Nicolas –, Noël des enfants, Noël des salariés, rentrée scolaire…) ».

La position de la Sécurité sociale à l'égard des sommes versées par les comités d'entreprise s'explique par le fait que tous ces éléments sont versés aux bénéficiaires parce qu'ils sont salariés de l'entreprise, et à l'occasion du travail accompli : cette appartenance à l'entreprise fait donc que l'on peut assimiler ces sommes à des compléments de salaire. Il est à noter que la position de la Sécurité sociale est cependant plus souple que celle de la chambre sociale de la Cour de cassation, celle-ci ayant notamment refusé le caractère de secours à des sommes versées à des salariés pour leurs enfants au titre de « bourses d'études » ou de frais de garde et de cantine scolaire, alors pourtant que les services de la Sécurité sociale avaient accepté le caractère de secours de ces sommes… Il est de l'intérêt des gestionnaires des comités d'entreprise d'être vigilants à ne pas dépasser les plafonds fixés par la loi, car en cas de contrôle et de redressement, c'est bien le comité d'entreprise (et non l'entreprise) qui supporte les conséquences de la non-observation des règles. Cette position est logique car si l'on mettait à la charge de l'entreprise les décisions du comité d'entreprise, on pourrait de fait créer une situation qui aurait pour effet d'augmenter indirectement la contribution de l'entreprise au financement des activités sociales et culturelles.

L'évaluation des avantages en nature pour les repas et le logement s'effectue par rapport à des règles fixées par l'administration.

En ce qui concerne le logement, il y a avantage en nature lorsqu'un logement est mis à disposition du salarié gratuitement, ou moyennant une participation qui du fait de son faible montant ne peut être assimilée à un véritable loyer. Ainsi, il ne peut y avoir avantage en nature si le loyer est au moins égal à la valeur locative telle qu'elle figure sur les états de taxe d'habitation. Si ce document n'est pas disponible, la comparaison s'effectuera par rapport aux loyers pratiqués dans la commune du logement concerné. L'avantage en nature est évalué, soit par différence entre le montant payé et la valeur locative de la taxe d'habitation, soit par forfait. Le forfait est fonction de deux paramètres :

- le premier est la rémunération exprimée par rapport au plafond mensuel de la Sécurité sociale (inférieure à 0,5 plafond, comprise entre 0,5 et 0,6 plafond, entre 0,6 et 0,7… supérieure à 1,5 plafond) ;
- le second dépend du nombre de pièces du logement.

Selon le niveau de rémunération, le montant de l'avantage en nature varie d'environ 40 à 120 € pour une pièce, entre environ 20 et 115 € par pièce principale si l'appartement est composé de plusieurs pièces.

Le forfait comprend également les avantages constitués par l'eau, le gaz, l'électricité, le chauffage et le garage.

En ce qui concerne la nourriture fournie à titre gratuit par l'employeur, l'évaluation des avantages en nature a fait l'objet d'une importante réforme à l'occasion d'un arrêté du 10 décembre 2002. L'avantage est désormais évalué de façon forfaitaire et évolue au rythme de l'inflation. Cette évaluation de l'avantage ne se fait donc plus comme c'était le cas jusqu'au 10 décembre 2002 par référence au minimum garanti, ou en distinguant si le niveau de rémunération du salarié concerné était inférieur ou supérieur au plafond de la Sécurité sociale.

L'administration a également considéré (circulaire du 7 janvier 2003) que la participation à des repas d'affaires dûment justifiés ne constituait pas un avantage en nature, sauf abus manifeste. Elle a donc considérablement assoupli sa position qui la voyait considérer qu'il y avait matière à avantage en nature si le nombre de repas était supérieur à 5 pour un mois : les entreprises avaient d'ailleurs de grandes difficultés à établir la comptabilisation de ces repas et se voyaient bien souvent « redressées » par l'Urssaf sur ce thème.

Lorsque l'employeur prend en charge tout ou partie des frais de repas en cantine, il y a également avantage en nature potentiel. Toutefois, l'administration admet que lorsque la participation du salarié est au moins égale à la moitié du forfait précité, l'avantage en nature peut être négligé. Si la participation s'avère donc inférieure à la moitié du forfait, l'avantage en nature se calculera de la façon suivante : montant du forfait – participation du salarié.

De même, en ce qui concerne la délivrance des titres repas (plus communément appelés par les noms des sociétés qui les diffusent : chèque-déjeuner, ticket-restaurant…) il y a avantage en nature lorsque l'employeur porte sa participation à un taux supérieur au minimum auquel il est astreint.

Le minimum de participation de l'employeur est de 50 % du prix du titre repas, et sa participation maximale ne peut aller au-delà de 60 % du prix du titre repas. La valeur du titre repas est elle-même régulièrement revalorisée et son montant est fixé par décret. Aussi longtemps que la participation de l'employeur ne dépasse par un montant supérieur à 50 % de la valeur maximale fixée par décret, il n'y a pas d'avantage en nature. Dès lors que la participation de l'employeur est telle qu'elle a pour effet de lui faire verser un montant supérieur à 50 % du montant maximal d'un titre repas, la différence entre le montant de la participation de l'employeur et 50 % du montant maximal d'un titre repas est assimilée à un avantage en nature Si un employeur participe à plus de 60 % au prix du titre repas, c'est l'intégralité de sa participation qui doit être intégrée dans l'assiette de cotisations.

En matière de titres repas, on notera que l'instauration de ceux-ci est totalement facultative pour un employeur, la seule obligation de ce dernier en matière de restauration étant de mettre un réfectoire à disposition du personnel – après avis du comité d'entreprise ou à défaut des délégués du personnel – dès lors que le nombre des salariés qui désirent prendre habituellement leur repas sur les lieux du travail est égal à au moins 25. Tous les salariés qui justifient d'un repas compris dans les horaires de travail doivent pouvoir bénéficier des titres repas, ceux-ci devant tous avoir la même valeur quelles que soient les catégories de salariés bénéficiaires. Les salariés dispensés d'effectuer leur préavis ne peuvent cependant bénéficier du bénéfice de ces titres. Il est à noter qu'il existe aujourd'hui des jurisprudences anciennes et contradictoires sur le fait de savoir si la mise à disposition par un employeur de titres repas le dispense de son obligation de mettre à disposition de son personnel un local pour qu'ils puissent se restaurer.

Les avantages en nature ont cette particularité d'apparaître deux fois sur un bulletin de salaire :

- la première fois au niveau des rubriques de brut, leur montant est alors positif et vient augmenter les sommes soumises à cotisations ;
- la seconde fois, après le calcul des cotisations sociales, le montant est retranché sous forme de « retenues non déductibles ». À défaut, le salarié profiterait deux fois de l'avantage : une première fois de par le bénéfice direct qu'il en retire et une seconde fois de par la valorisation qui en est faite au niveau de la paie !

Même si l'avantage en nature est évalué à sa valeur exacte, la charge financière supportée par le salarié pour bénéficier de cet avantage se réduit en fait :

- aux cotisations sociales qu'il va payer sur la base de l'évaluation qui a été faite ;
- aux impôts supplémentaires consécutifs à l'élargissement de l'assiette fiscale du fait de la prise en compte du montant (net) de l'avantage en nature.

Il est donc aisé de mesurer l'intérêt financier d'un avantage en nature pour un salarié.

L'administration a également fixé des règles précises pour l'évaluation d'un avantage en nature à l'occasion de la mise à disposition par un employeur d'un véhicule que le salarié peut utiliser au titre de son activité privée. En fait, dès lors que le salarié n'a pas à restituer le véhicule en dehors de ses périodes de travail (c'est-à-dire plus particulièrement les week-ends et les congés) il y a matière à avantage en nature.

L'avantage est évalué sur option de l'employeur, soit sur la base des dépenses réellement engagées, soit par rapport à un forfait annuel.

Le forfait annuel est égal pour un véhicule acheté à 9 % du coût d'achat TTC (6 % si le véhicule a plus de 5 ans), et pour un véhicule loué, à 30 % du coût global annuel TTC comprenant la location, l'entretien, et l'assurance. Si l'employeur paie en outre le carburant, l'avantage supplémentaire est retenu soit pour son coût réel, soit par une majoration de 3 % des pourcentages indiqués ci-avant.

Lorsque les dépenses sont évaluées sur les bases des dépenses réelles, il convient de retenir pour un véhicule acheté l'amortissement sur cinq ans, l'assurance, les frais d'entretien (et de carburant le cas échéant). Pour un véhicule loué, il convient de retenir le coût annuel de la location, les frais d'entretien et de carburant.

La valeur de l'avantage en nature en cas d'évaluation « au réel » s'obtient en appliquant au total des frais trouvés le ratio kilomètres effectués à titre personnel/kilomètre total.

L'inconvénient de la méthode du forfait est qu'elle complique la gestion des avantages en nature en rendant nécessaire un suivi individuel, élément qui peut être difficile et contraignant face à une population importante de salariés amenés à utiliser une voiture de l'entreprise pour leurs déplacements professionnels (commerciaux, visiteurs médicaux, VRP...). Elle peut également poser le problème d'une sous-évaluation manifeste des kilomètres « privés », qui peut exposer le cas échéant l'entreprise à des redressements de la part de l'Urssaf en cas de contrôle.

Parallèlement à la notion d'avantage en nature, on notera qu'il existe une réglementation des frais professionnels tant en matière de repas que de déplacements. Les limites d'exonération ont été elles aussi modifiées dans le cadre de la nouvelle réglementation de 2002 (arrêté du 20 décembre 2002). La référence au statut (cadre ou non-cadre), la référence au Smig, qui étaient les normes jusque-là, ont été abandonnées. Désormais, les limites font référence à un montant défini qui est le même pour tous les salariés : l'administration considère en effet que des frais professionnels, pour être considérés comme tels, et ouvrir droit de ce fait au « non-assujettissement des cotisations sociales », ne peuvent excéder un plafond. Au-delà de ces plafonds, il appartiendra à l'employeur de justifier précisément le montant des dépenses engagées par le salarié, et, à défaut de justification, la différence entre le montant de la somme versée par l'employeur et la limite d'exonération devra être réintégrée à l'assiette de cotisations.

Pour les repas des salariés en déplacement professionnel, il existe là aussi une limite d'exonération. Le déplacement doit avoir pour effet qu'il ne permet pas au salarié concerné de regagner sa résidence ou son lieu habituel de repas. Lorsqu'il est démontré que le salarié en déplacement est dans l'obligation de prendre son repas au restaurant, la limite d'exonération est doublée.

Lorsque le salarié en déplacement est empêché de regagner chaque jour son domicile, les indemnités de mission destinées à compenser les dépenses supplémentaires de nourriture et de logement sont réputées être utilisées conformément à leur objet si elles ne dépassent pas les plafonds fixés, soit par repas, soit pour le logement et le petit-déjeuner. Lorsque la mission dure plus de 3 mois, les limites d'exonération sont minorées de 15 % pendant 24 mois (après les 3 mois initiaux), et 30 % pour les 48 mois suivants.

Des indemnités, dites de grand déplacement, d'un montant plus élevé, sont versées aux salariés dont le lieu de déplacement est situé à plus de 50 kilomètres de leur lieu de résidence et ne peut être desservi en moins d'une heure et demie par les transports en commun. Ce type d'indemnités ne saurait cependant s'appliquer si le salarié rentre chez lui tous les soirs. Dans certaines branches d'activité comme le bâtiment et les travaux publics, des règles spécifiques ont été instaurées par l'agence centrale des organismes de Sécurité sociale (ACOSS) en ce qui concerne les seuils d'exonération de montants versés au titre de « petits déplacements ».

Lorsque le salarié se trouve dans l'obligation de prendre un repas sur son lieu de travail du fait de conditions particulières d'organisation ou d'horaires de travail (travail de nuit, travail posté, travail en équipe, travail en horaire décalé, etc.), dès lors que le temps de pause réservé au repas se situe en dehors de la plage horaire fixée pour les autres salariés de l'entreprise, il peut bénéficier d'une indemnité visant à compenser ses dépenses supplémentaires de restauration. Cette indemnisation est généralement appelée « prime de panier ». Les primes de panier ouvrent également droit à des exonérations de cotisations dans des limites qui ont, elles aussi, été modifiées par l'arrêté de 2002, puisque la référence au Smig a également été abandonnée au profit d'un montant fixe.

L'avantage en nature peut également concerner des « séminaires » dont il n'est pas rare qu'ils se déroulent en des lieux paradisiaques : le coût par salarié de ces séminaires peut être considéré – au moins partiellement –

comme un avantage en nature, *a fortiori* si ces manifestations ne font pas ressortir l'exercice d'activités en relation directe avec l'activité de l'entreprise. Les voyages d'agrément offerts par un employeur, la remise gratuite de biens ou de services produits par l'entreprise (exemple : la remise gratuite par une banque d'une carte de crédit), la fourniture de téléphone mobile, micro-ordinateur – et d'une façon plus générale les « outils issus des nouvelles technologies de l'information et de la communication » (NTIC) – utilisables à titre privé, sont autant d'éléments qui constituent des avantages en nature dont le coût n'est pas neutre pour l'entreprise.

1.6. Les heures de nuit

Il aura fallu attendre la loi du 9 mai 2001 pour donner une existence légale à des « majorations » des heures effectuées la nuit. Rien, jusqu'à cette date, n'imposait dans le Code du travail une majoration spécifique de ces heures qui étaient cependant définies comme étant celles allant de 21 heures à 6 heures. Il n'y avait aucune obligation de verser des majorations en pourcentage du salaire et aucune obligation de donner quelque régime particulier à ces heures, sous forme de repos supplémentaire par exemple. Seules les conventions collectives avaient pu prévoir des majorations particulières. La loi impose désormais que les travailleurs bénéficient de contreparties sous forme de repos compensateur rémunéré correspondant à la durée du travail de nuit, une compensation salariale pouvant être adjointe selon un accord collectif ou une convention collective. Il est à noter que l'interdiction longtemps faite aux femmes de travailler la nuit a été levée par la loi du 9 mars 2001 relative à l'égalité professionnelle entre les hommes et les femmes (une directive européenne allait déjà dans ce sens… 25 ans plus tôt !). L'interdiction de faire travailler de nuit les jeunes travailleurs de moins de 18 ans subsiste, et des dispositions spécifiques s'appliquent aux femmes enceintes en matière de travail de nuit.

II. Les primes

Si la paie est rendue complexe de par sa réglementation, elle l'est tout autant par l'extraordinaire multiplicité des primes qui la composent. En fait, la difficulté du traitement de ces primes ne réside pas tant dans leur nombre que dans leurs modes de calcul. Il est d'ailleurs étonnant de constater que lesdits modes de calcul sont rarement intégralement connus avec précision même par les personnes censées les connaître mieux que quiconque : les responsables de paie. Il suffit pour s'en convaincre de pratiquer une « mise à plat » du système de paie d'une entreprise et de poser quelques questions aussi simples que : « Quels sont les bénéficiaires de cette prime ? » « Quelles sont les bases de calcul de cette prime ? » pour se rendre compte que l'obtention de la réponse se fait souvent au prix de longues vérifications nécessaires face aux imprécisions et incertitudes. Les résultats de cette analyse étonnent en règle générale jusqu'aux responsables de l'entreprise. Cette situation *a priori*, on en convient, étonnante, s'explique fort aisément. En effet, les entreprises ont, ou ont eu, une large propension à créer des primes et ont une tout aussi grande aisance à les maintenir, même lorsqu'elles ne sont plus utiles ou que leur usage ne se justifie plus. En la matière, citons le cas de la SNCF qui versait (ou verse encore ?) une « prime de charbon » à une certaine partie du personnel cheminot ; cette prime étant une survivance de l'époque où les chemins de fer fonctionnaient à la vapeur.

Témoins encore ces sociétés qui versent une « prime de lait » à leurs salariés, prime qui pouvait se comprendre lorsque les salariés travaillaient le plomb – le lait possédant des vertus propres à diminuer les nuisances consécutives aux travaux du plomb – et qui ne se comprend plus lorsque les mêmes salariés ne travaillent plus ce produit. Plus original, ce salarié qui reçoit dans une entreprise de papeterie une « prime de tenue de cahier », qui remonte au temps où il devait tenir certains comptes sur un cahier : cette gestion a été informatisée depuis des années, la prime est restée…

Alors, pourquoi ces situations anachroniques, pourtant fréquentes et dont l'ancienneté même fait que les modes de calcul sont parfois « tombés dans les oubliettes », prêtent-elles à sourire ? La réponse réside dans le fait que, s'il est aisé de créer une prime, il est difficile de revenir dessus ; on va voir pourquoi. La première solution qui vient à l'esprit pour mettre fin à cette multitude de lignes qui encombrent la lisibilité d'un bulletin de salaire serait de dire, dès lors que le caractère de ces primes est permanent, que l'on va les intégrer directement au salaire de base – à moins qu'il ne soit possible de les supprimer, mais on imagine sans peine les conflits sociaux qu'une telle mesure pourrait engendrer !

La conséquence de cette démarche sera, ni plus ni moins, de majorer le taux de paiement des heures supplémentaires et ne pourra donc jamais être retenue dans les entreprises amenées à faire effectuer régulièrement à leurs salariés des heures supplémentaires. L'adoption d'une telle mesure conduirait en effet à un dérapage aisément chiffrable se traduisant par une augmentation de masse salariale.

Face à cette situation, on pourrait envisager de regrouper toutes les primes sous une rubrique « primes diverses ». On devine quelle sera la difficulté lorsqu'il s'agira de s'interroger sur l'origine et la composition de cette rubrique, surtout lorsque les anciens de l'entreprise, cette « mémoire collective » des sociétés, se seront retirés.

Il n'y a pas, en la matière, de réponse miracle et nous ne prétendrons pas apporter une quelconque solution… Tout au plus pouvons-nous proposer au lecteur une « classification » des différentes primes, sachant que l'on peut distinguer :

- les primes qui récompensent l'expérience ou la présence ;
- les primes qui visent à compenser des situations particulières de travail ;
- les primes qui visent à intéresser ou motiver.

2.1. Les primes récompensant l'expérience ou la présence

La plus connue et la plus répandue de ces primes est sans nul doute la prime d'ancienneté. Cette prime a eu, en un temps, une base légale (loi du 11 février 1950) concrétisée par les arrêtés Parodi qui prévoyaient l'octroi d'une prime d'ancienneté calculée sur la base d'un salaire fixé par ces mêmes arrêtés. Lorsqu'un secteur d'activité n'est pas couvert par une convention collective, il convient en principe de se référer à l'arrêté Parodi dudit secteur et d'appliquer l'avantage devenu avec le temps totalement dérisoire (2,47 F après 3 ans et 12,35 F après 15 ans…). La base de calcul de la prime d'ancienneté Parodi était en effet le salaire minimal de l'époque.

La prime d'ancienneté est versée aux salariés à l'issue d'un certain nombre d'années de présence dans l'entreprise. Les modalités de calcul sont définies au niveau des conventions collectives ou des accords d'entreprise. Les absences non rémunérées, sauf disposition conventionnelle contraire, réduisent en proportion le montant de la prime d'ancienneté (cassation sociale du 13 février 1985). Son inclusion au salaire de base est possible, de nombreux arrêts l'ont confirmée (cassation sociale du 3 octobre 1958, du 3 janvier 1969…), mais il faudra, en cas de litige, que l'employeur puisse apporter la preuve qu'il a versé cette prime, ce qui explique qu'il est préférable que cette prime apparaisse de façon distincte sur le bulletin de salaire.

La convention collective de la métallurgie du personnel non cadre stipule que le versement de cette prime intervient à partir de trois ans d'ancienneté et que le montant est égal pour chaque salarié, à un pourcentage de son salaire minimum hiérarchique : 3 % entre 3 et 4 ans, 4 % entre 4 et 5 ans… jusqu'à un maximum de 15 % à partir de 15 ans d'ancienneté.

D'autres textes peuvent décider de déclencher le paiement des primes d'ancienneté plus tardivement que le délai de trois ans, ou plus tôt, ou à des taux différents de ceux cités ci-dessus pour la métallurgie. De même, certaines conventions font payer la prime d'ancienneté, non pas sur un « salaire minimum hiérarchique », mais sur le salaire de base, voire sur le salaire réel des salariés (courtage d'assurance).

En règle générale, les cadres ne bénéficient pas du paiement de ces primes. On rappellera, en effet, que leur rémunération a bien souvent un caractère forfaitaire censé intégrer cette donnée (ou plus globalement tout élément accessoire du salaire) ou encore celle des heures supplémentaires ; mais il est évident que rien ne s'oppose à un quelconque paiement d'une prime d'ancienneté à un cadre.

La tendance actuelle tend à laisser penser qu'une certaine remise en cause des primes d'ancienneté s'annonce. Cette remise en cause est cependant plus souvent exprimée qu'effectuée. Le patronat garde en définitive en la matière une position globalement plus qu'attentiste. Cette attitude s'explique souvent par crainte de l'opposition des partenaires sociaux et de l'attachement « psychologique » des salariés à la prime d'ancienneté. Celle-ci qui est le prix payé pour la fidélité s'inscrit dans le système de valeurs du salarié, en particulier de l'ouvrier. Le facteur financier est par ailleurs non négligeable et la réforme de la prime d'ancienneté signifie bien souvent l'introduction de mesures d'individualisation. La prime d'ancienneté apparaît alors comme intouchable et non négociable.

Dans certaines conventions collectives, on distingue parfois deux notions de minimums hiérarchiques : l'un qui sert à définir le montant minimal de rémunération, l'autre qui sert de base au calcul de la prime d'ancienneté ; chacun de ces minimums n'évoluant pas au même rythme.

La prime d'ancienneté apparaît pour nombre d'employeurs comme une véritable contrainte économique, en ce sens qu'elle pèse de plus en plus lourd dans la gestion des entreprises. En effet, on peut évaluer l'augmentation d'une masse salariale d'une année sur l'autre, consécutive au « vieillissement » du personnel et à la majoration des primes versées au fur et à mesure que l'ancienneté augmente, à près de 1 %.

À l'heure de l'« individualisation des salaires » cette notion ne peut apparaître comme un facteur de motivation. Pour le chef d'entreprise, surtout en période d'inflation basse et lorsque les enveloppes d'augmentation des salaires sont égales à 2 ou 3 %, voire beaucoup moins, cette donnée n'est donc pas à négliger au moment de définir ses objectifs de variation de masse salariale. Elle vient, en effet, singulièrement diminuer sa marge d'action au moment de fixer les parts d'augmentations relatives d'un côté aux augmentations générales, d'un autre côté aux augmentations individuelles.

Avec une inflation à 2,5 %, une entreprise qui a décidé de contenir l'évolution de sa masse salariale au niveau de l'inflation et qui a résolu de consacrer 1 % aux augmentations individuelles, la prise en compte du facteur « ancienneté » conduit à constater que la part qui reste pour les augmentations générales n'est plus que de 0,5 % : l'annonce d'un tel chiffre aux partenaires sociaux risque de passer pour une véritable provocation… Par ailleurs, cette réflexion ne prend pas en compte le principe d'un éventuel effet dit « de report ». Lorsque l'inflation est inférieure à 1 % par an comme cela aura été le cas de plusieurs années de la décennie 2000-2010, on comprend mieux les contraintes que font peser les primes d'ancienneté sur la gestion de la masse salariale.

Le point de départ du mois de paiement de la prime d'ancienneté est laissé à l'initiative de l'entreprise : un salarié embauché le 13 juin de l'année N et qui a droit à une prime d'ancienneté trois ans plus tard pourra percevoir sa prime, soit en juin de l'année N + 3 (mois anniversaire de l'ancienneté), soit en juillet de l'année N + 3 (ancienneté révolue). Certaines entreprises distinguent les cas selon que le salarié est rentré avant le 16 ou à partir du 16 pour définir si la prime sera due dès le mois anniversaire ou un mois plus tard.

Parmi les autres primes destinées à récompenser la présence, on citera les primes d'assiduité versées sous certaines conditions : exemple, un jour d'absence fait perdre 20 % du montant de la prime mensuelle, deux jours font perdre 50 % et plus de deux jours ont pour effet de supprimer la prime. De nombreuses réglementations variant autour de cette règle existent dans les entreprises. Ces primes ont longtemps été appelées sous le manteau « primes antigrève » car on comprend que la présence nécessaire à l'octroi de ces primes implique en toute logique... une absence de grève. En effet, s'il est interdit à un employeur de prendre des mesures discriminatoires à l'encontre de grévistes, en revanche rien ne lui interdit de réduire la rémunération de salariés grévistes, dès lors que cette réduction – voire cette suppression – se fasse dans les mêmes conditions pour tous les salariés et ce, quel que soit le motif de l'absence. Toutes les absences sans distinction de cause, doivent donc avoir les mêmes conséquences en matière de rémunération. En outre, bien souvent les conventions collectives imposent à l'employeur de maintenir la rémunération des salariés « comme s'ils avaient travaillé normalement ». De nombreuses entreprises qui versaient une prime à l'ensemble d'une catégorie donnée ont ainsi été amenées à opérer une diminution de cette prime, la partie retirée servant à financer la mise en place d'une prime d'assiduité : la jurisprudence a en effet consacré le fait que l'obligation de maintien de la rémunération ne peut porter sur une prime d'assiduité. Un salarié absent se voit ainsi bien « pénaliser » par rapport à un salarié présent, même si la convention collective prévoit « un maintien à 100 % de la rémunération ».

2.2. Les primes visant à compenser des situations particulières de travail

Il est possible de réunir sous ce terme l'ensemble des primes induites par la nature du travail. Le travail peut, en effet, contribuer à exposer le salarié à des situations dangereuses, insalubres, pénibles, pour de multiples raisons : bruit, froid, chaleur, altitude, salissure... À toutes ces causes peut correspondre le versement d'une prime. Le salarié peut également être conduit à effectuer des déplacements dans le cadre de son travail ; le montant de ce type de primes est ainsi déterminé dans le domaine du BTP (bâtiment et travaux publics) directement au niveau de la convention collective qui distingue les « petits » et les « grands » déplacements et adapte à chacun une indemnisation particulière.

Le salarié peut également être d'astreinte, c'est-à-dire se tenir à la disposition de son employeur en dehors de ses heures normales de travail (à noter que la Cour de cassation a parfois qualifié les périodes d'astreinte comme étant des périodes de travail effectif, notamment lorsque le salarié reste sous l'autorité permanente de l'employeur et subit un certain nombre de contraintes).

Le salarié peut aussi bénéficier, du fait de ses conditions particulières de travail, de primes d'amplitude ou se voir verser des primes de déménagement, des primes dites « de rideaux » liées au changement du lieu de travail – certaines de ces primes pouvant toutefois être assimilées à des indemnités visant à compenser un préjudice subi ou couvrir des frais supplémentaires engendrés et être de ce fait exonérées de cotisations sociales.

Mais l'environnement même dans lequel évolue le salarié, les moyens qu'il doit utiliser dans l'accomplissement de son travail – par exemple, l'utilisation d'écrans informatiques, la nécessité qu'il a de connaître une langue étrangère... – peut également constituer un motif de prime. L'organisation du travail selon que celui-ci doit s'effectuer de nuit, en équipe, en horaire décalé, etc. entraîne, en règle générale, le versement d'une prime dont l'une des plus connues est la « prime de panier » – dont le montant est également fixé par voie conventionnelle.

Enfin, la nature même du contrat, lorsqu'il est à durée déterminée, fait que l'employeur sera tenu de par la loi – en matière de primes, c'est d'ailleurs sa seule obligation légale : contrairement à une idée souvent reçue, aucune autre « prime » n'est instituée par le Code du travail – de verser à ses salariés régis par ce type de contrat, une prime dite de « précarité ». La base de calcul de cette prime est constituée par la totalité des salaires bruts perçus par le salarié tout au long de son contrat, à l'exclusion des indemnités compensatrices de congés payés (mais cette prime est cependant prise en compte dans le calcul de l'indemnité de congés payés, on le verra plus loin). Alors que le texte de loi définit bien comme assiette de calcul les seules rémunérations versées aux salariés, un arrêt de Cour de cassation a malgré tout considéré que lorsqu'un salarié était victime d'un accident du travail, la base de calcul de la prime de précarité devait prendre en compte les salaires que le salarié aurait perçus s'il avait travaillé normalement. On retrouve dans cette approche la même logique qui existe en matière de calcul des sommes revenant au titre de la participation ou de l'intéressement pour les salariés en situation d'accident du travail ou de maternité : pour calculer les droits d'une personne dans une telle situation, on doit en effet reconstituer la rémunération qu'aurait perçue le salarié s'il n'avait pas été dans cette situation d'arrêt. Mais c'est la loi qui a défini cette règle, non un arrêt de Cour de cassation… Le taux de la prime de précarité, initialement fixé à 5 % a régulièrement évolué et est désormais fixé à 10 %. Cette prime n'est toutefois pas due lorsque le salarié se voit proposer à la suite de son CDD – contrat à durée déterminée – un CDI – contrat à durée indéterminée. À noter que dans ce cas, la prime n'est pas davantage due si le salarié refuse le CDI qui lui est proposé. La prime n'est pas due non plus lorsque le CDD est conclu dans le cadre de travaux saisonniers, ou encore lorsqu'il est d'usage de recourir à des CDD pour effectuer une tâche précise, ou bien lorsque ce sont des jeunes, employés pendant leurs vacances scolaires ou universitaires, qui assurent de tels contrats : aussi « injuste » que cela puisse être considéré, leur statut d'étudiant, de collégien ou de lycéen, n'est pas supposé être assimilé à justifier le concept de « précarité ».

Il n'est pas question de vouloir étudier ici les différents modes de calcul de ces très nombreuses primes, dont la liste pourrait être complétée à l'envi. En ce domaine, plus que dans un autre, les entreprises appliquent des règles qui sont propres à leur spécificité ou leurs conditions de travail, leur histoire ou leur politique sociale. À chaque entreprise et à chaque prime son mode de calcul. Pour l'anecdote, on citera la « prime d'ascenseur » versée dans une société d'assurance aux salariés qui, déjà entrés dans l'entreprise, devaient encore prendre l'ascenseur pour parvenir jusqu'à la « pointeuse » située à côté de leur bureau. Il fallait bien tenir compte du temps passé dans l'ascenseur…

2.3. Les primes visant à intéresser et motiver

Ces primes, tout aussi nombreuses que celles définies ci-dessus, et versées à un groupe, à une catégorie du personnel, à des individualités… peuvent constituer en des primes exceptionnelles, des primes d'objectifs ou de dépassement d'objectifs, des primes de résultats, des primes de régularité, des primes de bilan, des primes de rendement, etc. Elles ne doivent cependant pas être confondues avec les sommes perçues par les salariés au titre d'accords d'intéressement conclus dans le cadre de l'ordonnance du 21 octobre 1986 relative à « l'intéressement des salariés aux résultats de l'entreprise », ces sommes étant non soumises à cotisations et ne devant pas figurer sur le bulletin de salaire.

Les primes de vacances (versées en règle générale juste avant les mois d'été), les primes de fin d'année – les PFA – sont également des éléments visant à motiver les salariés. Elles sont par ailleurs un reflet intéressant de la politique sociale d'une entreprise à travers les conditions de versement adoptées. Pour verser la prime, on peut parfois exiger du salarié qu'il soit « présent à l'effectif et non démissionnaire » le jour de son versement. Ainsi, un salarié quittant l'entreprise avant ce jour, ne pourrait prétendre à aucun paiement d'une prime de fin d'année au prorata de son temps de présence, dès lors que cette condition est une clause contractuelle : la jurisprudence a eu l'occasion de le confirmer en maintes reprises. Seule solution pour le salarié, différer sa date de départ ou sa date de début de préavis après le versement de la prime. Certains salariés ont pu également jouer astucieusement sur la prise d'un congé parental pour se rendre disponible auprès d'un nouvel employeur avant la date de versement de la prime, sans pour autant perdre leur droit à prime chez leur ancien patron ! Après tout, s'il est interdit de travailler pendant un congé parental, la loi n'a fixé aucune sanction… Certains contrats stipulent pour leur part que la prime n'est due que si le salarié a un minimum d'ancienneté dans son entreprise, ou qu'il a été embauché avant une date définie.

En matière de prime, même si le caractère général de celle-ci peut être d'ordre conventionnel ou défini par voie d'accord, comme une prime de 13e mois, il faut bien souligner que c'est en toute indépendance qu'un employeur fixe les modalités de versement des primes dont il fait bénéficier ses salariés ; des notions restrictives peuvent être introduites, ainsi, la prime peut être calculée en fonction du nombre d'absences d'un salarié. Toute condition restrictive est possible si elle présente un caractère général et qu'elle ne vise pas à pénaliser un salarié en particulier. En revanche, dans la mesure où le versement de la prime résulte d'un usage et n'est pas fonction de l'activité de l'entreprise, l'employeur est tenu d'assurer le paiement de cette somme. Il ne saurait ainsi prétexter de mauvais résultats économiques d'une année pour se dispenser de cette obligation, dès lors qu'il n'avait pas, par le passé, lié le versement de la prime aux résultats de l'entreprise.

Les différents systèmes de réduction des charges sociales instaurés (abattements Juppé, réductions bas salaires, allégements Aubry, allégements Fillon, etc.) posent la question de l'intérêt qu'une entreprise peut avoir à réunir sur un nombre de mois très limité le versement des primes. En effet, les systèmes d'aides sont généralement déterminés à partir de la rémunération brute mensuelle : plus cette rémunération est faible, plus les aides sont élevées. Ceci revient donc à considérer que lorsqu'une entreprise verse un 13e mois en deux fois (par exemple une partie en juin, et une partie en décembre) pendant deux mois de l'année, la rémunération du salarié va être plus élevée qu'à l'habitude. C'est donc à deux reprises que sa rémunération peut dépasser les seuils à partir desquels il n'y a plus d'aides. En d'autres termes, dans un tel cas, l'intérêt de l'entreprise peut être grand à ce qu'en lieu et place de verser la prime en deux fois, cette prime ne soit versée qu'une seule fois. Le gouvernement a finalement mesuré le côté pervers (à moins qu'il ne faille parler de créativité des entreprises…) de la situation en annonçant, en juin 2010 à l'occasion de la réforme des retraites, que les allègements Fillon seraient dorénavant annualisés… précisément pour éviter que des entreprises mettent en place des petits salaires tout au long de l'année, ceux-ci étant accompagnés du versement d'importantes primes concentrées sur un ou deux mois de l'année…

Les primes liées à la situation financière, historique, géographique de l'entreprise sont également courantes : les primes d'augmentation du capital, les primes à l'occasion de l'anniversaire de l'entreprise ; certaines primes sont liées à des coutumes régionales (primes de Saint-Éloi…).

Toute étude d'une entreprise, faite sous l'angle social, ne peut pas négliger le chapitre des primes. Leur nombre, leurs modalités de calcul, leurs conditions restrictives, le pourcentage qu'elles représentent par rapport à la partie fixe du salaire constituent autant d'éléments d'observation que l'on ne peut négliger. En introduction, nous évoquions la paie sous l'aspect « miroir du potentiel social d'une entreprise », le choix de toute politique du personnel entraîne en effet obligatoirement l'acceptation d'une certaine politique de rémunération. Les parallélismes, d'une entreprise à l'autre, sont faciles à dresser en ce domaine. En matière de primes, les comparaisons sont là aussi faciles : ou bien une entreprise est en mesure d'offrir à ses salariés une panoplie très large – et très enrichissante pour ces derniers – de primes, ou bien elle ne l'est pas. Il ne faut toutefois pas en conclure qu'un champ social se limite à la seule rémunération… surtout lorsque celle-ci prend le caractère de primes ; la prime étant par définition un élément aléatoire du salaire. Juridiquement, pour être considérée comme un complément de salaire sur lequel un salarié est en droit de compter, la prime doit répondre à trois critères cumulatifs :

- généralité (l'ensemble du personnel ou une catégorie professionnelle bien identifiée reçoit la prime) ;
- constance (la prime est versée de façon répétée et régulière), la jurisprudence ne définissant cependant pas une durée minimale de versement

même si elle a pu déclarer que trois annuités consécutives confèrent à la prime un caractère de constance ;
- fixité (le mode de calcul est invariable).

Une prime exceptionnelle versée une fois ne porte par ailleurs pas autant à conséquence en termes d'« effet masse » ou d'« effet report » qu'une augmentation de salaire. Une prime n'engage pas de façon irréversible un employeur.

Au-delà des apparences, il convient cependant d'être prudent : l'entreprise la plus performante n'est pas toujours celle qui offre le plus de primes à son personnel. Des observateurs pourront même voir dans une telle situation, l'incapacité d'une équipe dirigeante à gérer son personnel autrement qu'en devant céder du terrain sous forme d'un versement d'une nouvelle prime à chaque fois qu'un risque de conflit social apparaît. La forme de la rémunération est donc une notion tout aussi essentielle que le niveau ou encore l'évolution de la rémunération. Tous ces éléments dépendent en fait de la volonté de l'entreprise de stabiliser son personnel et de lui assurer une carrière.

III. Les éléments d'absentéisme

En matière de détermination de la rémunération brute, les éléments d'absentéisme constituent sans aucun doute le sujet le plus sensible. Si nous avons abordé jusqu'à présent uniquement des points qui avaient pour effet d'augmenter cette rémunération, il n'en est pas de même à partir du moment où l'on aborde des notions d'absentéisme. La rémunération étant la contrepartie d'un travail fourni, il apparaît logique qu'elle soit diminuée lorsque le salarié n'accomplit pas ce travail du fait d'une absence.

Les réponses ne sont évidemment pas si simples et il conviendra de définir quelles absences sont susceptibles de faire perdre le bénéfice de la rémunération. Car à travers l'étude des congés payés, à travers également l'étude des absences pour maladie, maternité, ou encore accident, on verra que toute absence ne génère pas obligatoirement une perte de salaire.

Qu'en est-il toutefois du traitement des absences qui contribuent à minorer le salaire, et surtout comment évaluer le montant des retenues à effectuer pour une absence considérée ? Telle va être la première question à laquelle il va falloir répondre.

3.1. Le choix du taux de déduction

À travers le problème de l'absentéisme, c'est donc, on l'a dit, d'une façon plus générale, le problème sensible des « retenues » sur une paie qui est abordé. Comment valoriser une absence ? On serait tenté de croire qu'à une telle question, le législateur a déjà répondu, supprimant par là même toute contestation possible, tant le problème apparaît universel à toute entreprise. Assez curieusement cependant, aucune règle de calcul n'est fixée dans le Code du travail. C'est dans la jurisprudence que l'on peut trouver une réponse dont on abordera plus loin les limites et les insuffisances. Les conventions collectives, les accords d'entreprise, n'abordent jamais cet épineux problème, laissant libre cours aux plus grandes applications possibles telles qu'elles sont pratiquées au sein des entreprises. Il suffit pour s'en convaincre de réunir une dizaine de responsables de paie, et de leur demander quelle sera la retenue qu'ils effectueront pour un salarié qui gagne, par exemple, 1 700 euros par mois pour un horaire de travail de 35 heures par semaine, et qui est absent, par exemple, pour un congé sans solde, durant toute une journée au cours de laquelle il aurait dû travailler sept heures.

Certains vous diront qu'ils partent du taux horaire du salarié, calculé comme défini à partir des données de la loi de mensualisation (1 700 euros / 151,67 = 11,21 euros) et qu'ils multiplient par sept ce taux horaire. La déduction est alors égale à 7 × 11,21 euros = 78,47 euros.

D'autres vous diront que ce salarié étant mensualisé, et étant donc payé de façon indépendante du nombre de jours de travail, un mois comptant 30 jours, on doit donc lui retenir 1/30e de sa rémunération, soit 1/30 × 1 700 euros = 56,67 euros.

D'autres renchériront en vous disant que ce salarié est certes mensualisé, mais qu'il ne faut pas tenir compte des dimanches. Il convient de raisonner en jours ouvrables, et comme un mois compte en moyenne 26 jours ouvrables, il faut opérer une déduction égale à 1/26 de 1 700 euros soit 65,38 euros, voire il ne faut tenir compte que des jours ouvrés qui sont au nombre de 22 en moyenne dans un mois et déduire alors 1/22 de 1 700 euros soit 77,27 euros.

Quatre solutions – sans compter toutes celles que l'on pourrait encore ajouter – : 78,47 euros, 56,47 euros, 65,38 euros, 77,27 euros. Quel montant retenir ? Quelle formule retenir, car le mode de calcul peut très vite devenir très complexe à expliquer, surtout lorsqu'on gère les absences en 1/26 ou en 1/30. Ainsi, lorsqu'un salarié est absent une semaine (soit 5 jours ouvrés), il paraît logique de lui retirer 7/30 de rémunération. Mais combien de 1/30 lui retirer s'il n'est absent que 4 jours dans la semaine ? Seulement 4 ? Cela voudrait dire que le simple fait d'être absent une journée de plus lui coûte alors 3/30 supplémentaires ? Cela oblige alors à créer des règles d'équivalence aussi complexes qu'inexplicables où si 5 jours ouvrés sont bien égaux à 7/30, 4 jours ouvrés sont égaux par exemple à 6/30, 3 jours ouvrés sont égaux à 4 ou 5/30, 2 jours ouvrés sont égaux à 2, 3 ou 4/30 selon les entreprises ! Les salariés, à juste titre n'y comprennent plus rien, le raisonnement étant exactement le même lorsque l'entreprise raisonne en 1/26…

Il est évident que selon que l'on se place du côté du salarié ou de l'employeur, les intérêts – et les choix qui s'opéreraient – ne sont pas les mêmes. Si l'on énonce qu'aucune de ces solutions n'est fausse, on perçoit alors la dimension sociale que prend la paie. Car le choix d'une méthode préférée à une autre revêt bien un caractère social selon que l'entreprise entend limiter les pertes d'un salarié absent ou au contraire, pénaliser fortement celui-ci. On serait d'ailleurs tenté de dire qu'il n'y a pas de « bonne méthode » ou de « mauvaise méthode », tant aucune de celles indiquées n'est totalement contestable. Il faut donc bien voir dans le choix final d'une entreprise à l'égard du taux de déduction le reflet d'une politique sociale qu'elle entend dynamiser. En complément de ces options, la Cour de cassation propose une solution qui réduit la part de subjectivité qui réside obligatoirement dans la mise en œuvre d'une décision qui s'inspire des éléments cités ci-dessus ; cette solution est un mode de calcul qui va au-delà de ceux déjà abordés.

3.1.1. La position de la Cour de cassation

La Cour de cassation a défini un mode de calcul pour opérer des valorisations de retenues sur salaire. Par un important arrêt en date du 17 février 1984, celle-ci énonce que la retenue par heure d'absence doit se faire, pour un salarié payé au mois, en appliquant au salaire le ratio :

$$\frac{\text{Nombre d'heures d'absence}}{\text{Nombre d'heures de travail du mois}}$$

Cette décision venait confirmer le système retenu par la cour supérieure d'arbitrage par une décision du 27 novembre 1972.

Si l'on prend l'exemple d'un salarié qui effectue 35 heures par semaine (sur 5 jours de travail), et qui a été absent une journée – soit 35/5 = 7 heures – durant un mois qui comportait 20 jours de travail – soit 20×7 heures = 140 heures –, dans l'hypothèse où ce salarié gagne 1 700 euros par mois la valorisation de son absence est égale à :

$$7/140 \times 1\,700 \text{ euros} = 85 \text{ euros}$$

Ce type de calcul est sans contestation possible le plus juste que l'on puisse adopter. Il n'est toutefois pas sans défauts. Assez curieusement en effet, cet arrêt n'est rien de moins qu'une remise en cause du principe de la mensualisation dont l'objectif est, rappelons-le, de « neutraliser les incidences sur la rémunération du nombre de jours qui varie d'un mois sur l'autre ». Or, la conséquence première du mode de calcul retenu, est tout simplement que d'un mois sur l'autre, un salarié – dont le salaire de base reste constant bien sûr – se verra appliquer des réductions différentes de salaire selon que le mois de travail comporte 19 ou 20 ou 21 ou 22 ou 23 jours ouvrés… Avec un tel mode de calcul, un salarié comprendra vite qu'entre, être absent le dernier jour d'un mois qui comporte 19 jours de travail, ou être absent le 1er jour du mois qui suit et qui comporte

23 jours de travail, il a tout intérêt à « différer » son absence sur le mois qui compte 23 jours de travail. La retenue qui lui sera faite sera bien moindre.

D'aucuns pourront voir dans cet arrêt une incitation à la gestion prévisionnelle de son propre absentéisme. Au-delà de cette vision caricaturale, le texte offre la meilleure des réponses, en termes d'équité et de justesse de la déduction, même s'il apparaît difficile à adopter pour tous les motifs d'absence en raison de la critique que nous formulions ci-dessus. Dans le cas d'un mois incomplet de travail, l'arrêt paraît toutefois extrêmement intéressant comme nous allons le voir.

3.1.2. La gestion des entrées ou sorties dans le mois

La gestion du personnel entré ou sorti dans le mois pose souvent un problème de calcul de paie. Quel prorata de salaire payer à un salarié qui quitte ou intègre une société en cours de mois ? On peut ainsi citer l'exemple de ce salarié qui quitte son entreprise en milieu de mois après avoir accompli 10 jours de travail (soit 70 heures). Ce mois comportait 20 jours ouvrés de travail. Le salarié se voit payer sur son solde de compte 70 heures de travail et s'estimant lésé, réclame le paiement de 81,67 heures de travail.

Pourquoi ce chiffre de 81,67 ? Le salarié étant mensualisé sur la base de 151,67 heures habituellement, considère que, sur cette base de 151,67 heures, il n'a pas accompli 70 heures – celles qui restaient à faire au titre des 10 jours restant à accomplir après son départ. De ce fait, il considère qu'on doit lui payer 81,67 heures (151,67 – 70), le solde de compte étant l'élément qui clôt les comptes financiers entre un salarié et un employeur à l'issue du contrat de travail et qui implique la renonciation du salarié à toute réclamation ultérieure. Ce document n'est cependant pas obligatoire, à la différence du certificat de travail par exemple. Il doit nécessairement être accompagné d'un certificat de travail qui comprend notamment la date de sortie du salarié, c'est-à-dire la date à laquelle il est rayé des effectifs de l'entreprise. Dans l'hypothèse où un salarié doit effectuer un préavis, il peut demander à se voir remettre une attestation précisant qu'il sera délivré de ses liens contractuels à la date de fin du préavis.

Le flou des règles bien souvent pratiquées fait que ce type de situation, quelque peu conflictuelle, n'est pas rare.

D'autres entreprises raisonnent en 1/30 de présence en considérant qu'un salarié présent du 1er au 20 et quittant l'entreprise à cette date se voit payer 20/30 de son salaire. Qu'en est-il lorsque son horaire de travail s'étend du lundi au vendredi et que son dernier jour de travail tombe un vendredi ? Qu'advient-il alors du paiement du samedi et du dimanche ? L'entreprise n'est pas tenue d'indemniser ces jours. Au niveau des registres d'effectif, le salarié est bien parti le vendredi soir et non le dimanche soir. Dans le cas où un salarié passe de l'entreprise A à l'entreprise B en cours de mois, mais conserve le même salaire (par exemple, 1 700 euros), et qu'il quitte l'entreprise A le vendredi 15 : celle-ci lui verse 15/30 de 1 700 euros soit 850 euros et l'entreprise B lui verse du lundi 17 au samedi 30, 13/30 de 1 700 euros, soit 736,67 euros. Le salarié a bien perdu 2/30 de sa rémunération.

La multiplicité des façons de traiter la paie fait que celle-ci est bien souvent perçue comme une véritable nébuleuse. Le caractère compliqué de la paie tient au fait que les règles appliquées au sein des entreprises ne sont pas assez rigoureuses, claires, permanentes et stables. Il suffit pour s'en convaincre d'assister à l'édition des soldes de comptes au sein des entreprises. Combien de ceux-ci peuvent être intégralement automatisés à partir de la simple indication de la date de départ du salarié, cette notion étant théoriquement nécessaire et suffisante pour déclencher tous les automatismes de paiement d'indemnités de congés payés, de primes éventuelles de précarité, d'indemnités de repos compensateur, et bien sûr de prorata de salaire de base ou d'ancienneté ? Combien de sociétés peuvent réellement déclarer que tous leurs soldes de comptes sont édités par leur informatique sans qu'il soit nécessaire de procéder à des interventions manuelles, des corrections, des ajustements, bref, autant de ces éléments qui font perdre à la paie son caractère de crédibilité tant on a l'impression que les règles sont quelque peu « individualisées » selon la personne qui quitte l'entreprise ? La cohérence en la matière est loin d'être de mise.

Face à cet exemple de la gestion des entrées sorties du mois, on conviendra que la mise en place de l'arrêt de la Cour de cassation offre le mérite simple d'uniformiser tous les modes de calculs et de contribuer à supprimer les conflits et les incompréhensions qui peuvent naître à la lecture du premier ou du dernier bulletin de salaire reçu dans une entreprise. Ce n'est pas le moindre de ses mérites.

3.1.3. La gestion des autres absences

On a expliqué en quoi l'arrêt de la Cour de cassation, appliqué à toutes les absences pouvait constituer une incitation à « gérer son propre absentéisme ». Quelles sont les limites au recours aux autres modes de calcul déjà abordés plus haut, à savoir les calculs de retenues en heures, ou en 1/26 ou encore en 1/22 ou 1/30 – ces trois derniers modes de calcul étant d'ailleurs recommandés par l'administration et aucune disposition ne les interdisant ?

En fait, avec ce choix de valorisation des absences, tous les calculs sont acceptables… à condition que l'absence ne dure pas trop longtemps. En effet, tous ces systèmes reposent sur des bases « théoriques » et sont comparés à des durées d'absence qui sont pour leur part bien réelles. Lorsqu'un salarié est absent une journée, il est aisé de lui retenir, qui 7 heures, qui 1/30, 1/26 ou/22 de sa rémunération. On l'a vu, lorsque ce salarié a pu être absent quelques jours seulement le problème se pose. Si l'on considère normal de retenir 7/30 à un salarié absent une semaine (5 jours ouvrés), combien de 30 faut-il lui retenir s'il n'est absent que 4 jours ouvrés ? Si on lui retient 4/30, cela revient donc à dire que le fait d'être absent une journée de plus « coûte »… 3/30 ! Le même raisonnement s'applique avec une gestion en 26… De plus, un autre problème se pose lorsque le salarié a été absent un mois complet, à l'exception d'une journée ou deux.

En effet, on imagine mal déduire de la paie d'un salarié 22 jours valorisés chacun à 7 heures, soit un total de 154 heures lorsque ce salarié est mensualisé sur la base (théorique) de… 151,67 heures. Plus grave, pour peu que le mois ait comporté 23 jours ouvrés, et que ce salarié ait travaillé une journée, faudrait-il ne rien lui payer ? De même on déduirait de sa paie 22/22 de sa rémunération bien qu'il ait, là aussi, travaillé une journée. Problème insoluble, qui montre toutes les limites de l'adoption de tels systèmes.

Bien sûr, les responsables de paie de ces entreprises qui ont mis en place de tels systèmes vous expliquent que lorsque cette situation se présente – finalement assez rarement convenons-en – ils paient aux salariés concernés les heures effectivement travaillées par ces derniers, appliquant en cela les recommandations de l'administration qui préconisait que, si la période d'absence dans le mois considéré est plus courte que la période de travail, on doit procéder à un abattement de salaire. En revanche, si la période d'absence est supérieure à la moitié de la durée du mois considéré, l'administration conseillait de calculer la rémunération en fonction des heures de travail effectives.

Cette démarche, si elle est rationnelle pour résoudre le problème, illustre une fois de plus toute l'inconstance avec laquelle se fait trop souvent la paie. Plus grave, elle est de nature à porter un discrédit sur celle-ci car tout salarié peut en être amené à se demander si son employeur ne modifie pas les façons qu'il a de valoriser ses absences afin de lui appliquer systématiquement la retenue de salaire la plus importante ou de lui calculer des gains de façon la plus réduite possible. On conçoit donc que les règles ne soient pas simples à définir car elles peuvent laisser une part à l'« arbitraire » et l'on comprend donc mieux que le problème du choix des taux de déduction au sein d'une entreprise est l'un des problèmes très sensibles de la paie. Tout système, on l'a vu, a ses failles, aucun ne peut être adopté sans prêter le flanc à des critiques toujours possibles, et convenons-en, légitimes ! À travers les réponses et solutions choisies par les responsables d'entreprises se révèle bien une approche sociale tant le choix du mode de valorisation échappe à toute neutralité.

3.2. La gestion de l'absentéisme à partir des données de la paie

En matière de tableau de bord social, le suivi des données liées à l'absentéisme a constitué l'un des premiers indicateurs mis en place dans les entreprises. Ainsi le taux d'absentéisme reste encore aujourd'hui l'un des éléments les plus couramment cités dès lors que l'on aborde la gestion du personnel sous l'angle des chiffres.

La gestion des données d'absentéisme et leur recensement à partir des données de la paie restent un concept encore peu développé, aussi étonnant qu'il y paraisse. Aujourd'hui encore, il n'est pas rare de constater que ce n'est pas la paie qui alimente la chaînc informatiquc dc suivi des états de présence ou d'absentéisme, mais bien un programme parallèle. Toute absence se retrouve ainsi codifiée deux fois : pour le programme de paie et pour le programme d'absentéisme. Cette situation irrationnelle peut s'expliquer, bien souvent, par le mode de valorisation des absences retenu par une entreprise ; on ne saurait admettre que la mise en place d'une procédure de suivi de l'absentéisme, souvent très lourde, entraîne l'acceptation de résultats approximatifs. Elle vise à satisfaire la connaissance de ratios tels :

$$\frac{\text{Heures d'absences (durant une période donnée)}}{\text{Heures théoriques de travail de la même période}}$$

ou encore :

$$\frac{\text{Durée des absences}}{\text{Effectif moyen annuel}} \quad \text{ou} \quad \frac{\text{Nombre total d'heures d'absence}}{\text{Nombre d'absences}}$$

Il est bien question dans ces ratios d'heures réelles (d'absence ou de présence théorique). Or, le suivi des absences au niveau de la paie en 1/26, 1/30 ou 1/22 repose, on l'a dit, sur des notions théoriques. On ne peut accepter de dire que statistiquement une journée d'absence valorisée en 1/26 représente une durée d'absence égale à 151,67/26 soit 5,83 heures.

Toute étude sérieuse de l'absentéisme à partir des données de la paie nécessite la résolution de ce problème de base – celle-ci pouvant constituer en l'adoption des modes de valorisation définis par la Cour de cassation ! La paie est riche de tous ces éléments d'absentéisme puisque toute absence peut être portée sur un bulletin (à l'exception des heures de délégation), et par définition la sauvegarde de ces données constitue la « banque » dont on aura besoin lors du calcul des ratios cités ci-dessus. Par ailleurs, il reste toujours possible de désolidariser l'édition sur un bulletin de rubriques d'absence de la gestion de ces mêmes rubriques ; nombre de logiciels offrant cette option. Quelques instructions informatiques suffisent en effet, dans le but de ne pas gêner la lisibilité d'un bulletin, pour ne pas éditer toutes les rubriques d'absence d'un salarié, tout au moins uniquement dans le cas où celles-ci lui sont payées : citons, par exemple, les cas d'absence pour formation, d'absence pour congés conventionnels, d'absence autorisée, etc. autant d'éléments qu'un responsable de paie pourra décider de ne pas éditer directement sur un bulletin, en dépit de l'intérêt qu'ils présentent en termes d'informations du salarié, pour peu que la paie de celui-ci comporte déjà un nombre impressionnant de rubriques différentes !

La reconnaissance de la paie en tant que « banque de données sociales » remonte à la mise en place du bilan social, tant il est rapidement apparu que nombre des informations nécessaires au renseignement des indicateurs de ce bilan pouvaient être obtenues à partir de la paie : indicateurs relatifs aux salaires, aux effectifs, à l'âge et à l'ancienneté du personnel, mais aussi, avec quelques aménagements possibles, indicateurs relatifs à la formation ou à l'absentéisme. Plus généralement, la technicisation de la gestion du personnel et de la paie passe par l'utilisation intensive de l'informatique. L'apparition des postes de « correspondants informatiques » entre les services du personnel et ceux du traitement de l'information est là pour en témoigner. La paie est amenée à jouer un rôle moteur dans ce contexte, de par les possibilités qu'elle peut offrir grâce aux éléments qu'elle est conduite à centraliser, et qui dépassent largement le cadre des simples données d'absentéisme pour s'orienter vers les notions de gestion de masse salariale, d'incidence des effets reports d'une augmentation générale des salaires, de développement des politiques de formation, etc.

3.3. Les congés payés

3.3.1. Les bases légales

Tout travailleur titulaire d'un contrat de travail, bénéficie d'un droit à congé annuel payé par l'employeur, dès lors qu'il justifie avoir été employé au minimum dix jours chez un même employeur dans le cadre d'une année de référence. Les périodes équivalentes à quatre semaines (ou 24 jours de travail) étant assimilées à un mois ; ces 24 jours de travail devenant – aux termes de la circulaire ministérielle du 15 mai 1956 – 22 jours si l'horaire de travail n'est pas réparti sur 6 jours, mais sur 5 jours et demi, 20 jours si l'horaire de travail est réparti sur 5 jours, ou même 16 jours si l'horaire est réparti sur 4 jours. La loi du 27 juillet 1990 a cependant précisé que cette condition d'ancienneté minimale ne s'applique pas pour les salariés titulaires d'un contrat à durée déterminée. L'indemnité de congés payés est donc due pour ces seuls salariés quelle que soit la durée du contrat. En fait la loi de 1990 n'a fait qu'uniformiser la situation des salariés dits en situation précaire en calquant le statut des salariés en CDD sur celui des intérimaires qui percevaient déjà pour leur part une indemnité de congés payés quelle que soit la durée de leur mission. Il est à noter qu'un alignement des salariés en CDI sur le régime du CDD (c'est-à-dire un droit à congé ouvert sans condition minimale de présence) ne saurait s'exclure, la position française étant en retrait par rapport aux préconisations européennes en la matière…

Tout bénéficiaire du droit à congé acquiert 2,5 jours ouvrables de congé par mois complet de travail (ou périodes équivalentes), avec un maximum de 30 jours ouvrables, soit 5 semaines de congés (rappelons qu'une semaine comporte 6 jours ouvrables).

Cette règle des équivalences a longtemps suscité des controverses entre l'administration et la chambre sociale de la Cour de cassation, chacune effectuant en la matière un calcul différent. La chambre sociale de la Cour de cassation considérait en effet que les règles d'équivalence devaient s'appliquer de façon subsidiaire par rapport à la règle de base reposant sur le concept du mois. En d'autres termes, elle déterminait le nombre de mois complet de travail, ensuite seulement elle déterminait les semaines complémentaires groupées par 4 et enfin seulement elle calculait le nombre de jours restant en les groupant par 24 (ou 22, 20,16 selon la répartition de l'horaire de travail sur la semaine). L'administration recommandait pour sa part une règle qui se révélait être plus favorable aux salariés. Pour contester la position de la Cour de cassation elle citait comme hypothèse le cas de deux salariés, le premier ayant été absent un seul jour dans toute l'année, cette absence étant intervenue au mois de février, l'autre salarié ayant été absent tous les mois de l'année une journée. Le second, si l'on se réfère au calcul de la Cour de cassation, a 0 mois complet mais plus de 48 semaines de présence et bénéficie de ce fait de 12 périodes de 4 semaines, soit 12 × 2,5 jours de congé soit 30 jours.

Le premier a pour sa part 11 mois complets de travail dans l'année (soit 11 × 2,5 = 27,5 jours ouvrables de congé) et, son absence tombant en février qui compte 24 jours de travail, il ne justifie plus pour ce mois que de 23 jours ouvrables de congés et d'un droit à congé pour cette période de… 0 jour ! Soit au total 27,5 jours de congés contre 30 dans le cas cité plus haut.

Face à cette anomalie, l'administration recommandait donc un mode de calcul opérant le décompte soit par mois complet de travail, soit par périodes de 4 semaines, soit par périodes de 24 jours de travail (ou 22, 20, 16…), la règle la plus favorable au salarié devant être retenue.

Il faudra attendre une décision de l'assemblée plénière de la Cour de cassation (9 janvier 1987) pour voir le problème de calcul des droits à congés pour les salariés n'ayant pas travaillé une année complète et trouver une solution définitive. Aux termes de cette décision, c'est finalement la position de l'administration qui est retenue.

Ainsi, un salarié ayant travaillé du 1er décembre au 25 mars se verrait calculer son droit à congé comme suit :

- par mois : 3 mois complets soit 3 × 2,5 jours = 7,5 jours ;
- par périodes de 4 semaines : entre le 1er décembre et le 25 mars il y a 4 périodes de 4 semaines soit un droit à congé de 4 × 2,5 jours = 10 jours ;
- par période de 20 jours travaillés (on suppose que le salarié a un horaire réparti sur 5 jours) : 4 périodes soit 4 × 2,5 jours = 10 jours.

Le salarié se verrait donc attribuer dans cet exemple 10 jours de congés.

En ce qui concerne les jours qui restent après décompte des périodes de 4 semaines (ainsi une période qui s'étendrait sur 10 semaines : le salarié bénéficierait de 2 périodes de 4 semaines qui génèrent du droit à congé, et il resterait 2 semaines isolées), aucune obligation n'est faite à l'employeur de les intégrer sous une quelconque forme au calcul des droits à congés.

Il n'est toutefois pas rare de voir certaines entreprises octroyer du droit à congé sur ces courtes périodes isolées et non génératrices de congés. On peut proposer à titre indicatif la formule suivante :

$$\frac{\text{Jours ouvrables de la période incomplète} \times 2{,}5}{26}$$

(ou 22 ou 20 ou 16 selon nombre de jours de travail/semaine)

le résultat de cette formule étant limité à 2,5 et n'ayant naturellement aucune obligation légale d'être appliqué.

On a pu se rendre compte que le décompte des congés pour les périodes incomplètes nécessitait de déterminer le nombre de périodes de 4 semaines. Cette détermination ne peut se faire qu'avec l'aide d'un calendrier (voire de deux pour peu que la période soit à cheval sur deux années). La formule proposée ci-dessus offre l'avantage de pouvoir s'en dispenser et de faciliter le calcul du droit à congé. Si l'on reprend l'exemple du salarié ci-dessus présent du 1er décembre au 25 mars (considérons que le 25 mars est un vendredi), ce salarié aura droit à 3 × 2,5 jours (décembre, janvier et février sont des mois complets) soit 7,5 jours et, au titre du mois de mars, du mardi 1er mars au vendredi 25 mars il y a 21 jours ouvrables, soit un droit à congé égal selon la formule ci-dessus égal à 2,62 jours (21 × 2,5/20) limité à 2,5 jours soit au total 10 jours.

Lorsque le nombre total de jours de congés calculés n'est pas un nombre entier, la durée du congé est arrondie au nombre entier immédiatement supérieur. Ainsi, un salarié qui se verrait calculer un droit à congé égal à 12,5 jours ouvrables se verrait attribuer 13 jours ouvrables.

Les congés s'acquièrent dans le cadre d'une année dite de référence, qui s'étend du 1er juin au 31 mai. Dans le secteur du BTP, ainsi que dans l'activité des spectacles notamment, cette période s'étend du 1er avril au 31 mars.

La période légale de prise des congés s'étend pour sa part du 1er mai au 31 octobre. En fait, cette notion est souvent théorique dans la mesure où nombre d'entreprises ont adopté « l'étalement des congés », ceux-ci pouvant se prendre tout au long de l'année.

On notera cependant que le législateur a imposé aux entreprises une obligation de faire bénéficier tous leurs salariés d'un congé minimal de 12 jours ouvrables consécutifs durant la période légale de prise de congés (soit 1er mai au 31 octobre). Cette mesure vise à éviter qu'un salarié ne se voie imposer un « morcellement » de ses congés, son employeur l'obligeant à prendre ses congés semaine par semaine.

Les dates de prise de congés constituent souvent un problème au sein des entreprises, la majorité des salariés voulant partir sur les mois de juillet et d'août, périodes de l'année qui sont de véritables casse-tête en matière de gestion des effectifs. Les conflits naissent des dates qui peuvent être imposées par l'employeur, celui-ci fixant les dates de départ en congés lorsque ces derniers sont pris par roulement et en l'absence de toute disposition conventionnelle contraire ou des usages. Dans ce domaine, les délégués du personnel doivent être consultés et l'ordre des départs doit être communiqué aux salariés au moins un mois avant leur départ et il doit être également affiché. Il n'existe en effet aucun ordre légal de départ en congés ; le Code du travail ne préconise nullement que les salariés mariés avec enfants sont prioritaires dans le choix de leurs dates de congés par rapport à un salarié marié sans enfant qui serait lui-même prioritaire par rapport à un salarié célibataire ! Ces « règles » ne peuvent naître que de la seule volonté des entreprises. Seuls les conjoints travaillant dans une même entreprise ont droit à un congé simultané. Cet avantage – du moins est-il présupposé que cela en soit un ! – n'est bien évidemment pas garanti pour les époux employés dans deux sociétés différentes. Les dates de départ en congés, mais également de retour doivent être respectées. Un retour tardif de congés, sans justification, constitue souvent une cause réelle et sérieuse de licenciement.

La législation n'autorise pas la prise consécutive de cinq semaines de congés – un assouplissement peut être fait en application d'un accord collectif ou de dispositions conventionnelles pour les salariés originaires des pays étrangers ou des DOM-TOM qui peuvent même cumuler sur deux années leurs droits à congés. Cette souplesse n'est cependant en aucun cas une obligation légale, et de nombreux employeurs s'opposent à ce type de demandes, considérant qu'une absence de longue durée perturbe la bonne organisation du travail, sans compter les risques de voir un salarié n'ayant pas bénéficié de congés pendant près de deux ans se trouver plus facilement exposé à des risques d'accident du travail… De plus, des dérogations internes peuvent être accordées au sein des entreprises entre un employeur et un salarié.

Sur la durée du congé, il est évident que rien n'interdit à un employeur d'apporter toute disposition visant à permettre à ses salariés de bénéficier de « jours supplémentaires » au titre de « 6e semaine », de « jours d'ancienneté », ou de jours payés à certaines catégories du personnel : les cadres, les salariés qui travaillent en sous-sol… Les jours de RTT peuvent bien entendu entrer dans cette catégorie.

En ce qui concerne les dispositions légales, la loi n'a prévu que deux cas dans lesquels l'employeur est tenu d'accorder des congés supplémentaires, les jours dits de fractionnement et les jours dits de mère de famille :

- Les jours de fractionnement. Au 1er novembre, l'opération suivante est effectuée :

Nombre de jours ouvrables acquis par le salarié (limités à 24, la 5e semaine ne rentre pas dans les jours ouvrant droit au fractionnement) – nombre de jours déjà pris au 31 octobre

Si le résultat de cette opération est supérieur ou égal à 6, le salarié bénéficie de 2 jours de repos supplémentaires.

Si le résultat de l'opération est égal à 3, 4 ou 5 jours, le salarié bénéficie d'1 jour de repos supplémentaire.

Ces jours de fractionnement ont été institués pour faire suite à des demandes d'employeurs, et afin d'inciter les salariés à ne pas prendre 4 semaines de congés durant l'été, avec tous les problèmes d'organisation qu'une telle décision implique.

Même si l'initiative du fractionnement est prise par le salarié, l'employeur est tenu d'accorder ces jours : c'est lui qui fixe l'ordre des départs en congés, et son acceptation des dates choisies par le salarié vaut accord tacite pour l'octroi des jours de fractionnement. En revanche, l'employeur peut n'accorder le fractionnement qu'à la condition expresse que le salarié renonce au bénéfice de ce droit. Une note de service informant des salariés de cette situation n'est cependant pas un élément suffisant pouvant démontrer qu'un salarié connaissait cette restriction. À l'inverse, un employeur ne peut imposer à un salarié le fractionnement de son congé principal de 4 semaines. Pour fractionner la 5e semaine, l'accord des salariés n'est nullement nécessaire. La Cour de cassation en a jugé ainsi.

- Les jours « mères de famille ». Ces jours sont accordés aux femmes de moins de 21 ans au 30 avril de l'année précédente ; celles-ci bénéficient de 2 jours de congé supplémentaires par enfant à charge (le congé étant toutefois réduit à 1 jour lorsque le congé légal n'excède pas 6 jours ouvrables).

Cette disposition ne se cumule pas avec les jours supplémentaires de congés dont pourrait déjà bénéficier la salariée de par la mise en place de dispositions conventionnelles plus favorables que les règles légales.

A contrario, un employeur peut également, sous réserve de dispositions conventionnelles contraires, diminuer la durée du droit à congés proportionnellement à la durée des absences lors des périodes de grèves, pour convenances personnelles, de chômage et de maladie (non professionnelle).

Ainsi, un salarié « présent » à l'effectif 5 périodes de 4 semaines, dont l'analyse du temps de présence conduirait à constater qu'il a été absent 4 semaines pour congés sans solde et 4 semaines pour cause de grève, pourrait ne se voir compter que 3 × 2,5 jours ouvrables de congés (soit en tenant compte de l'arrondi 8 jours) et non 5 × 2,5 jours soit un congé de 13 jours.

En revanche, nombre d'absences sont assimilées à du temps de travail effectif pour le calcul du droit à congés. Il en est ainsi des absences pour contrepartie obligatoire de repos, congés payés, maladie professionnelle ou accident du travail. Pour ces deux cas, la jurisprudence a évolué puisque, par le passé, cette assimilation se faisait « dans une limite d'une durée ininterrompue » d'un an au maximum. De ce fait les rechutes ne permettaient pas de bénéficier de cette garantie. Par trois arrêts du 4 décembre 2001, du 23 janvier 2001, et du 10 juillet 2002, la Cour de cassation a supprimé l'exigence du caractère « ininterrompu » de l'arrêt de travail. L'absence peut donc être soit interrompue, soit consécutive dès lors qu'elle ne dépasse pas un an, elle sera considérée comme du travail effectif pour l'ouverture du droit à congés.

Les stages pour formation économique – suivis par les membres titulaires des comités d'entreprise –, les congés de formation, le temps passé par les conseillers prud'hommes pour l'exercice de leurs fonctions, les congés pour événements familiaux… tous ces motifs d'absence ne peuvent être une cause de réduction du droit à congés pas plus que ne peut l'être une absence pour cause de maternité (ainsi que, le cas échéant, des deux semaines supplémentaires dites « de pathologie »). Le repos supplémentaire de quatre semaines accordées à l'issue du congé postnatal aux femmes qui allaitent est assimilé à de la maladie. La maternité est légalement assimilée à du temps de travail pour le calcul des congés annuels (ainsi que pour tous les avantages liés à l'ancienneté). Cependant, on notera que la maternité n'est assimilée à du temps de travail que pour la détermination du droit à congés payés. Cette situation fait qu'une entreprise peut appliquer un abattement sur le montant d'une prime de fin d'année octroyée à des salariés en congé de maternité pendant l'année considérée dès lors que cet abattement est systématiquement pratiqué à partir d'un certain nombre de jours d'absence (cassation sociale du 11 avril 1991). Le congé d'adoption est également assimilé à une période de travail effectif pour toute la détermination des droits liés à l'ancienneté.

Les périodes de chômage partiel et les périodes de chômage intempéries, si elles entraînent la fermeture de l'entreprise pour des périodes calendaires complètes, peuvent être déduites des périodes de travail effectif, ce qui entraîne une réduction de la durée des congés payés. Le chômage partiel pratiqué sous forme de réduction d'horaire hebdomadaire (exemple : 30 heures au lieu de 39) n'entraîne pas de réduction du nombre de jours de congés.

Il peut être stipulé, au niveau d'une convention collective, que d'autres périodes ne feront pas perdre le bénéfice du congé payé ; ce sont en règle générale les périodes d'absences pour maladie (non professionnelle) qui sont concernées.

Lorsqu'un jour férié chômé survient durant la période de prise de congés, cette dernière est prolongée d'une journée même si le jour férié se situe sur un jour ouvrable habituellement non travaillé (ainsi, le samedi pour les entreprises ouvertes du lundi au vendredi). La jurisprudence a pu être amenée à repréciser cette notion notamment pour les entreprises qui ont adopté un mode de décompte des jours de congé en jours ouvrés et non en jours ouvrables.

En effet, nombre de salariés ont parfois du mal à saisir les différences et ne comprennent pas toujours que lorsqu'ils prennent une semaine de vacances, soit 5 jours non travaillés, on leur compte 6 jours (ouvrables) de congés, c'est-à-dire que l'on comptabilise aussi le samedi, si l'on prend l'exemple d'un salarié qui travaille du lundi au vendredi. Adopter un décompte en jours ouvrés peut alors simplifier le suivi des congés pour un salarié qui sait que, s'il a droit à 5 semaines, il bénéficiera de

25 jours ouvrés de congés. L'entreprise devra cependant ajouter un jour de congé à ses salariés en vacances durant une semaine qui comporte un jour férié se situant sur un jour ouvrable habituellement non travaillé (le lundi pour les salariés qui travaillent du mardi au samedi, ou le samedi pour ceux qui travaillent du lundi au vendredi).

Ainsi, on peut prendre l'exemple d'un salarié qui avait acquis 5 semaines de congés, soit 30 jours ouvrables. Ce salarié est déjà parti 4 semaines (chacune comptabilisée 6 jours ouvrables) et a donc « consommé » 24 jours ouvrables, ou encore, si son entreprise calcule les périodes d'absence en jours ouvrés, 20 jours (4 semaines de 5 jours ouvrés). Il ne faut cependant pas se hâter de conclure que s'il reste 6 jours ouvrables de congé au salarié (30 – 24), il lui reste donc 5 jours ouvrés (25 – 20). Ce salarié part une semaine supplémentaire en mai, du lundi 3 mai au samedi 8 mai (jour férié). Son horaire de travail l'amène à travailler du lundi au vendredi. Le samedi 8 mai, si l'on adopte un mode de calcul en jours ouvrables ne sera cependant pas comptabilisé, et il restera par conséquent à ce salarié encore un jour ouvrable de congé à prendre (par exemple le lundi 10 mai). Le mode de calcul en jours ouvrés conduirait à penser qu'il ne reste plus de jours de congés au salarié après le vendredi 7 mai... Or, le mode de calcul « en jours ouvrés » ne doit pas conduire à défavoriser le salarié et à lui faire perdre le bénéfice des jours fériés situés sur un jour ouvrable non travaillé. Ce salarié devra lui aussi pouvoir s'absenter une journée supplémentaire. Le mode de calcul en jours ouvrés doit donc être manié avec prudence.

Un jour férié non chômé dans l'entreprise sera donc décompté comme un jour normal de congé.

Lorsqu'un salarié est en congé durant une semaine comportant un « pont » octroyé au personnel par l'employeur, celui-ci peut considérer ce jour comme une journée ouvrable. La durée du congé n'est alors pas prolongée, aucune indemnisation complémentaire n'est due, sauf dispositions conventionnelles ou accord d'entreprise contraires. En revanche, un employeur ne peut pas imputer d'autorité une journée de pont sur les congés payés de ses salariés, tout au plus peut-il faire récupérer les heures perdues pour cause de pont.

En matière de maladie et congés payés, les règles suivantes s'appliqueront : si le salarié tombe malade avant de partir en congés, il garde le bénéfice de ceux-ci. La Cour de cassation tend désormais à s'aligner sur la position des décisions communautaires et les congés payés acquis qui ne sont pas pris au cours de l'année en raison de maladie, d'accident, ou de maternité doivent être reportés après la date de reprise du travail. La Cour de cassation a considérablement évolué dans son appréciation puisque antérieurement elle avait pu édicter que « seule l'impossibilité pour un salarié d'exercer le droit à congé annuel pendant la période prévue du fait de l'employeur, ouvre droit au profit de ce salarié d'une réparation du préjudice qui en résulte ».

L'employeur est donc en droit d'imposer au salarié concerné de prendre dès son retour le reliquat des congés non pris.

Aucun problème ne se pose lorsque le salarié tombe malade pendant son congé : il ne pourra en aucun cas exiger une prolongation de ceux-ci pour une durée égale à sa maladie (sauf disposition interne particulière). Dans cette situation, le salarié cumulera donc à la fois l'indemnité de congés payés versée par son employeur avec les indemnités servies par la Sécurité sociale et dont nous aborderons plus loin les modalités de calcul.

On notera également que les congés payés, à la différence des absences pour maladie ou accident, suspendent la durée d'un préavis précédant la rupture du contrat de travail – sauf décision contraire de l'employeur. L'employeur peut également refuser à un salarié, au nom de son pouvoir de décision des dates de départ en congé, qu'il prenne des congés durant son préavis. C'est d'ailleurs dans son intérêt, pour peu que la prise de congé ait pour effet de retarder la date du départ du salarié, et lui permettre ainsi d'être encore présent à l'effectif le jour de versement d'une prime 13e mois par exemple, cette prime étant versée sous condition de présence à l'effectif à une date donnée ! Un salarié ne peut exiger de prendre du temps de congé pour faire reculer sa date de départ de l'entreprise.

Les congés payés peuvent être capitalisés par les salariés qui projettent de partir en congé sabbatique ou de prendre un congé pour création d'entreprise. Cette capitalisation ne concerne cependant que la 5e semaine (c'est-à-dire les jours acquis au-delà de 24 jours ouvrables), et ne peut se faire que sur six années au maximum. Au moment du départ du salarié, une indemnité compensatrice lui est versée. Si le salarié revient sur sa décision, il pourra épuiser progressivement son capital acquis par fraction de six jours ouvrables au maximum par an, qui viendront s'ajouter aux congés normalement acquis. En outre, les salariés peuvent également prétendre à la transformation de leurs primes conventionnelles sous forme de jours de congés. La législation spécifique relative au paiement des jours de congés légaux – et qui sera développée ci-après – ne s'applique cependant pas pour ce type de jours « épargnés ». Les possibilités existantes d'« épargne temps » ont été développées par la loi du 25 juillet 1994 afin de répondre aux souhaits de certains salariés qui, à diverses périodes de leur vie, peuvent souhaiter disposer d'un capital temps afin de financer l'utilisation de congés de longue durée (congé sabbatique, congé parental, congé de fin de carrière). Outre le report des congés payés de la 5e semaine tel qu'il existait, le salarié peut également reporter jusqu'à dix jours de congés par an, et sans limitation de durée quant au nombre d'années pendant lequel le congé peut être reporté. Des primes ou indemnités, les montants issus d'un accord d'intéressement, une partie de l'augmentation de salaire, l'affectation des repos compensateurs, etc. peuvent maintenant être également convertis, sous réserve de l'existence d'un accord collectif (étant entendu que les jours accumulés non pris sont payés sous forme d'indemnité compensatrice au moment du départ du salarié de l'entreprise). À l'heure où l'on n'a jamais autant parlé de risques psychosociaux, de stress, de pressions, de telles pratiques ne sont cependant pas sans poser problème, voire susceptibles de faire peser des risques sur les entreprises. Les congés payés ont vocation à permettre à un salarié de se reposer. Différer la prise des congés est un élément de nature à créer des situations de danger. Dans quelle mesure la responsabilité de l'employeur d'un salarié qui viendrait à avoir un accident et dont on découvrirait qu'il n'avait pas pris tous les congés qu'il devait prendre pendant la période définie ne risque-t-elle pas d'être engagée ? Un ayant droit du salarié ne pourrait-il pas être enclin à invoquer la faute inexcusable de l'employeur ? On mesure donc que la capitalisation des congés non pris mérite d'être considérée avec prudence.

On rappellera enfin qu'un salarié n'a en aucun cas le droit de travailler durant son congé payé (sauf si c'est pour faire les vendanges ! le lobby du vin avait dû intervenir pour obtenir cet assouplissement !) : l'employeur qui l'occuperait serait considéré comme ne lui donnant pas son congé légal. En outre, le salarié qui percevrait une rémunération pour des travaux exécutés durant son congé priverait, de fait, des chômeurs d'un travail qui aurait pu leur être confié ; il pourrait donc être poursuivi en dommages et intérêts devant un tribunal d'instance, à l'initiative du maire ou du préfet. À travers cette présentation des congés payés, c'est le cadre juridique que nous venons de tracer. En termes de paie, la complexité du sujet va résider dans la valorisation de l'indemnité à régler au salarié lorsqu'il part en congés, cette étude constituant le thème des paragraphes qui vont suivre.

3.3.2. Le calcul des indemnités de congés payés

3.3.2.1. Le calcul du taux de l'indemnisation

Si le montant de la rémunération à verser lorsque le salarié est en congés payés est toujours à la charge de l'employeur, cette prise en charge peut revêtir deux formes différentes.

Les entreprises qui dépendent des professions à caractère discontinu (BTP, spectacles, entreprises de manutention, de transport ou employant des dockers…), sont généralement affiliées à des caisses de congés payés qui se chargeront d'indemniser le salarié lorsque celui-ci sera en congés. Cette indemnisation résulte d'une cotisation mensuelle payée par l'employeur à cette caisse et représentant 10 % des salaires bruts – somme sur laquelle il faut rajouter les charges sociales – de ses salariés concernés.

Pendant les congés d'un salarié, on peut considérer que son employeur est donc la caisse de congés ; celle-ci assurant en quelque sorte le versement de la rémunération en lieu et place de l'employeur « habituel » ; ce système a été mis en œuvre afin de permettre à des salariés qui peuvent changer fréquemment d'entreprises en cours d'année, de par la nature même de leur activité, et travaillant moins de 24 jours (ou 22, 20, 16) dans une même entreprise, de bénéficier d'une large application de la législation sur les congés.

En règle plus générale, c'est le plus souvent l'employeur qui assure directement le versement du salaire. Plus que de « salaire », on doit en fait évoquer la notion d'« indemnité de congés payés ».

Cette indemnité versée vise à compenser les sommes retenues sur la paie d'un salarié au titre de son absence lorsqu'il est en congés. On a vu déjà les taux de valorisations des absences, en cette matière chaque entreprise appliquera les règles qu'elle s'est données. On aura donc sur un bulletin de salaire les deux lignes suivantes :

- absence congés payés : X euros à déduire ;
- paiement indemnité congés payés : Y euros à rajouter.

Le paiement de l'indemnité offre cette particularité de s'opérer par comparaison de deux modes de calcul, et c'est le calcul le plus favorable au salarié qui devra être retenu. Dans l'exemple ci-dessus, le montant Y sera donc dans tous les cas égal ou supérieur au montant X. Il ne pourra jamais être inférieur.

3.3.2.2. La règle du maintien du salaire

La première règle de calcul va consister à verser au salarié le salaire qu'il aurait reçu s'il avait travaillé normalement.

Si l'on prend l'exemple d'un salarié qui gagne 1 700 euros par mois et qui prend 10 jours (ouvrables) de congés, si l'on considère que sa société applique pour valoriser les absences pour congés la règle du 1/26, le taux de déduction va donc être égal pour chaque journée à 65,38 euros (1 700 euros/26).

Le salarié va donc se voir déduire de sa paie 10 × 65,38 euros = 653,80 euros. La règle du maintien de salaire en termes d'indemnités de congés payés voudra donc qu'on lui verse très exactement le même montant, soit 65,38 euros.

Le bulletin de salaire se présentera alors sous cette forme :

Salaire de base	151,67		1 700,00
Absence congés payés	10	65,38	– 653,80
Paie congés payés	10	65,38	+ 653,80
Total brut			**1 700 euros**

Le taux journalier de 65,38 est obtenu en posant 1 700 / 26.

Si l'on avait raisonné en jours ouvrés, et sachant que 10 jours ouvrables (LMMJVSLMMJ) = 9 jours ouvrés (LMMJVLMMJ) le bulletin de salaire se présenterait sous cette forme :

Salaire de base	151,67		1 700,00
Absence congés payés	9	77,27	– 695,43
Paie congés payés	9	77,27	+ 695,43
Total brut			**1 700 euros**

Le taux journalier de 77,27 est obtenu en posant 1 700 / 22.

La détermination de l'indemnité de congés paies résulte, on l'a dit, d'une comparaison entre deux modes de calcul. Le travail n'est donc fait qu'à moitié lorsqu'on a défini le montant à payer sur les bases de ce premier mode de calcul qui assure le maintien du salaire : il reste à étudier l'autre règle, celle dite du « dixième ».

3.3.2.3. La règle du dixième

La loi stipule que la rémunération versée au salarié durant son congé ne peut être inférieure au « dixième de la rémunération qu'il a perçue durant l'année de référence » ; cette année de référence allant, rappelons-le, du 1er juin au 31 mai (ou du 1er avril au 31 mars pour certaines professions).

La question se pose de savoir à quelle rémunération il faut faire référence. En effet, tous les éléments de la rémunération ne sont pas à intégrer à cette rémunération que l'on appelle « salaire de référence congés payés ».

La loi et la jurisprudence ont ainsi défini les éléments de paie dont les employeurs devront tenir compte au moment de payer les congés. Il s'agit :

- du salaire brut (c'est-à-dire le salaire minoré des absences non payées par l'employeur) ;
- des montants payés au titre du travail supplémentaire (heures supplémentaires, travail le dimanche et les jours fériés) ;
- des primes qui ont un caractère de salaire (comme les primes d'ancienneté – si elles ne sont pas versées en une seule fois dans l'année –, d'assiduité, de rendement, toutes les primes compensant une servitude permanente de l'emploi comme les primes de danger, d'insalubrité, de salissure, d'astreinte, mais également la prime de précarité, déjà citée dans le chapitre des primes, et versée aux CDD en fin de contrat...) ;
- des commissions ;
- des avantages en nature dont le salarié ne bénéficie pas durant son congé ;
- des indemnités de congés payés de l'année précédente ;
- des primes d'objectifs ou de performance.

En revanche, l'employeur n'est pas tenu d'intégrer :

- les primes à caractère annuel ou semestriel (primes 13e mois, prime de vacances, la partie variable du salaire...) ;

- les primes de risques ou assimilées lorsque le risque indemnisé a bien un caractère exceptionnel ;
- les primes exceptionnelles ;
- les remboursements de frais ;
- les sommes versées au titre de la participation ou de l'intéressement.

Plus généralement, dès lors que tout élément de salaire versé ne représente pas un remboursement de frais, ou n'est pas, du fait de son caractère permanent, une prime qui vise à compenser un risque exceptionnel, il doit être intégré au salaire de référence congés payés. Un arrêt de la Cour de cassation sociale a également considéré que les indemnités journalières maladie n'ont pas à être incluses dans le salaire de référence congés payés au motif général que les périodes d'absence maladie ne sont pas assimilées à un temps de travail effectif. Les indemnités journalières visées semblent être aussi bien celles versées par la Sécurité sociale que par un organisme de prévoyance.

Ainsi, un salarié dont le bulletin se présenterait sous cette forme :

	Nombre	**Taux**	**Montant**
Salaire de base	151,67		1 700,00
Prime ancienneté	1 700,00	10	170,00
Avantage nature titres repas	3	3	9,00
Absence congés payés	10	77,27	– 772,70
Paiement congés payés	10	79,00	+ 790,00
Absence congé sans solde	1	78,44	– 78,44
Prime exceptionnelle			500,00
13e mois			1 700,00
Prime de risque			50,00
Total brut			**4 067,86 euros**

se verrait compter pour le mois considéré, au titre de la gestion du salaire de référence :

Salaire de base : + 1 700

Prime ancienneté : + 170

Avantages en nature : + 9

Absence congés payés : – 772,70

Paiement congés payés : + 790 (on verra plus loin pourquoi le paiement peut être supérieur à la valorisation de l'absence)

Absence congé sans solde : – 78,44

Soit un total de 1 817,86 euros

Pour définir le taux journalier de valorisation de l'indemnité de congé à payer, la formule suivante doit être retenue :

$$\frac{\text{Salaire de référence de l'année} \times 10\ \%}{\text{Nombre de jours acquis durant l'année de référence}}$$

Si l'on reprend l'exemple de ce salarié qui gagne 1 700 euros par mois, considérons que son salaire de référence de l'année est de 20 400 euros (résultant de l'addition pendant l'année de référence des sommes prises en compte chaque mois comme montré dans l'exemple ci-dessus). Considérons également que ce salarié avait acquis 30 jours ouvrables de congé.

Avec la « méthode du dixième » chaque journée de congé que ce salarié prendra devra être valorisée en application de la formule ci-dessus, soit :

$$\frac{20\ 400 \times 10\ \%}{30} = 68 \text{ euros}$$

Lorsqu'on appliquait à ce salarié la règle du « maintien de salaire », la valorisation de chaque journée était égale à 65,38 euros (1 700/26). Le « taux dixième » étant plus favorable au salarié, c'est celui qui devra être retenu.

Le bulletin de salaire se présentera alors sous cette forme :

	Nombre	Taux	Montant
Salaire de base	151,67		+ 1 700,00
Absence congés payés	10	65,38	– 653,80
Paiement congés payés	10	68,00	+ 680,00
Total brut			**10 153,90 euros**

À travers cet exemple, on constate donc que lorsque le salaire ne varie pas durant une année de référence (ainsi dans les données prises en compte : salaire mensuel 1 700 euros, salaire de référence retenu 1 700 euros × 12 = 20 400 euros), la règle du dixième est toujours plus favorable que la règle du maintien du salaire et provoque déjà des différences sensibles de valorisation entre l'absence et le paiement de l'indemnité. On imagine donc sans peine que lorsqu'on intègre tous les éléments de la rémunération brute comme le font certaines entreprises – qui tiennent compte des primes 13e mois, des primes exceptionnelles… – on augmente considérablement le salaire de référence congés payés et par conséquent, on alourdit la charge que représente le paiement des indemnités de congés payés.

On peut aisément convenir qu'il y a quelque chose de surprenant dans cette présentation d'un bulletin de salaire telle qu'un salarié absent pour congés payés puisse se voir verser une indemnité supérieure à la somme qu'il aurait touchée s'il avait travaillé normalement… Qui plus est, cette situation peut se répéter à chaque fois que le salarié prend des congés !

Il est possible d'adopter une démarche autre qui, sans léser le salarié dans ses droits, permet une plus grande cohérence dans une situation qui, de prime abord, ne l'est pas !

La législation sur les congés payés, en matière d'indemnisation remonte à une situation antérieure à l'octroi de la 5e semaine, en 1982. Avant cette date, par conséquent, il était possible de solder en une fois tous les congés en prenant quatre semaines d'affilée. Aujourd'hui, on rappellera que sauf exception, il n'est pas possible de prendre cinq semaines. De plus, la notion d'étalement des congés n'était pas encore aussi répandue qu'aujourd'hui. De fait, la notion de comparaison s'appliquait dans le cadre bien souvent d'une seule période et non pas, comme c'est le cas aujourd'hui, de plusieurs périodes. C'est à cette situation qu'il semble judicieux de revenir en matière de paiement de l'indemnité de congés payés.

Dans cette hypothèse, le salarié lorsqu'il part en congés se voit systématiquement maintenir son salaire – la comparaison au dixième ne se fait donc pas – et ce n'est que lorsqu'il a épuisé tous ses droits à congés que l'on vérifie si le total des indemnités versées à chaque fois que le salarié partait en congés est au moins égal au dixième du salaire de référence de la période ayant généré le droit à congés.

Si tel n'est pas le cas, le salarié se voit attribuer une indemnité de régularisation d'indemnité de congés payés, égale à la différence : 10 %

salaire de référence – total des indemnités versées. Ainsi, sans léser le salarié dans ses droits, on supprime cette « curiosité » qui fait qu'un salarié absent pour congés peut se voir attribuer une rémunération brute globale supérieure à celle qu'il aurait touchée s'il avait travaillé normalement. Pour les entreprises, une telle situation peut même conduire à verser un montant d'indemnité supérieur à celui qu'elles auraient dû verser. C'est ce que nous allons montrer à travers l'exemple qui va suivre.

Soit un salarié travaillant dans l'entreprise A qui gagne 1 700 euros par mois et qui prend 3 semaines de congés (18 jours ouvrables) au mois d'août. Son absence coûte au salarié – supposons que l'entreprise fait les déductions d'absence en 1/26 – 1 700/26 = 65,38 × 18 = 1 176,84 euros.

Considérons que le salaire de référence congés payés de ce salarié était de 12 × 1 700 euros = 20 400 euros et qu'il avait donc acquis 30 jours de congés.

Si l'entreprise applique la règle de la comparaison, elle va déterminer un « taux d'indemnisation au dixième » égal à 68 euros (20 400 × 10 %/30). Ce taux étant supérieur au taux « maintien de salaire », c'est celui qui est retenu par l'entreprise A qui va donc verser 18 × 68 euros = 1 224 euros.

Ce même salarié est augmenté au 1er janvier et son salaire passe à 1 850 euros par mois. Il solde ses congés et prend 2 semaines au mois de février. Son absence lui coûtera alors 1 850/26 = 71,15 euros × 12 jours = 853,80 euros L'indemnité qui lui sera versée le sera cette fois sur la base du maintien de salaire puisque le taux « maintien », suite à l'augmentation de salaire, est désormais supérieur au taux « dixième » (égal rappelons-le à 68 euros).

En définitive, l'entreprise A aura versé une indemnité totale de congés payés égale à 1 224 euros + 853,80 euros = 2 077,80 euros.

Cette indemnité est bien au moins égale au dixième du salaire de référence (20 400 euros × 10 % = 2 040 euros). L'entreprise A a donc bien garanti le salarié dans ses droits.

L'entreprise B applique systématiquement pour sa part la règle du maintien de salaire : avec les mêmes données que ci-dessus, elle aurait versé en août 1 176,84 euros et en janvier 853,80 euros soit 2 030,64 euros. L'entreprise vérifie à l'issue de la période de prise des congés que le salarié a bien au moins touché le dixième du salaire de référence 2 040 euros ; comme ce n'est pas le cas, elle doit verser un complément d'indemnité de congés payés de 2 040 euros – 2 030,64 euros = 9,36 euros pour garantir le salarié dans ses droits.

On constate donc à la lecture de ce qui précède que bien que garantissant chacune le salarié dans ses droits, les deux entreprises ont versé des montants d'indemnité différents : A a versé 1 224 euros + 853,80 euros = 2 077,80 euros, B aura versé 2 040 euros, soit une différence de 37,80 euros que A a versés de plus que B (à ce montant, il conviendrait d'ajouter les charges sociales et fiscales payées sur cette base). Si ce montant apparaît comme peu significatif au niveau de la masse salariale d'une entreprise, encore convient-il d'étudier le nombre de fois où une telle situation se présente. Et l'on comprendra mieux alors que la gestion des congés payés sur une base plus rigoureuse peut représenter pour l'entreprise une source non négligeable d'économies.

Cet exemple illustre donc toutes les possibilités qui s'offrent à un responsable du personnel à travers la paie, selon qu'il entend faire bénéficier ses salariés de ces « petits plus » qui peuvent être un facteur de confort social non négligeable, ou selon qu'il entend gérer au plus près la masse salariale de son entreprise, en utilisant au mieux sa parfaite connaissance des règles de la paie. C'est à nouveau un élément du « potentiel social » des entreprises qui est soulevé.

Plus surprenant est le fait que ces « avantages », s'ils sont connus dans la plupart des cas au sein des entreprises, sont souvent mal « vendus » par les responsables du personnel, notamment au niveau des négociations salariales. Le fait d'inclure un 13e mois dans les éléments pris en compte dans le salaire de référence congés payés n'est pas sans conséquence au niveau de la rémunération brute d'un salarié ! Ce « plus » social n'est pourtant pas exploité – peut-être au nom de la peur de l'avantage acquis – par les employeurs. Faut-il voir un manque de professionnalisme de leur part… ou une fuite en avant par peur des conflits sociaux qui naîtraient de l'abolition de ces privilèges ? La mauvaise gestion de la paie – tant par laxisme que par méconnaissance – constitue pourtant au sein des entreprises une cause d'« alourdissement improductif » des masses salariales.

La question se pose de savoir si les sommes qui pourraient être « économisées » par le biais d'une gestion plus rigoureuse ne pourraient pas être mieux « réinvesties » notamment à travers les principes d'individualisation des salaires, rendant plus productives – et plus importantes – les enveloppes d'augmentations de salaire, sans pour autant contribuer à faire déraper la variation des masses salariales d'une année sur l'autre. En d'autres termes, quitte à dépenser ces sommes, n'est-il pas plus rationnel de choisir les bénéficiaires ? Cette question posant elle-même le problème des « augmentations au choix » : peut-on toujours mettre en place une politique d'augmentation au mérite, est-ce décent, face à des salariés qui gagnent le Smic ?

3.3.3. La détermination du droit à congés et l'indemnisation des jours non pris

Le calcul des droits à congés payés permet de distinguer deux phases différentes : l'une durant laquelle on capitalise un droit à congés, l'autre au titre de laquelle on dépense ce droit à congés, ces deux périodes pouvant se superposer, comme on va le voir dans l'exemple suivant.

Considérons un salarié embauché le 1er juillet de l'année N et qui quitte sa société le 31 juillet de l'année N + 2 (soit 2 ans après son embauche). En matière de congés payés, on devra distinguer 3 périodes, et on devra s'intéresser à 3 années de référence afin de gérer ces éléments.

- Du 1er juillet de l'année N jusqu'au 31 mai de l'année N + 1 (l'année est incomplète).
- Du 1er juin de l'année N + 1 au 31 mai de l'année N + 2 (l'année est alors complète).
- Du 1er juin de l'année N + 2 au 31 juillet de l'année N + 2 (l'année est incomplète).

On pourrait présenter ces trois années sous cette forme :

1/7/N	31/5/N + 1		
	1/6/N + 1	31/5/N + 2	
		1/6/N + 2	31/7/N + 2

À compter de son embauche, le 1er août de l'année N, le salarié va donc capitaliser des droits à congé, à hauteur de 2,5 jours ouvrables par périodes de 4 semaines ou par mois complet de travail, selon la formule qui lui est la plus favorable. Un calendrier nous montrera que ce salarié ayant effectué 12 périodes de 4 semaines en 11 mois complets de travail se verra octroyer 12 × 2,5 jours soit 30 jours au total. Cette capitalisation qui s'effectue mois après mois se fait dans ce qu'on appelle « l'année (ou période) en cours ». Au 31 mai de l'année N + 1, la période de capitalisation se termine, la période « en cours » devient « période écoulée ».

Entre le 1er mai – début de la période légale de prise des congés – de l'année N + 1 et le 31 mai de l'année N + 2 (on suppose pour la commodité de l'exemple que l'entreprise applique l'étalement des congés), le salarié devra dépenser ses 30 jours de congés acquis au titre de la « période écoulée ».

Parallèlement, il capitalisera entre le 1er juin de l'année N + 1 et le 31 mai de l'année N + 2, des congés à raison de 2,5 jours chaque mois dans le cadre de « la période en cours » présente. Au 31 mai de l'année N + 2, comme ci-dessus, la période « en cours » devient période « écoulée », et c'est au titre de ses droits capitalisés que le salarié pourra partir en congés.

Lorsqu'il quittera l'entreprise le 31 juillet, il faudra lui payer une indemnité compensatrice de congés payés, à la fois pour les jours acquis au titre de l'exercice écoulé (soit 30 jours s'il n'a rien pris depuis le 1er mai), mais aussi pour les jours qu'il a capitalisés au titre de la période en cours commencée depuis le 1er juin de l'année N + 2 (soit 2 × 2,5 jours = 5 jours).

Au moment d'établir un solde de compte, il y a donc lieu d'effectuer une distinction entre congés payés « période écoulée » et congés payés « période en cours ».

L'indemnisation est obligatoire dès lors que le salarié répond aux conditions minimales de présence. Seule une restriction peut s'appliquer pour les salariés licenciés pour faute lourde (hiérarchiquement plus importante que la faute grave, la faute lourde est reconnue en cas de vol, de violence, de volonté délibérée de porter préjudice à son employeur…) : un employeur peut ne verser que les indemnités de congés au titre de la période écoulée. Les droits acquis au titre de la période en cours sont perdus et l'employeur est dispensé de leur paiement. Si la faute lourde a été commise pendant le préavis dont il a été dispensé, elle n'entame cependant pas le droit à l'indemnité de congés payés, celle-ci ayant été acquise au jour de la décision du licenciement.

Les règles de calcul des indemnités compensatrices sont identiques à celles qui régissent le paiement des indemnités versées à un salarié durant son congé « normal ». C'est donc, là aussi, la règle la plus avantageuse après comparaison « règle du dixième », « règle du maintien de salaire » qui devra s'appliquer.

Si l'on reprend l'exemple ci-dessus du salarié qui démissionne le 31 juillet N + 2, considérons que son salaire pour le mois de juillet de l'année N + 2 est de 1 700 euros (ce salaire étant le même depuis le

1er juin de N + 2) et que son salaire de référence au titre de l'année écoulée (soit du 1er juin de l'année N + 1 au 31 mai de l'année N + 2) est de 19 400 euros.

Au titre de la période écoulée, le salarié avait acquis 30 jours. Au 31 juillet, considérons qu'il n'a pas pris de vacances, il faudra donc lui régler 30 jours d'indemnité compensatrice.

Si l'on applique la règle du maintien de salaire, le taux de valorisation pour une journée est de 1 700/26 = 65,38 euros.

Si l'on applique la règle du dixième, le taux de valorisation est de 19 400 euros × 10 %/30 = 64,67 euros.

Le taux « maintien de salaire » étant plus favorable, le salarié se verra verser une indemnité compensatrice de congés payés au titre de la période écoulée égale à 30 × 65,38 euros = 1 961,40 euros.

Pour ce qui est de l'indemnité compensatrice congés payés au titre de la période en cours, le salarié était présent du 1er juin N + 2 au 31 juillet N + 2 soit deux mois, il a donc acquis 2 × 2,5 jours soit 5 jours ouvrables. On sait que le taux « maintien de salaire » est égal à 65,38 euros (voir ci-dessus). Le taux « dixième » va être égal à :

$$\frac{\text{Salaire de référence} \times 10\,\%}{\text{Nombre de jours acquis} = 5}$$

Si l'on reprend la définition du contenu du salaire de référence, celui-ci au titre de la période en cours devrait être composé :

- du salaire de juin : 1 700 euros ;
- du salaire de juillet : 1 700 euros ;
- et théoriquement de l'indemnité congés payés, en l'occurrence celle afférente à la période écoulée (on voit donc que l'ordre de calcul des indemnités de congés payés peut être important), soit 1 961,40 euros ;

ce qui ferait un total de 5 361,40 euros.

L'application de la formule donne une valorisation pour chaque jour de 112,63 euros (5 631,40 euros × 10 %/5), soit pour 5 jours un total de 563,14 euros (le taux « dixième » étant largement plus favorable que le taux « maintien de salaire »).

Intégrer les indemnités congés payés de la période précédente dans le salaire de référence revient en définitive à « payer du congé payé sur du congé payé ! » Beaucoup d'entreprises refusaient d'intégrer cette indemnité « période écoulée » dans le calcul de l'indemnité congés payés de la période en cours. Un arrêt de la Cour de cassation leur a finalement donné raison en considérant que l'indemnité compensatrice n'indemnise pas un temps assimilé à du travail effectif, à la différence de l'indemnité versée alors que le salarié est effectivement en congés.

Pour en revenir à l'exemple indiqué ci-dessus, si l'on ne retient que les salaires de juin et juillet, le salaire de référence est donc de 3 400 euros soit un taux « dixième » égal à 3 400 euros × 10 % / 5 = 68 euros. Ce taux « dixième » étant plus intéressant que le taux « maintien de salaire », le salarié percevra 340 euros d'indemnité congés payés au titre de la période en cours et non 563,11 euros comme cela se pratiquait habituellement antérieurement à l'arrêt évoqué ci-dessus.

C'est notamment pour permettre aux salariés de vérifier qu'ils ont été payés à hauteur de leur dû (si tant est qu'ils puissent le vérifier par eux-mêmes...) que le législateur a imposé aux employeurs de faire figurer sur les bulletins de salaire aussi bien les dates de congés que les montants d'indemnités versés à ce titre. Les imprécisions restent hélas bien souvent la règle, rendant par là même les contrôles difficiles. À la base, en effet, il n'est pas toujours facile de savoir quels sont les éléments qu'a retenus l'employeur pour définir le salaire de référence pris en compte. Pour peu que la paie comporte des éléments de rémunération variés, la reconstitution du salaire de référence congés payés devient un exercice très difficile.

Le calcul des indemnités de congés payés tel qu'étudié dans ce paragraphe ne s'applique pas nécessairement à tous les salariés. Les VRP – voyageurs représentants placiers – sont dans ce cas, ou encore les salariés des entreprises temporaires qui reçoivent pour chacune de leur mission, et quelle que soit la durée de celle ci, une indemnité compensatrice – à la charge de l'entreprise de travail temporaire – qui ne peut être inférieure au 1/10 de la rémunération totale perçue.

Les salariés payés à l'heure, les salariés payés à la tâche (travail à domicile), les salariés payés aux pièces, au rendement ou encore selon un pourcentage calculé sur le chiffre d'affaires ou les bénéfices se voient appliquer des règles spécifiques reposant pour une large part sur la notion du « dixième » pour se faire payer les indemnités de congés payés.

3.4. Les conséquences des absences maladie, maternité, accident

Le salaire étant la contrepartie d'un travail fourni, toute absence est *a priori* susceptible de générer une réduction de salaire. On vient de voir que la notion de congés payés, qui faisait elle-même suite à celle de « congé pour événement personnel », est venue réduire la portée de cette assertion. Au-delà même de ce type d'absence déjà étudiée, le législateur, mais aussi les partenaires sociaux par le biais des conventions collectives, ont mis en place des systèmes qui visent à assurer le maintien de tout ou partie de la rémunération lorsque le salarié est absent pour cause de maladie, de maternité ou d'accident, que cette absence pour ce dernier résulte d'un accident survenu sur le lieu du travail ou durant le trajet compris entre le domicile et le lieu du travail.

L'objet des paragraphes qui vont suivre sera d'expliquer les règles d'indemnisation actuellement utilisées par les organismes sociaux d'une part, par les employeurs d'autre part.

3.4.1. L'indemnisation des périodes de maladie, maternité, accident

3.4.1.1. L'indemnisation de la Sécurité sociale

Tout salarié est obligatoirement assujetti au régime général de la Sécurité sociale et, à ce titre, est couvert contre le risque de la maladie ou les charges de la maternité. Parallèlement, à travers les cotisations spécifiques versées par l'employeur au titre de la protection de ses salariés contre les risques d'accidents, tout salarié est également protégé pour ce motif. Au titre de cette protection, le salarié pourra donc bénéficier d'une couverture sociale lorsqu'il devra arrêter son activité pour cause de maladie, accident, ou maternité. Cette couverture se traduisant en premier lieu par le versement de prestations en espèces. Ces prestations sont servies par la Sécurité sociale et sont journalières. On parlera d'elles sous l'abréviation IJSS (indemnités journalières de Sécurité sociale). Elles intéressent la paie car, lorsque l'employeur assure une indemnisation du salarié absent pour cause de maladie, maternité ou accident, il le fait en complément des sommes versées par la Sécurité sociale.

Deux modes de règlement des IJSS sont possibles :

- Premier cas, c'est l'entreprise qui touche les IJSS en lieu et place du salarié. L'entreprise applique alors la subrogation des IJSS. La subrogation ne peut s'appliquer qu'à la condition que l'entreprise assure pour sa part une indemnisation du salarié absent. À défaut, il ne peut y avoir de subrogation.

Sur le bulletin de salaire, la subrogation va apparaître comme une sorte d'« avantage en nature » à l'envers afin d'intégrer l'exclusion des IJSS des bases de cotisation. Les IJSS vont en effet minorer le brut soumis à cotisations. Elles sont ensuite ajoutées après calcul des cotisations sociales. Un bulletin de salaire sur lequel s'applique la subrogation pourrait se présenter ainsi (les données chiffrées sont fournies à titre indicatif) :

si le salarié bénéficie du maintien à 100 % de sa rémunération par son employeur (par exemple dans le cadre de l'application des règles propres à la convention collective de la métallurgie – cet aspect sera développé dans le paragraphe 3.4.2) :

Salaire de base	**+ 1 700 euros**
Absence maladie	– 600
Paiement 100 % absence	+ 600
IJSS	– 250
Brut soumis	1 450 euros
Cotisations sociales (20 %)	– 290
Net fiscal (de paie)	1 160 euros
IJSS	+ 250
Net à payer (hors CSG et CRDS)	1 410 euros

Les politiques de subrogation ont longtemps connu une certaine vogue dans les entreprises. Elles constituaient un « plus social » – quelque peu teinté de paternalisme – en ce sens que le salarié se voyait déchargé de toute démarche dans ses relations avec les caisses de Sécurité sociale. Autre avantage énorme, il n'avait pas à craindre un quelconque retard de paiement, c'est l'entreprise qui assumait cette charge. Les choses changent aujourd'hui, et maintenir une politique de subrogation devient un luxe très coûteux pour les entreprises. Au-delà des « avances de trésorerie » qui sont à faire – et les délais de remboursement peuvent être très longs parfois –, c'est beaucoup plus les frais de gestion qui sont en cause. La collecte des informations nécessaires afin d'obtenir les remboursements – face à un personnel souvent peu coopératif car non impliqué financièrement (le salarié n'attend aucune rentrée d'argent !) –, les « relances » auprès des caisses dans l'attente des règlements, les réclamations à effectuer lorsqu'il s'avère que le remboursement a été effectué directement auprès du salarié et non pas auprès de l'entreprise – situation plus fréquente qu'on ne le croit ! –, sont quelques-unes des démarches quotidiennes à mener.

En d'autres termes aujourd'hui, de plus en plus, les entreprises préfèrent laisser à leurs salariés le soin de gérer eux-mêmes leurs dossiers sociaux. Le réalisme économique prend le pas sur le social, et l'abandon d'une politique de subrogation s'inscrit dans les « chasses aux frais » déjà si souvent évoquées dans cet ouvrage. On peut aussi y rechercher la volonté de faire baisser l'absentéisme, tant on peut légitimement penser que l'absence de toute « gêne » durant une période d'absence peut contribuer à inciter un salarié à être de nouveau absent.

- Second cas, l'entreprise n'applique pas la subrogation : elle est amenée à présenter comme suit le bulletin de salaire (on reprend les mêmes données que dans l'exemple ci-contre) :

Salarié dont le salaire est maintenu à 100 %	
Salaire de base	**+ 1 700 euros**
Absence maladie	– 600
Paiement 100 % absence	+ 600
IJSS	– 250
Brut soumis	1 450 euros
Cotisations sociales (20 %)	– 290
Net fiscal (de paie)	1 160 euros
Net à payer (hors CSG et CRDS)	1 160 euros

Salarié ne bénéficiant pas d'une garantie de salaire	
Salaire de base	**+ 1 700 euros**
Absence maladie	– 600
Brut soumis	1 100 euros
Cotisations sociales (20 %)	– 220
Net fiscal (de paie)	880 euros
Net à payer (hors CSG et CRDS)	880 euros

Par net fiscal de paie, il s'agit bien du montant de rémunération que l'entreprise déclarera, auprès de l'administration fiscale, avoir versé au salarié. Dans les faits, le salarié aura touché cette somme, mais aussi les 250 euros retenus pour l'exemple qui lui ont été réglés directement par la Sécurité sociale et qui n'apparaissent sur la paie que dans la mesure où l'entreprise applique une garantie de salaire qui tient compte de ce que verse la Sécurité sociale. Ces IJSS ne supportent pas de cotisations sociales car elles résultent du fruit des cotisations des salariés et faire payer des cotisations sur ces montants reviendrait à faire cotiser les salariés sur les avantages qu'ils ont retirés… du fait d'avoir déjà cotisé. Cela reviendrait donc d'une certaine façon à les faire cotiser doublement.

3.4.1.2. Les IJSS maladie

Les indemnités maladie, versées durant la maladie des salariés, sont calculées à partir de la formule suivante :

$$\frac{\text{Gain de base des 3 mois qui précèdent l'arrêt} \times 50\ \%}{91{,}25}$$

Ce dénominateur de 91,25 peut surprendre : il a longtemps été de 90, ce qui revenait à considérer que si un trimestre compte 90 jours, une année n'en compte que 360. Dans un souci d'économie, la Sécurité sociale a souhaité prendre en compte la durée réelle d'une année, soit 365 jours, et un trimestre équivaut donc bien à (une moyenne de) 91,25 jours. Ce mode de calcul a donc eu pour effet de tirer vers le bas le montant de l'indemnité journalière.

Le gain de base des 3 mois avant l'arrêt est cependant limité à hauteur du plafond de Sécurité sociale de cette même période. Le plafond va donc servir de base de référence au calcul d'IJSS maladie ainsi que pour le calcul d'autres prestations. Nous reviendrons plus longuement sur le rôle du plafond de Sécurité sociale, élément fondamental en matière de cotisations sociales (voir troisième partie).

Pour les assurés ayant au moins 3 enfants à charge, l'indemnité est majorée à partir du 31e jour d'arrêt et elle passe à 2/3 du salaire de base sans pouvoir excéder 1/547,5 du plafond annuel de Sécurité sociale.

La formule précitée s'applique pour les salariés payés au mois. Ceux payés à la quinzaine, à la semaine, les VRP, les apprentis, les salariés payés à l'heure ou de façon discontinue, les travailleurs à domicile, etc. se verront affecter des modes de calcul particuliers.

Les IJSS maladie ne sont versées qu'à partir du 4e jour d'arrêt : il y a donc un délai de carence de 3 jours.

Les IJSS, jusqu'à l'instauration du forfait hospitalier à la charge des assurés ayant à séjourner dans un hôpital, pouvaient être minorées. Le forfait qui vise à faire payer par l'assuré les frais (de nourriture principalement) qu'il aurait eus en toute circonstance à supporter, a remplacé le calcul de la minoration.

La mise en place du forfait est une mesure parmi d'autres visant à diminuer les dépenses de la Sécurité sociale. Outre cette mesure, la Sécurité sociale a été amenée au fil des années à modifier les modalités de calcul des indemnités journalières. Pendant longtemps, le salaire pris en ligne de compte était le seul salaire du mois qui précédait l'arrêt. Pour peu que le salarié ait perçu le mois d'avant un 13e mois par exemple, il n'était pas rare de voir des situations telles que les seules indemnités journalières assuraient un revenu dénué de toute perte !

La prise en compte, non plus du salaire précédant l'arrêt mais des salaires des 3 derniers mois avant l'arrêt, a eu un effet de lissage qui a pu contribuer à lutter contre l'absentéisme. Les observateurs sociaux ne considèrent-ils pas en effet que, plus l'indemnisation d'une absence est faible, moins les salariés ont tendance à s'absenter ?

Sauf autorisation du médecin traitant, un salarié malade qui perçoit des IJSS ne doit se livrer à aucun travail, que celui-ci soit rémunéré ou non. De façon régulière, les caisses primaires d'assurance-maladie arrivent à se voir donner raison lorsqu'elles suppriment des versements d'indemnités journalières, au motif par exemple que l'assuré en arrêt de travail avait été surpris par un contrôleur en train de tailler une vigne dans son jardin !

On notera enfin que les IJSS maladie constituent un montant à déclarer à l'administration fiscale, sauf lorsqu'elles sont versées dans les cas de thérapeutiques coûteuses ou pour des maladies de longue durée. Les IJSS échappent aux cotisations sociales, mais sont assujetties à la CSG et à la CRDS.

3.4.1.3. Les IJSS maternité

Les IJSS maternité sont versées à toutes les salariées durant 16 semaines (6 semaines avant la date présumée de l'accouchement, 10 semaines après – avec prolongation possible de 2 semaines en cas d'état dit « pathologique » ; ce congé pathologique pouvant aussi bien être pris avant qu'après l'accouchement).

Le congé maternité constitue un droit, non une obligation. Seul l'emploi de femmes enceintes est interdit durant une période de 8 semaines au total avant et après l'accouchement dont 6 semaines après l'accouchement.

La période d'indemnisation est prolongée en cas de grossesse multiple.

Elle est de 34 semaines pour des jumeaux (12 semaines avant, 22 semaines après) et de 46 semaines pour des triplés (24 avant, 22 après).

Au-delà du 3e enfant, les délais d'indemnisation sont allongés aussi bien en cas de naissance que d'adoption. Ils peuvent ainsi être portés à 26 semaines en cas de naissance simple qui porte à 3 le nombre d'enfants à charge au foyer (8 semaines prénatales, 18 semaines postnatales).

On notera que lorsque l'accouchement a lieu avant la date prévue, le congé prénatal dont n'a pas pu bénéficier la salariée est reporté sur la durée du congé postnatal. En revanche, lorsque l'accouchement a eu lieu après la date prévue, cette situation ne diminue pas la durée du congé postnatal ; le congé prénatal se trouve simplement prolongé sans imputation possible.

À la différence de la maladie, aucune loi n'impose aux employeurs de complément de rémunération même si cette pratique est généralement répandue en application des dispositions conventionnelles.

L'indemnité versée par la Sécurité sociale pour chaque jour est égale au gain de base journalier net de cotisations sociales salariales (qu'elles soient légales ou conventionnelles), le salaire brut pris en compte pour déterminer le montant des cotisations sociales à déduire étant le salaire brut réel dans la limite du plafond mensuel de la Sécurité sociale : les IJSS versées sont exonérées de cotisations sociales, mais soumises à CSG et CRDS.

Pour les IJSS maternité, le mode de calcul s'effectue par rapport au gain des trois derniers mois et non plus seulement celui du dernier mois comme cela a longtemps été le cas. Il est vrai que les effets des primes 13e mois étaient encore plus marqués que pour les IJSS maladie. Dans certaines entreprises, on a pu remarquer que les départs en congé maternité intervenaient curieusement massivement dans les périodes suivant le versement de primes, type primes 13e mois. De là à penser que certaines femmes pouvaient être tentées de gérer leur date de départ en congé maternité en fonction des événements de paie… C'est souvent encore vrai aujourd'hui, même si l'effet de lissage consécutif à la prise en compte de la moyenne de rémunération sur trois mois rend moins « intéressant » d'un point de vue financier la gestion du départ en congé maternité. Nombre de femmes pouvaient ainsi percevoir une rémunération, alors qu'elles étaient en congé maternité, largement supérieure à celle qu'elles auraient touchée si elles avaient travaillé. En ce sens, on a pu dire que les primes 13e mois constituaient un facteur très fort de développement de la natalité.

Pour les quatre semaines supplémentaires qui peuvent être accordées en période postnatale (femmes qui allaitent principalement), l'indemnisation de la Sécurité sociale s'effectue sur la base de 50 % du salaire de référence dans la limite du plafond de la Sécurité sociale.

En parallèle à cette étude, on notera que la salariée enceinte qui se trouve temporairement affectée à un autre emploi doit garder la même rémunération, quelle que soit son ancienneté et quelle que soit la personne (elle-même ou l'employeur) qui a pris l'initiative de ce changement temporaire.

Le montant des IJSS maternité est désormais à déclarer à l'administration fiscale au titre des revenus alors que pendant longtemps, ces indemnités ont échappé à l'impôt au grand bonheur des contribuables.

Le législateur a souhaité prendre en compte la situation des femmes qui, du fait de leur grossesse, se trouvent durablement absentes – qu'elles soient absentes uniquement durant leur congé maternité ou que les difficultés de la grossesse aient amené la prise de congés maladie en sus du congé maternité. De nombreux employeurs, prenant en compte l'absence de ces femmes, les excluaient de tout processus d'augmentation des salaires au titre de la période sur laquelle elles n'avaient pas été dans l'entreprise. Cette façon de faire est désormais interdite puisque les femmes absentes pour grossesse doivent pouvoir bénéficier du taux d'augmentation moyen qui a pu être appliqué à la catégorie dont elles relèvent.

3.4.1.4. Les IJSS accident de travail et de trajet

La journée au cours de laquelle l'accident a eu lieu est toujours intégralement à la charge de l'employeur. Dès le premier jour qui suit l'arrêt, le salarié perçoit une indemnité journalière. Celle-ci est désormais égale à 60 % du salaire journalier de référence pendant les 28 premiers jours d'arrêt de travail. Elle est ensuite égale à 80 % du salaire journalier.

Le salaire journalier à prendre en compte est le 1/30,42 du montant brut de la paie antérieure à la date de l'arrêt de travail.

Ainsi un salarié ayant perçu 2 000,10 euros durant un mois (par exemple le mois de juin) et qui a un accident en juillet se verra calculer une indemnité journalière égale :

- les 28 premiers jours : 60 % de 2 000 / 30,42 = 39,44 € ;
- à partir du 29e jour : 80 % de 2 000 / 30,42 = 52,59 €.

Le montant de l'indemnité journalière est plafonné à 0,834 % du plafond annuel de Sécurité sociale. Cette restriction ne concerne donc que les hauts salaires.

Il est à noter que si l'indemnisation des accidents de travail est la même que celle des accidents de trajet, en revanche, la protection sociale des accidents de travail est plus importante. Les salariés en accident du travail bénéficient d'une protection spéciale en termes de congés payés (maintien du droit à congés pendant l'absence pour une durée maximale d'un an), mais également de licenciement, puisqu'il n'est pas possible d'invoquer leur absence (et la désorganisation éventuelle qu'elle peut générer) ou une cause en liaison avec leur accident pour les licencier. De plus, si l'indemnisation légale complémentaire est due pour les accidents de travail ou les maladies professionnelles dès le premier jour d'absence, elle n'est due pour les accidents du trajet qu'à partir du 8e jour.

Les indemnités journalières de Sécurité sociale liées à l'accident ou à la maladie ne sont pas à déclarer à l'administration fiscale à la différence des indemnités maladie ou maternité. En revanche, les IJSS accident, si elles échappent elles aussi aux cotisations sociales, supportent la CSG et la CRDS.

3.4.2. L'indemnisation à la charge des employeurs

On a donc pu voir que, si tout salarié est assuré de bénéficier d'un revenu minimal versé par la Sécurité sociale lorsqu'il est absent pour cause de maladie, maternité, ou accident, il n'en demeure pas moins que cette couverture est assez modeste, tout au moins dans le cas de l'absence pour maladie ou accident. C'est pour l'élargir qu'une garantie sociale supplémentaire est assurée à travers l'indemnisation complémentaire servie par les employeurs, que cette indemnisation résulte de la loi de mensualisation ou de façon plus fréquente aujourd'hui, des conventions collectives. La loi de mensualisation (qui a été enrichie par la loi du 1er mars 2008) a fixé les règles d'indemnisation complémentaire pour les salariés absents au travail pour cause de maladie ou d'accident, sous réserve :

- qu'ils justifient de 1 an d'ancienneté dans leur entreprise ;
- qu'ils soient pris en charge par la Sécurité sociale ;
- qu'ils justifient de leur incapacité de travail dans les 48 heures ;
- qu'ils soient soignés sur le territoire français ou dans un pays de la Communauté européenne ;
- qu'ils acceptent, le cas échéant, de subir une contre-visite médicale – dont le coût est à la charge de l'employeur. Si le médecin contrôleur considère que l'arrêt n'est pas justifié, l'employeur peut suspendre le paiement de l'indemnisation complémentaire qu'il verse (seulement à partir du jour de la contre-visite : aucune rétroactivité n'est possible). L'employeur peut également suspendre le paiement si le médecin contrôleur a trouvé la porte close au domicile du salarié. Ce dernier peut cependant toujours invoquer le fait qu'il était absent pour une bonne raison, par exemple pour convocation à des soins, visite médicale, etc. Dans le cas où le salarié s'est fait prescrire un « repos à la campagne » il doit cependant veiller à communiquer à son employeur l'adresse précise à laquelle celui-ci pourrait faire exercer son éventuel droit de contrôle. De même, il appartient au salarié de veiller à ce qu'aucun obstacle, type code d'accès, ne constitue un élément empêchant la visite. À défaut, l'employeur n'ayant pu faire effectuer le contrôle à la bonne adresse ou n'ayant pas pu avoir accès au salarié faute de pouvoir atteindre son domicile serait fondé à suspendre l'indemnisation complémentaire. Il est de

l'intérêt de l'entreprise qu'elle puisse être en mesure d'apporter la preuve du fait que les salariés étaient bien informés de ses attentes.

Les règles de l'indemnisation complémentaire, telle que prévue par la loi de mensualisation et la loi du 1er mars 2008, garantissent au salarié absent le paiement de son salaire à hauteur de 90 % de la rémunération brute qu'il aurait perçue s'il avait travaillé normalement, déduction faite des IJSS, et ce pendant une durée de 30 jours et après l'expiration d'un délai de carence de 7 jours. À l'issue de ces 30 jours, le salaire est maintenu à hauteur des 2/3 de la rémunération brute, déduction faite des IJSS, pendant une durée de 30 jours. Un salarié répondant aux critères d'indemnisations et malade à partir du 1er mars se verra verser :

- Du 01/03 au 03/03 inclus : rien.
- À partir du 04/03 : IJSS maladie uniquement.
- À partir du 08/03 : 90 % de la rémunération, déduction faite des IJSS maladie.
- À partir du 07/04 : 2/3 de la rémunération, déduction faite des IJSS maladie.
- À partir du 07/05 : IJSS maladie uniquement.

Les temps d'indemnisation sont majorés de 10 jours par période entière de 5 années d'ancienneté, sans pouvoir excéder pour chaque tranche 90 jours.

Les régimes mis en place par les conventions collectives sont en règle générale plus favorables que le régime résultant de l'application de la loi de mensualisation, principalement sur l'ancienneté minimale pour prétendre à une indemnisation complémentaire servie, sur les durées d'indemnisation qui sont allongées, sur un déclenchement avec moins de jours de carence – voire sans jour de carence du tout –, ou sur les taux d'indemnisation qui peuvent atteindre un maintien à 100 % de la rémunération. Il est en effet possible de proposer, par exemple :

- une ouverture des droits à partir de 6 mois d'ancienneté ;
- un délai de carence de 0 jour ;
- un maintien à 100 % de la rémunération, déduction faite des indemnités de Sécurité sociale pendant une durée de 90 jours ;
- un maintien à 90 % de la rémunération pendant les 90 jours suivants ;
- etc.

C'est toujours la situation la plus favorable qui s'applique au salarié si, sur certaines périodes, la loi est plus favorable que la convention collective. Cette situation pouvant se produire sur certains textes non actualisés.

Avec la réforme du mode de calcul des indemnités journalières payées par la Sécurité sociale et qui avait conduit à calculer les indemnités sur la base d'une année de 365 jours contre 360 antérieurement, le montant des indemnités journalières avait donc mécaniquement baissé. Dans la mesure où l'entreprise peut devoir assurer un complément de rémunération, tout aussi mécaniquement, ce sont les employeurs qui ont dû verser les montants que ne versait plus la Sécurité sociale. Ainsi, un salarié rémunéré 2 500 € brut par mois – la rémunération étant constante sur 3 mois – et absent 20 jours calendaires en maladie, percevra de la Sécurité sociale (2 500 × 3)/91,24 × 50 % = 41,10 × 17 jours = 698,70 €. Si son employeur l'indemnise à 90 % du brut (sans délai de carence), l'indemnisation due par l'employeur est donc de 2 500/30 × 90 % × 20 jours = 1 500 €. L'employeur a donc à sa charge 1 500 € – 698,70 € versés par la Sécurité sociale = 801,30 €.

Lorsque le calcul des indemnités s'opérait sur 360 jours, le montant de l'indemnité versée par la Sécurité sociale était de (2 500 × 3)/90 × 50 % = 41,66 € × 17 jours = 708,33 €. L'employeur avait alors à sa charge « seulement » 1 500 € – 708,33 € = 791,66 €… On sait que pour la Sécurité sociale les petits ruisseaux font les grandes rivières !

Un employeur est tout à fait fondé à licencier un salarié régulièrement absent ou absent depuis longtemps pour cause de maladie. L'employeur ne pourra pas prendre une telle décision avant la fin des délais d'indemnisation éventuellement prévus dans sa convention collective. À défaut, les tribunaux pourraient sanctionner sa hâte excessive ; on relève en effet une évolution de la jurisprudence qui tend à protéger de plus en plus les salariés malades… y compris ceux qui peuvent se trouver profiter d'un système protecteur. C'est d'ailleurs dans la logique de cette évolution que les tribunaux attendent des argumentations précises d'un employeur qui invoque la « perturbation de son activité » pour justifier la rupture de contrat d'un salarié malade. Les tribunaux étudient le niveau de responsabilité du salarié licencié et les possibilités que pouvait avoir un employeur par le biais de contrats à durée déterminée ou de recours à l'intérim à assurer le remplacement du salarié. Les juges veillent à vérifier également que l'absence maladie n'est pas la conséquence de faits de harcèlement moral, auquel cas le licenciement ne pourrait être que discriminatoire. La Cour de cassation a bien précisé qu'un licenciement pour maladie pouvait être motivé par la situation objective de l'entreprise qui se trouve dans la nécessité de pourvoir au remplacement définitif d'un salarié dont l'absence prolongée ou les absences répétées perturbent le fonctionnement. La lettre de licenciement doit bien mentionner cet élément.

Pour les salariés déclarés « inaptes au travail », cette inaptitude devant être constatée par le médecin du travail, la situation a évolué dans un sens qui vise à mieux protéger les intérêts du salarié. Pendant longtemps, un employeur pouvait se contenter de prendre acte de l'inaptitude du salarié, sans pour autant engager quelque procédure de rupture que ce soit. Le salarié pouvait ainsi se trouver privé de toutes ressources, ayant le cas échéant épuisé ses droits à indemnités journalières maladie et ne pouvant pour autant prétendre aux indemnités Assedic, son contrat n'étant pas rompu. Désormais, à partir du moment où une inaptitude est prononcée de façon définitive, l'employeur a un mois pour soit reclasser le salarié sur un poste conforme aux éventuelles préconisations de la médecine du travail, soit notifier le licenciement pour inaptitude et impossibilité de reclassement. À défaut, l'employeur doit alors continuer à rémunérer le salarié comme s'il travaillait normalement. Le législateur a donc quelque peu créé les conditions de nature à forcer la main des employeurs pour les obliger à se prononcer et à licencier (avec versement de l'indemnité de licenciement) ; le préavis n'étant toutefois à payer que si l'inaptitude est consécutive à une maladie professionnelle ou un accident du travail. Bien entendu, les garanties conventionnelles peuvent améliorer ce traitement minimal. On relèvera que lorsqu'un médecin du travail notifie une inaptitude à tous postes dans l'entreprise, l'employeur n'en est pas moins tenu de chercher des solutions de reclassement…

Pour apprécier si le droit à indemnisation complémentaire est ouvert, la Cour de cassation a considéré qu'il convenait de prendre en compte l'ancienneté à la date de l'arrêt (les périodes de maladie suspendent en effet le contrat de travail et ne sont pas légalement à prendre en compte dans le calcul de l'ancienneté). Cette règle vaut tout autant pour les indemnisations dues en application de la loi de mensualisation que pour les indemnisations dues en application des conventions collectives. Si une convention collective impose une ancienneté de 1 an pour ouvrir droit à un complément de salaire en cas de maladie, si le salarié au moment de son arrêt ne justifie que d'une ancienneté de 11 mois et 15 jours, l'employeur n'est pas tenu d'assurer le complément de salaire même si l'arrêt doit durer plusieurs mois. Paradoxalement, dans un tel cas de figure, si le salarié reprend son activité même 1 seule journée, alors qu'il a plus de 1 an d'ancienneté, et tombe à nouveau malade, l'employeur devra alors lui verser un complément de salaire.

À travers l'application des garanties citées ci-dessus, les pertes subies par un salarié sont donc réduites. Cette situation ne doit cependant pas conduire à ce qu'un salarié perçoive, de par l'indemnisation versée par la Sécurité sociale et celle versée par son employeur, une rémunération supérieure à celle qu'il aurait touchée s'il avait travaillé normalement. C'est pourtant ce qui peut se passer lorsqu'un salarié voit sa rémunération maintenue à 100 %. Comment remédier à cette situation aussi injuste – vis-à-vis de ceux qui travaillent – qu'anormale, c'est ce que nous allons voir dans le paragraphe suivant.

3.5. La garantie sur le net

La situation telle qu'un salarié absent et bénéficiant du versement d'IJSS puisse percevoir un revenu supérieur à celui qu'il aurait touché s'il avait travaillé normalement est quelque peu choquante, on en conviendra. Elle constitue également une source importante de coûts non fondés pour les entreprises, on verra pourquoi. Cette situation s'explique par le fait que l'entreprise assure des garanties de rémunération en complément de ce que verse la Sécurité sociale. Les garanties s'effectuent au niveau de la rémunération brute et par rapport à des IJSS qui constituent un montant net ne supportant aucune des cotisations sociales. Cette situation conduit le salarié à bénéficier d'une rémunération nette supplémentaire égale aux cotisations dont il aurait dû s'acquitter sur la base du montant équivalent à celui qui a été servi par la Sécurité sociale. Un exemple permettra de mieux comprendre ce phénomène complexe.

Considérons l'exemple de deux salariés ayant le même salaire de base, par exemple 1 700 euros (on considérera que le salaire est constant depuis plus de 3 mois pour le calcul des IJSS que nous serons amenés à faire).

Le premier n'a pas été absent, le second a été malade durant 10 jours et pendant son absence son employeur lui a maintenu intégralement sa rémunération. En parallèle, ce salarié malade percevra de la part de la Sécurité sociale 7 jours d'indemnisation (10 – 3 jours de carence) calculée comme suit :

$$\frac{1\ 700 + 1\ 700 + 1\ 700 \times 50\ \%}{90} = 28{,}33 \text{ euros/jour}$$

soit pour 7 jours, un total de 198,31 euros.

Le bulletin de salaire se présentera comme suit (on considère que l'employeur opère les retenues pour absence maladie en 1/30 et que le taux global des cotisations sociales est de 20 %) :

	Nombre	Taux	Montant
Salaire de base	151,67		+ 1 700,00
Absence maladie	10	56,67	– 566,70
Paiement 100 % maladie	10	56,67	+ 566,70
IJSS	7	28,33	– 198,31
Total brut			1 501,69 euros
Cotisations	1 501,69	20	– 300,34
Total net fiscal			1 201,35 euros
Net à payer (hors CSG et CRDS)			1 201,35 euros

Le revenu net total du mois s'élève donc pour ce salarié à :

1 201,35 euros (payés par l'employeur) + 198,31 euros (IJSS) = 1 399,66 euros.

Le bulletin de salaire de son collègue, qui lui n'a pas été absent, se présente sous cette forme :

	Nombre	Taux	Montant
Salaire de base	151,67		1 700,00
Total brut			1 700 euros
Cotisations	1 700,00	20	– 340
Total net fiscal			1 360 euros
Net à payer (hors CSG et CRDS)			1 360 euros

Le revenu net du mois, 1 360 euros, est donc inférieur pour un salarié qui a travaillé le mois complet que pour un salarié malade. Celui-ci a bénéficié d'un revenu supérieur de 39,66 euros à celui qu'il aurait perçu s'il avait travaillé normalement ; ces 39,66 euros étant en fait le montant des charges sociales qu'il n'a pas eu à payer sur la base des 198,31 euros versés par la Sécurité sociale 198,31 × 20 % = 39,66 euros.

Un employeur peut-il unilatéralement mettre en place un système visant à mettre un terme à cette situation anormale ? La convention collective de la métallurgie prévoit expressément (article 30, 5e alinéa), que « les garanties conventionnelles accordées aux salariés en termes de maintien de salaire ne doivent pas conduire à leur verser, compte tenu des sommes perçues de toute provenance à l'occasion de la maladie ou de l'accident, un montant supérieur à la rémunération nette qu'ils auraient touchée s'ils avaient travaillé normalement ». La loi de mensualisation posait le même principe au regard des indemnités complémentaires servies en l'absence de clauses conventionnelles plus favorables. La jurisprudence a eu l'occasion de se prononcer lors de litiges entre salariés et employeurs, lorsque ceux-ci avaient mis en place des systèmes visant à remettre en cause cette situation. Les juges ont eu à se prononcer afin de déterminer si celle-ci constituait une sorte d'avantage acquis sur lequel l'employeur n'aurait pu revenir sans ouvrir de nouvelles négociations. Les juges ont qu'un mode de calcul conduisant à ce qu'un salarié absent pour maladie (par extension, aussi pour accident), soit financièrement favorisé par rapport à un salarié présent, constituait de fait une erreur. Or, l'erreur n'est pas génératrice de droit. Le 12 mars 1987, la Cour de cassation confirmait qu'un salarié malade ne doit pas percevoir un revenu supérieur à celui qu'il aurait perçu s'il avait travaillé. C'est donc à juste titre qu'un employeur peut modifier la façon dont il détermine le calcul des indemnités reçues de la Sécurité sociale par un salarié. Le principe de la modification à l'application « brute » de l'indemnisation des salariés est donc désormais solidement implanté.

D'un point de vue technique, cette modification va consister à transformer en indemnités brutes les indemnités nettes versées par la Sécurité sociale. Cette transformation se fait par l'adoption d'un coefficient multiplicateur qui variera selon le niveau de rémunération du salarié et selon le taux de cotisations auquel est astreint le salarié.

Dans l'exemple ci-dessus, pour passer d'une rémunération nette (1 360 euros) à une rémunération brute (1 700 euros) il suffit d'appliquer un coefficient égal à 1 700 / 1 360 = 1,25.

Si on applique ce coefficient aux IJSS perçues par le salarié, on obtient un montant de 198,31 euros × 1,25 = 247,89 soit une majoration de 49,58 euros (247,89 – 198,31). Le bulletin de salaire de la personne malade 10 jours, établi sur ces bases serait alors le suivant :

	Nombre	Taux	Montant
Salaire de base	151,67		1 700
Absence maladie	10	56,67	– 566,70
Paiement 100 % maladie	10	56,67	+ 566,70
IJSS	7	28,33	– 198,31
Majoration IJSS			– 49,58
Total brut			1 452,11 euros
Cotisations	1 452,11	20	– 290,42
Total net fiscal			1 161,69 euros
Net à payer (hors CSG et CRDS)			1 161,69 euros

La rémunération totale nette du salarié pour le mois est alors de 1 161,69 euros (payés par l'employeur) et de 198,31 euros (payés par la Sécurité sociale) soit un total de 1 360 euros. On constate que ce montant perçu est bien celui qu'il perçoit lorsqu'il travaille normalement. Pour la simplicité de l'exemple, nous n'avons pas intégré les incidences que peut avoir la CSG sur les formules à mettre en œuvre.

Au-delà de son caractère plus juste, l'adoption d'une telle démarche n'est pas sans effet pour l'entreprise en termes de coûts salariaux. On constate que la base de cotisations dans cet exemple a été diminuée de 49,58 euros – première source d'économie pour l'entreprise – qui plus est, sur cette base, l'employeur n'aura plus à payer des charges tant sociales que fiscales. Or, on ne saurait oublier que lorsqu'un employeur verse 100 euros de rémunération, il a une charge salariale globale de 150 euros compte tenu des charges afférentes au salaire.

L'économie réelle est alors pour l'entreprise de 49,58 euros × 150 % = 74,37 euros. Si l'on considère une entreprise de 500 salariés, dont le salaire moyen serait 1 700 euros avec un absentéisme moyen pour cause de maladie ou d'accident de 15 jours, l'économie potentielle sur une année serait donc, en partant de l'économie chiffrée ci-avant pour 10 jours de 74,37 euros / 10 × 15 = 111,56 euros, soit près de 56 000 euros pour l'ensemble de la société, c'est-à-dire l'économie de la rémunération de près de deux postes de travail… Ces chiffres sont donc assez significatifs pour inciter à la mise en place d'un système qui contribue à ne plus rendre incitatifs des arrêts qui coûtent cher à la Sécurité sociale et ainsi à faire baisser l'absentéisme.

Nous avons dit plus haut que l'une des techniques à mettre en œuvre consiste à déterminer un coefficient multiplicateur affecté aux IJSS. La démarche indiquée ci-dessus s'applique pour les salariés dont la rémunération est inférieure au plafond de Sécurité sociale. D'autres modes de définitions du coefficient devront s'appliquer si le salaire est supérieur au plafond de Sécurité sociale, voire s'il en est proche. Une autre méthode possible consiste à déterminer un « salaire brut résiduel » à partir duquel devront être calculées les cotisations sociales.

En tout état de cause, la mise en place de la garantie sur le net est une opération complexe, même si de plus en plus de logiciels de paie intègrent cette gestion. Cette gestion est de plus compliquée par le fait que les cotisations de retraite sont calculées sur la base du salaire brut normal (et non pas sur le salaire minoré des IJSS) à concurrence de trois mois pour les caisses de retraite cadres, voire également de deux mois pour certaines caisses de retraite non-cadres. En outre, de plus en plus souvent, des indemnités versées par des organismes de prévoyance interfèrent sur le calcul de la rémunération nette perçue par le salarié alors qu'il est en maladie. Autant d'éléments à intégrer dans cette délicate gestion de la garantie au net… même si cette complexité ne saurait être un facteur dissuasif de mise en place. Au lieu d'élaborer un calcul sophistiqué permettant de retrouver, à partir des éléments payés par la Sécurité sociale, l'employeur ou d'autres organismes, le revenu au centime près que devait percevoir le salarié s'il avait travaillé normalement, il reste toujours possible, en l'absence d'un programme de paie suffisamment performant, d'adopter un coefficient multiplicateur approximatif, combien même le salarié serait amené ainsi à percevoir quelques euros de plus que ce qu'il aurait dû toucher…

Le débat sur ce thème de la « garantie au net » a été relancé par un arrêt de la Cour de cassation sociale du 4 juillet 2002. La convention collective des ingénieurs et cadres de la métallurgie indiquait clairement que le maintien du salaire se faisait sur la base du salaire « net ». La chambre patronale de la métallurgie, l'UIMM, avait donc déterminé le coefficient multiplicateur en prenant en compte le montant but des indemnités journalières servies par la Sécurité sociale, c'est-à-dire le montant avant prélèvement de la CSG et de la CRDS. Cette méthode a été contestée, des salariés estimant que leur salaire devait être maintenu sur la base du salaire net. La Cour de cassation a estimé qu'il convenait effectivement d'opérer la détermination du coefficient multiplicateur à partir du montant net de l'indemnité journalière. Les juges n'ont donc pas suivi l'UIMM qui considérait que le fait d'imposer aux employeurs la prise en compte du montant net des indemnités journalières avait pour effet d'imposer la prise en charge par ces derniers de la CSG et de la CRDS précomptées par la Sécurité sociale sur le montant des indemnités journalières servies aux salariés ! Cette position a été confirmée par un nouvel arrêt de la Cour de cassation en date du 8 juillet 2003, celle-ci confirmant bien que le salarié en arrêt maladie devait percevoir une rémunération nette égale à celle qu'il aurait perçue s'il avait travaillé normalement.

En tout état de cause, ces arrêts rendus dans le domaine de la convention de la métallurgie se trouvent transposables à toutes les conventions collectives prévoyant le maintien du salaire net en cas de maladie. En revanche, il n'en va pas de même si la convention ne prévoit pas expressément que le maintien du salaire doit se faire sur la base du salaire net et mentionne au contraire expressément que les maintiens de rémunération se font en brut.

3.6. Autres rubriques d'absentéisme

À partir de la paie, source d'information importante en matière de gestion de l'absentéisme, chaque entreprise en fonction de ses besoins, peut être amenée à développer le suivi des absences, principalement lorsque celles-ci sont payées : on a vu que toute retenue de salaire devant être mentionnée sur un bulletin, on supposera que toutes les rubriques d'absences non payées apparaîtront de façon claire, à l'exclusion de la grève ou encore des heures de délégation qui ne seraient pas payées pour cause de dépassement du crédit d'heures autorisé et en l'absence de circonstances exceptionnelles. Parmi ces absences non payées, on citera les plus courantes, c'est-à-dire les absences pour congé sans solde, les absences non autorisées ou injustifiées.

Quels éléments d'absence faut-il suivre au niveau d'une gestion du personnel ? Certaines entreprises annoncent parfois près de 50 motifs différents de possibilités d'absence en sus de ceux couramment cités. Mentionnons simplement à titre d'exemples, les absences pour « pauses payées », les absences pour « cérémonie de remise de la médaille du travail », ou encore les « absences suite à élections » – les salariés élus au Sénat ou à l'Assemblée nationale peuvent bénéficier d'une suspension de contrat durant leur mandat, sous réserve qu'ils justifient d'un an d'ancienneté à leur date d'entrée en fonction –, les absences pour catastrophes naturelles (la loi du 13 juillet 1982 prévoit qu'un salarié peut demander un congé maximal de 20 jours – non rémunéré – pour participer aux activités d'organismes apportant une aide aux victimes), les absences pour « dons de sang » – généralement rémunérées même si la loi ne prévoit rien –, les absences pour mise à pied – qui doivent être rémunérées si la procédure entamée à la suite de cette mise à pied n'aboutit pas à un licenciement pour faute grave –, etc.

Au-delà des problèmes d'organisation que pose inévitablement un tel suivi – pour un intérêt qui reste à démontrer –, le risque d'« alourdir » la lecture, la lisibilité, voire la compréhension, d'un bulletin est grand pour peu qu'un salarié ait connu au cours d'un même mois des absences aussi diverses que variées. Par ailleurs, une démarche par trop exhaustive peut être de nature à susciter une certaine méfiance des salariés qui considéreront que tous leurs faits et gestes sont enregistrés, épiés, et de nature à être un jour utilisés à leur encontre. À partir de ces bases, il est aisé de définir le nombre d'heures travaillées d'un salarié par opposition à celles qui lui sont payées.

Le suivi des données d'absence, tous motifs confondus, peut être fait dans une optique essentiellement « bilan social » : on distinguera alors les absences pour formation, les absences autorisées, les absences pour convenances personnelles (que toutes ces absences soient payées ou non), ces éléments étant utiles au renseignement d'un certain nombre d'indicateurs du bilan social.

Plus spécifiquement, les absences pour congé de naissance ou d'adoption (d'une durée de 3 jours, à prendre par le salarié concerné dans les 15 jours qui entourent l'arrivée de l'enfant au foyer) pourront apparaître sur un bulletin. Ce congé a longtemps été pris en charge par les caisses d'allocations familiales qui remboursaient à l'employeur le montant de salaire versé ces jours. Ce remboursement a été supprimé dans le cadre des réductions de dépenses des caisses de Sécurité sociale. On comprend donc les inquiétudes des employeurs face à la création du congé de paternité de 11 jours – calendaires – consécutifs (18 jours en cas de naissances multiples), déjà évoqué dans le paragraphe relatif à la loi sur la mensualisation. Les employeurs redoutent toujours que dans quelques années, le financement de ce congé paternité ne leur revienne, lui aussi, dans son intégralité, venant donc s'ajouter à celui du congé de naissance de 3 jours, et à celui des 35 heures et de leur cortège de jours de récupération, « RTT » ou autres. La charge financière de ce congé paternité supportée par la Sécurité sociale (ce qui contribue, là aussi, à accroître le déficit de cette structure !) s'avère très lourde pour la collectivité. En faisant ce constat, on ne peut s'empêcher de se poser la question de la nécessité réelle de mettre en œuvre une telle politique, sociale, certes, mais financée avec quelles ressources ?

En matière d'enfants malades, la loi est restée longtemps muette sur ce point. Depuis la « loi sur la famille » parue en 1994, les salariés ont droit à 3 jours de congé par an, ce congé étant non rémunéré et porté à 5 jours si l'enfant malade est âgé de moins d'un an ou si le salarié assume la charge d'au moins 3 enfants âgés de moins de 16 ans. Nombre de conventions collectives prévoient l'octroi de dispositions plus favorables liées notamment à un allongement de ces durées, voire à un paiement de ces « jours enfant malade ». La Sécurité sociale peut, dans certains cas (sur justificatif médical, après examen du dossier…), payer au salarié dont l'enfant est malade des indemnités journalières. Enfin, le jour de la rentrée scolaire (celle de septembre exclusivement) le patronat a longtemps recommandé aux chefs d'entreprise d'accorder des assouplissements d'horaire dans toute la mesure du possible… même si de telles recommandations se sont faites beaucoup plus discrètes depuis la mise en œuvre des 35 heures.

Tout salarié dont un enfant à charge est victime d'une maladie, d'un accident ou d'un handicap grave, qui nécessite la présence d'une personne à ses côtés a le droit, soit de travailler à temps partiel, soit de bénéficier d'un congé parental (qui entraînera alors la suspension du contrat de travail). La durée d'activité à temps partiel ou de suspension du contrat a une durée de 4 mois, qui peut être renouvelée deux fois, dans une limite maximale de 12 mois, renouvellements inclus.

Autre rubrique possible d'absence, le congé de solidarité internationale ; non rémunéré, d'une durée maximale de 6 mois, ce congé permet aux salariés de participer à des missions d'entraide à l'étranger, organisées par des associations à but humanitaire. Le nombre de salariés simultanément en congé au sein d'un établissement est toutefois limité.

Les absences pour recherche d'emploi sont octroyées durant leur préavis (aussi appelé délai congé) aux salariés qui ont démissionné ou qui ont été licenciés. Il existe un certain flou pour les salariés sur cet usage qui (s'il est établi) oblige, certes, l'employeur à faire bénéficier ses salariés licenciés ou démissionnaires de 2 heures par jour de recherche d'emploi, sans vraiment préciser si ces heures doivent ou non être rémunérées. Sur le principe, il semble qu'il faut désormais comprendre que ces heures, en cas de démission et en l'absence de disposition conventionnelle contraire, n'ont pas à être payées. En cas de licenciement cependant, l'usage veut que ces heures le soient.

Les choses sont plus claires sur les modalités de prise de ces heures : à défaut d'accord entre les parties sur le moment de la journée durant lequel le salarié entend prendre ces heures, le choix est effectué alternativement un jour par l'employeur, un jour par le salarié. Sauf disposition conventionnelle contraire, le salarié ne peut pas prétendre au groupage de ces heures.

Un arrêt de la Cour de cassation est revenu sur une habitude prise de ne pas octroyer ses heures à un salarié lorsque celui-ci avait annoncé qu'il avait déjà trouvé un nouvel emploi dans une autre entreprise. Ces heures étant destinées comme leur nom l'indique à une « recherche d'emploi », si celle-ci est achevée, leur fondement ne se justifie plus. L'arrêt évoqué remet en cause cette habitude en arguant que c'est à l'employeur de démontrer l'inutilité de ces heures pour le salarié. Ce dernier peut en effet légitimement avoir besoin de ce crédit d'heures, notamment pour effectuer toutes les formalités préalables à une embauche (comme la nécessité de se rendre à une visite médicale).

Les salariés en absence pour congé parental peuvent se voir remettre, bien qu'absents de l'entreprise tout au long de leur congé (qui peut durer jusqu'à ce que l'enfant au titre duquel le congé est sollicité ait atteint l'âge de 3 ans), un bulletin de salaire. On notera que la durée de l'absence pour ce motif doit être retenue seulement pour moitié dans le calcul des droits à ancienneté du salarié. Un salarié qui désire bénéficier d'un congé parental n'a à prévenir son employeur qu'un mois avant la date à partir de laquelle il souhaite partir. Cet élément peut être intéressant pour un salarié – parent d'un enfant de moins de 3 ans – désireux de se rendre vite disponible, mais astreint à un préavis de 3 mois. Car s'il est vrai qu'il est interdit de travailler durant un congé parental, la loi, on l'a déjà dit, ne fixe pas… les sanctions encourues !

Comme pour les salariés en congé parental, les salariés en absence pour congé sabbatique (d'une durée minimale de 6 mois et maximale de 11 mois, ce qui permet au salarié de conserver une couverture auprès de la Sécurité sociale) n'ont pas à se voir remettre un bulletin de salaire. On notera sur ce thème l'évolution de la position des juges qui ont reconnu à un salarié le droit d'exercer une autre activité salariée durant son congé sabbatique : il n'existe donc aucune interdiction de principe à l'exercice d'une activité professionnelle pendant un congé sabbatique, dès lors que le salarié concerné ne manque pas à ses obligations de loyauté, non-concurrence et discrétion.

Ces absences pour congé parental et congé sabbatique ne sont pas rémunérées, le bénéficiaire pouvant toutefois percevoir lors du congé parental une allocation parentale d'éducation versée par les organismes sociaux concernés. En revanche, le salarié reste bien inscrit à l'effectif de son entreprise durant toute la période.

Les absences pour préavis, lorsqu'un salarié est licencié ou démissionne, – aussi appelées absences pour « délai-congé » – sont en général intégralement payées par l'employeur. En effet, si celui-ci dispense de sa propre initiative le salarié d'effectuer le préavis, il devra tout de même régler ce dernier dans son intégralité ou pour les jours restant à courir. Il est évident que si c'est le salarié qui demande à être dispensé du préavis et que son employeur est d'accord, le salarié ne saurait prétendre au paiement du préavis.

Accomplir son préavis, dont la durée est fixée par la convention collective ou un accord d'entreprise, est une obligation pour un salarié qui, s'il ne respecte pas cette disposition, peut être condamné à indemniser son employeur en lui versant une somme égale à celle qu'il aurait touchée s'il avait continué à travailler. La jurisprudence précise qu'un employeur n'a toutefois pas à opérer lui-même une « compensation » entre les salaires et le préavis qu'il estime dû par un salarié, cette disposition étant contraire à l'article L. 3251-1 du Code du travail. Il lui appartient donc de demander réparation du préjudice qu'il estime avoir subi auprès du tribunal de prud'hommes compétent.

Le Code du travail précise que toutes les conventions collectives ou accords professionnels doivent comporter « les conditions de rupture du contrat de travail notamment quant au délai congé », plus communément appelé préavis. La durée du préavis, à défaut de précisions conventionnelles, est définie par la loi et est de 1 mois pour une ancienneté comprise entre 6 mois et 2 ans, et 2 mois pour une ancienneté supérieure à 2 ans. Le préavis peut cependant être prolongé en cas d'accord entre les parties, ou, si cette possibilité est prévue par la convention collective, lorsque le salarié est malade durant son préavis et n'a pu, de ce fait, procéder à la recherche d'un nouvel emploi. Dans une affaire ancienne, la

Cour de cassation sociale avait cependant reconnu à un salarié la possibilité de s'affranchir de son obligation de préavis au motif… que son employeur n'affichait pas la convention collective et qu'il ne pouvait de ce fait connaître ladite obligation !

La loi du 25 juin 2008 a introduit une nouvelle donnée en matière de rupture de période d'essai. La loi, tout en augmentant la durée moyenne des périodes d'essai, a introduit une notion de « délai de prévenance ». En d'autres termes, lorsqu'il est mis fin à une période d'essai à l'initiative de l'employeur, le contrat ne peut plus être rompu avec effet immédiat (sauf pour une présence de moins de 8 jours) : ce délai de prévenance est de 24 heures pour au moins 8 jours de présence, 48 heures entre 8 jours de présence et 1 mois, 2 semaines à partir d'un mois de présence, 1 mois au-delà de 3 mois de présence. Généralement, on peut penser que la cohabitation pouvant être difficile sur ces périodes, les entreprises auront tendance à rémunérer ce « délai de prévenance » tout en dispensant le salarié de l'effectuer. Le délai de prévenance s'applique également pour les CDD dont la durée de la période d'essai est au moins égale à 7 jours : le délai est de 24 heures pour au moins 8 jours de présence, et 48 heures au-delà de 8 jours. Il est noter que si c'est le salarié qui rompt sa période d'essai pendant un CDI, il est redevable d'un préavis de 24 heures pour une présence de moins de 8 jours, et de 48 heures après 8 jours de présence. Les femmes enceintes ne sont toutefois pas concernées par le préavis : elles peuvent donc quitter leur travail sans observer le « délai congé ». Cette règle s'applique également :

- à l'issue du congé de naissance ou d'adoption – le père peut donc en bénéficier ;
- à l'issue d'un congé pour création d'entreprise ;
- pour les journalistes, en application de la « clause de conscience ».

Les salariés en congé parental qui viendraient à être licenciés durant leur congé ne peuvent prétendre, pour leur part, à un quelconque paiement de préavis.

Les absences pour création d'entreprise ne sont, en règle générale, pas rémunérées. Cette éventualité peut être envisagée par accord d'entreprise (surtout lorsque l'entreprise connaît des difficultés économiques et que le départ volontaire d'un salarié désirant créer son entreprise peut constituer le moyen d'éviter un « licenciement sec »). La durée du congé est d'une année, renouvelable une fois. En cas d'échec dans sa création (ou sa reprise) d'entreprise, le salarié peut demander sa réintégration.

Les absences pour cure thermale constituent souvent un motif de conflit dans les entreprises. Aucune obligation légale ou réglementaire n'oblige les employeurs à prendre en charge les absences pour cure thermale comme s'il s'agissait de congés de maladie. Seule une disposition conventionnelle précise – un congé pour cure thermale n'est pas un congé pour maladie, et les clauses qui s'appliquent en cas d'absence maladie ne sauraient s'appliquer à la cure thermale ! – peut l'y contraindre. Les dates de départ en cure sont soit fixées sur le certificat médical produit par le salarié, et l'employeur n'a rien à dire (il ne saurait imposer une date de départ et encore moins exiger que la cure coïncide avec le congé annuel), soit « négociées » si le certificat ne prévoit rien. Dans ce cas, l'employeur doit être d'accord – un départ en cure à une date non autorisée par lui pourrait constituer une cause réelle et sérieuse de licenciement – l'employeur pouvant aller selon l'administration jusqu'à obliger le salarié à partir au moment de son congé. Sur ce dernier point, certains conseils de prud'hommes sont plus réticents. La Cour de cassation n'a pas eu encore l'occasion de se prononcer directement sur ce point, même si elle considère qu'un salarié ne peut imposer à son employeur les dates de son absence.

Les absences pour congé de formation économique, sociale et syndicale ne sont pas expressément exclues du bulletin de salaire par le législateur. On peut toutefois penser que ce motif d'absence pose les mêmes problèmes que les absences pour grève ou les absences pour délégation. Ce congé, que peut prendre tout élu du personnel pour se perfectionner dans ses fonctions d'élu, n'est à payer par l'employeur qu'à concurrence de 0,08 pour mille du montant des salaires versés pendant l'année. Bien entendu, l'employeur peut aussi accepter de prendre à sa charge la différence éventuelle. La gestion de ce type de congés n'est pas exempte de problèmes, surtout si plusieurs salariés durant une même année souhaitent prendre ce congé. Faut-il payer l'absence dès que l'on a connaissance du congé ? Si le 0,08 pour mille s'avère insuffisant, l'employeur serait en droit de retenir le trop perçu. Et qui doit bénéficier du 0,08 pour mille ? Le salarié qui a demandé le congé en premier ? Ou faut-il répartir le budget entre deux salariés si deux personnes ont utilisé ce congé ? Autant de questions qui peuvent se poser et qui ne sont pas sans risque de perturber le climat social.

Il existe également nombre d'autres motifs liés à des congés légaux. Il en est ainsi :

- des congés de représentation (destinés à permettre à un salarié membre d'une association à but non lucratif ou d'une mutuelle, et désigné comme représentant de cette instance, d'être présent à certaines réunions) ;

- des congés de formation de cadres et d'animateurs pour la jeunesse (en principe non rémunérés) ;
- des congés mutualistes ;
- des congés des administrateurs des organismes de Sécurité sociale ;
- des congés en vue d'une adoption (destinés aux salariés se rendant dans les DOM-TOM ou à l'étranger pour adopter un enfant, la durée maximale de ce congé non rémunéré étant de 6 semaines) ;
- des congés d'accompagnement d'une personne en fin de vie, d'une durée maximale de 3 mois. Ces congés sont non rémunérés ;
- des congés sabbatiques, d'une durée comprise entre 6 mois et 11 mois, qui suspendent le contrat de travail ;
- des congés de formation des cadres et animateurs pour la jeunesse ;
- des congés pour exercer diverses fonctions (politiques ou professionnelles), comme (et la liste n'est pas exhaustive !) l'exercice de fonctions de conseiller prud'homal, de membre du conseil d'administration d'un organisme de Sécurité sociale, de représentation des immigrés dans les instances consultatives, d'assesseurs des tribunaux des affaires de Sécurité sociale, de représentants des salariés dans les conseils d'administration et de surveillance des sociétés anonymes, des conseillers assistant les salariés lors d'un entretien préalable à licenciement, de candidat à l'élection parlementaire, titulaire d'un mandat parlementaire, etc.

Les salariés ont également la possibilité de bénéficier d'absences pour congé de bilan de compétence. Ce congé d'une durée maximale de 24 heures de temps de travail, consécutives ou non, est obligatoirement payé au salarié par l'intermédiaire de l'organisme auquel l'employeur verse sa contribution « congé formation ». Le congé est assimilé à une période de temps de travail effectif pour la détermination des droits des intéressés.

Plus rarement, on constate les « absences fêtes des mères ». Le législateur n'a pas fait de cette journée, qui survient toujours un dimanche, un jour de repos. Cependant, dans les entreprises où le repos hebdomadaire est organisé par roulement le dimanche, une circulaire ministérielle du 10 mai 1949 recommande aux employeurs de faire bénéficier, dans toute la mesure du possible, du repos ce jour-là les mères de famille et les jeunes de moins de 18 ans dont la mère exerce une activité salariée.

Les femmes enceintes ne bénéficient légalement d'aucune réduction d'horaire. Les conventions collectives ou les accords d'entreprises peuvent prévoir, à partir du 3e, 4e, ou 5e mois de grossesse une diminution de l'horaire hebdomadaire qui va généralement de 1 à 5 heures.

Pendant une année, à compter du jour de la naissance, les mères allaitant leur enfant disposent à cet effet d'une heure par jour durant leurs heures de travail. Pour les salariées qui ne sont pas logées sur place ou a proximité de leur lieu de travail et qui ne peuvent donc bénéficier de cette disposition pendant leur temps de travail, il est possible de demander un assouplissement d'horaire (une heure le matin, à midi ou le soir), les absences devant être rémunérées.

Les salariés « mis à pied » suite à une sanction ne bénéficient pas de leur rémunération pour toute la durée de la mise à pied. À noter que lorsqu'une mise à pied est notifiée à titre conservatoire, elle devra être payée si le licenciement notifié par la suite l'est pour un motif autre qu'une faute lourde ou une faute grave.

On citera, en guise de conclusion, les « absences pour jury d'assises » qui, si elles sont rares et ne sont donc que peu référencées au sein des tables des rubriques de paie des entreprises, ne sont pas pour autant légalement indemnisées par l'employeur ; cette situation provoquant souvent un certain étonnement de la part des salariés concernés. Les jurés bénéficient cependant pendant la durée des sessions auxquelles ils sont convoqués – leur présence étant obligatoire – d'une indemnité journalière minimale majorée de 8 fois le taux horaire du Smic. Le salarié qui justifierait d'une perte de salaire a droit à une indemnité supplémentaire calculée selon la formule : taux horaire du Smic × durée de l'audience limitée à 8 heures par jour ouvrable.

Au-delà de ces quelques exemples, chaque entreprise, un peu à l'image des primes, pourra gérer une multitude d'autres causes d'absence : elle pourra ainsi distinguer les causes d'absence pour récupération (que celles-ci résultent d'heures supplémentaires, d'heures travaillées un jour férié...), elle pourra s'intéresser aux heures non travaillées pour cause de réunion (droit d'expression, cercles de qualité...), la liste ne saurait être exhaustive de toutes ces rubriques qui peuvent apparaître sur un bulletin de salaire. On rappellera enfin que les absences répétées, qu'elles soient payées ou non et dès lors qu'elles sortent du cadre de l'absentéisme légal – congés payés, formation, représentation du personnel... – peuvent être une cause de licenciement avec un motif « réel et sérieux », si l'entreprise peut invoquer la nécessité de remplacer une personne défaillante en raison de perturbations d'ordre technique, structurel ou économique.

Encore faut-il que la gêne soit évidente, et dépendra donc de la taille de l'entreprise, mais aussi de la nature du poste occupé et de la qualification de l'absent ; les critères à respecter se rapprochant de ceux indiqués dans le paragraphe sur l'indemnisation de la maladie.

À travers le tour d'horizon que nous avons fait des « composantes de la rémunération brute », on aura compris que la complexité de la paie tient en fait à la diversité des paramètres auxquels tout responsable est confronté.

Cette complexité est accrue par le fait que rien n'est jamais figé en matière de paie. Les règles de calcul évoluent en permanence, se font et se défont parfois à la même vitesse. Et pourtant, face à cette évolution, il ne peut être question un seul instant de se faire dépasser, car une bonne gestion de la paie s'inscrit tout naturellement dans le cadre d'une bonne gestion de l'entreprise.

Longtemps on a pu dire que le plus difficile en paie, c'était d'élaborer le « haut du bulletin », c'est-à-dire toute la partie relative à la rémunération brute. En fait progressivement, le reste du bulletin a suivi l'accélération de cette évolution réglementaire dont il vient forcément un moment où on la déplore. Le calcul des cotisations sociales s'est ainsi sophistiqué, la mise en place de la nouvelle réglementation des allocations familiales étant là pour en témoigner. On laissera au lecteur le soin de porter sa propre appréciation sur ce thème à travers la lecture de la partie suivante.

TROISIÈME PARTIE

Les cotisations sociales

En matière de paie, le domaine des cotisations sociales constitue souvent le plus grand sujet de doléances de la part des salariés, mais aussi des employeurs. Les premiers se plaignent de prélèvements qui vont sans cesse croissants au point d'en devenir insupportables, les seconds évoquant l'impossibilité qu'ils ont à embaucher à cause du poids de ces mêmes cotisations. L'argument de la compétitivité est en outre de plus en plus mis en avant à l'heure de la mondialisation, et le coût du travail explique les nombreuses délocalisations d'emplois qui interviennent, quasiment chaque jour en France, et qui ont constitué l'un des arguments particulièrement forts de la campagne présidentielle en 2007.

Les cotisations sont devenues ainsi un véritable enjeu politique, chaque gouvernement essayant de lutter contre le chômage en instituant des dispositifs qui tournent en définitive tous autour de ce même thème : la réduction ou l'exonération des charges sociales. Il en va ainsi des mesures portant sur l'allégement des charges pour les salariés dont la rémunération est inférieure à 1,6 Smic, des « exo jeunes » qui concernèrent un temps les jeunes de 18 à 25 ans, des créations d'emploi à temps partiel, des aides à l'embauche du premier salarié, des contrats de professionnalisation ou d'apprentissage, des contrats de retour à l'emploi pour les chômeurs de longue durée. Un point commun à tous ces textes : à durée de vie variable, ils proposent des réductions de charge. Hélas, malgré ces dispositifs, le taux de chômage en France reste l'un des plus hauts d'Europe et la durée moyenne du chômage l'une des plus fortes. Le modèle social français montre toutes ses limites à travers ce simple constat.

Comment cependant ne pas s'étonner de ce constat lorsqu'à travers certaines mesures, on peut se poser la question de savoir s'il ne devient pas dissuasif d'embaucher une personne au chômage depuis *x* mois car peut-être suffit-il de différer de quelques mois supplémentaires son embauche pour percevoir des avantages non négligeables ! De même, à vouloir empêcher le licenciement des salariés âgés du fait de la mise en place d'une contribution rendant coûteux leur départ de l'entreprise, on a finalement pris conscience que les entreprises n'embauchaient plus de salariés âgés afin de ne pas s'exposer à un risque de rupture dont le coût financier serait élevé : la dite contribution a été finalement supprimée à partir du 1er janvier 2008, mais ce type d'action est une curieuse façon de régler les problèmes.

De 1983 à 2007 les prélèvements sociaux obligatoires des salariés non-cadres (on verra que certaines cotisations sont facultatives et variables d'une entreprise à l'autre) sont passés de 13,86 % (5,6 Sécurité sociale maladie + 4,7 Sécurité sociale vieillesse + 1,72 Assedic + 1,84 retraite complémentaire) à 21,54 % (0,75 Sécurité sociale maladie + 6,65 Sécurité sociale vieillesse + 0,10 Sécurité sociale vieillesse déplafonné + 4,947 % (5,10 × 97 %) CSG déductible + 3,075 % retraite complémentaire + 0,8 AGFF + 2,4 Assedic + 2,813 % (2,9 × 97 %), les taux de CSG et CRDS étant exprimés en taux « nets »).

Pendant toutes ces années, il n'y a eu qu'en 1999 où l'on a pu assister à un très léger recul de ces prélèvements, du fait notamment des bons chiffres du chômage, alors en recul, et qui avaient permis une baisse des cotisations Assedic. L'année 1999 mise à part, il ne s'est donc quasiment pas passé une année sans que les cotisations augmentent, le total cumulé de ces augmentations représentant en 20 ans un taux supérieur à 50 % ! En projetant ce chiffre, on pourrait imaginer un taux de cotisation obligatoire à l'horizon 2023 de plus de 32 % ! Et encore, ces chiffres ne tiennent pas compte de certaines cotisations facultatives de mutuelle par exemple qui ont considérablement augmenté ces dernières années.

Depuis 2007, on constate un réel ralentissement de l'augmentation des cotisations obligatoires. Mais il ne faut pas croire pour autant que ceci a résolu le problème du coût du travail en France. Car au-delà des cotisations sociales, nombreuses sont les charges financières supplémentaires qui viennent impacter les entreprises à travers l'instauration de nouvelles obligations qui, si elles sont généreuses, n'en sont pas moins des sources de dépenses supplémentaires pour les entreprises : il en va ainsi, par exemple, de l'obligation de payer une taxe si l'entreprise n'atteint pas un quota de 6 % de personnel handicapé ; de l'extension aux entreprises situées en province de rembourser 50 % des frais de transport aux salariés payant un abonnement de transports en commun ; de l'instauration d'un « forfait social » sur les sommes versées notamment au titre de l'intéressement ou de la participation. Les coûts de la médecine du travail en France ne cessent d'augmenter, les budgets formations des entreprises sont ponctionnés pour aller financer des fonds destinés au financement des formations des demandeurs d'emploi, la réforme des accidents du travail mise en œuvre au 1er janvier 2010 va sans nul doute conduire à une augmentation des charges de la majorité des entreprises, etc.

En matière de prélèvements sociaux effectués au niveau du bulletin de salaire, depuis 30 ans, employeurs comme salariés ont été largement sollicités pour faire face aux augmentations de cotisation. Aucun régime social n'a échappé à ces envolées : retraite Sécurité sociale, retraite complémentaire, régime général de la Sécurité sociale, chômage, il a toujours fallu accroître les prélèvements pour financer les besoins dont on a le sentiment qu'ils sont quasiment exponentiels de notre système social. Il est vrai que la recette est facile : il suffit le plus souvent de relever les taux de cotisation pour remédier au problème… en attendant le constat du prochain déficit. Depuis 1984 et la mise en place d'une « surcotisation » relative à l'assurance chômage qui ne concernait que les salariés, bien des fois ceux-ci ont pu penser qu'ils étaient plus souvent concernés par les relèvements de cotisation. On citera notamment les dates des 1er juillet 1987, 1er janvier 1989, 1er février 1991 – création de la CSG –, 1er juillet 1991, 1er juillet 1992, 1er février 1996 – création de la CRDS –, comme autant de dates « sombres » dans l'histoire des porte-monnaie des salariés puisqu'elles ont constitué le point de départ de nouvelles augmentations de cotisations. On nous autorisera à considérer la CSG et la CRDS comme des cotisations sociales, même s'il convient davantage de dire qu'il s'agit en fait d'impôts.

Tous les salariés constatent donc que leur paie est de plus en plus « pressée ». Mais pressée pour quel usage ? En fait, peu de personnes connaissent avec précision la finalité des sommes dont elles s'acquittent – certes douloureusement ! – chaque mois, et cette méconnaissance contribue à rendre plus difficile encore l'acceptation de ces dépenses non contrôlées. Par ailleurs, jamais plus qu'aujourd'hui on a parlé de « plans épargne retraite », d'« assurance-maladie » de « régime de prévoyance » – surtout à l'heure où la Sécurité sociale se trouve dans l'obligation, du fait de sa santé financière, de rembourser de moins en moins certaines dépenses –, bref, de produits financiers offerts par les organismes bancaires et assimilés en vue de « mieux protéger » les salariés en matière de couverture sociale. Le succès de ces produits doit-il s'expliquer par une diminution de la protection offerte par les voies habituelles ? Il apparaît donc intéressant d'étudier en quoi consiste la couverture sociale dont bénéficient aujourd'hui les salariés, une couverture multiple, complexe, et dont les modalités de mise en œuvre par le biais de recouvrement des cotisations constituent un délicat sujet de gestion pour les responsables de paie, on verra pourquoi.

I. Les obligations liées aux cotisations sociales

Les cotisations sociales offrent cette particularité principale d'être obligatoires. Tout salarié, ainsi que son employeur, est tenu de payer des cotisations qui sont essentiellement destinées à assurer le financement :

- de la Sécurité sociale ;
- des caisses de chômage ;
- des caisses de retraite complémentaire et de prévoyance.

Sachant que lorsqu'un employeur verse 100 euros de rémunération brute, il lui en coûte en fait environ 150 euros, on comprend donc quelle peut être la tentation pour un « employeur » de ne pas « déclarer » un salarié aux différents organismes collecteurs. Cette situation, pénalement sanctionnable, n'est en effet pas aussi rare qu'on pourrait le croire, notamment dans le domaine des emplois saisonniers. Et c'est pour lutter contre ces abus qu'a été instituée la déclaration unique d'embauche qui interdit désormais à un employeur de prétendre, alors qu'il est confronté à un contrôle de main-d'œuvre, qu'« il vient d'embaucher un salarié », cette déclaration ayant succédé à la déclaration préalable d'embauche qui, comme son nom l'indiquait de façon plus explicite que la déclaration unique d'embauche, doit précisément être réalisée avant l'embauche.

À l'inverse de ces chefs d'entreprise indélicats, un employeur peut aller au-delà des cotisations que l'on qualifiera de « légales » qu'il est tenu de payer. Afin de mieux protéger ses salariés (contre les risques de la maladie, afin de leur assurer une retraite plus importante, pour compléter les remboursements de la Sécurité sociale...), il lui est possible, dans des limites que l'on étudiera, de participer à des régimes contractuels. Ces régimes peuvent être mis en place notamment soit par décision volontaire de l'employeur, soit lorsqu'il existe des partenaires sociaux, après accord avec eux.

C'est l'adoption de ces régimes « complémentaires » qui établit les différences que tous les salariés d'entreprises diverses peuvent constater en rapprochant leur bulletin de salaire, et ce sont ces « plus » qui sont certes à la charge des salariés, mais pour une part seulement (parfois dérisoire quand on la compare au coût global de l'avantage qui en est retiré), qui permettent d'évaluer le « potentiel social » d'une entreprise. Le législateur ne s'y est pas trompé en imposant aux entreprises d'annoncer dans leur bilan social le « coût des prestations complémentaires maladie, décès et vieillesse » (indicateurs 721 et 722).

Nous ne développerons pas dans cet ouvrage les conditions de versement des sommes dues aux organismes collecteurs (qu'ils relèvent du domaine social, c'est-à-dire des cotisations sociales objet de cette troisième partie, ou qu'ils relèvent du domaine fiscal, c'est-à-dire les charges liées à la paie). On notera simplement que des dates limites de recouvrement (généralement mensuelles, plus rarement trimestrielles) sont fixées et que ces dates limites ne sont pas des dates limites d'expédition, mais des dates limites auxquelles les comptes des organismes concernés doivent être crédités. Les retards peuvent engendrer des pénalités importantes. Les organismes collecteurs, face aux problèmes de trésorerie qu'ils enregistrent, ont été amenés à raccourcir considérablement les délais de paiement, qui dépendent en premier lieu de la taille de l'entreprise, des différentes cotisations. Une fois les paies versées aux salariés, les services de l'entreprise chargés de payer les organismes collecteurs sont donc de plus en plus amenés à vivre une véritable course contre la montre pour respecter les délais désormais impartis.

II. La base de calcul des cotisations sociales

Le calcul des cotisations sociales va se déterminer en fonction de trois éléments principaux qui sont :

- l'« assiette des cotisations », c'est-à-dire la définition des éléments du salaire soumis à cotisations ;
- le « plafond de Sécurité sociale », élément dont on a déjà pu parler en matière de calcul des indemnités journalières de Sécurité sociale, et qui servira à définir des tranches de rémunération ;
- la rémunération brute proprement dite du salarié, les cotisations variant selon l'importance de celle-ci, et étant également liées au statut (cadre ou non-cadre) des salariés.

2.1. L'assiette des cotisations

Précédemment, nous avons déterminé les éléments de salaire dont il fallait tenir compte pour déterminer le « taux horaire » à partir duquel on payait les heures supplémentaires ou l'on opérait les déductions d'absence. De même, en matière de cotisations, il conviendra de se demander quels sont les éléments de la rémunération brute soumis à cotisations pour chacun des divers organismes collecteurs.

Si la base est dans sa plus grande composante la même pour chacun des différents organismes, certains éléments de la rémunération peuvent être, ou à exclure des bases ou à intégrer, selon le destinataire des cotisations (Sécurité sociale, retraite complémentaire, prévoyance…).

Il peut en être ainsi des indemnités journalières de Sécurité sociale. On a déjà pu étudier la présentation du bulletin de salaire lorsque l'employeur complète, en sus de l'indemnisation de la Sécurité sociale, la rémunération de ses salariés. Le brut du salarié est alors minoré du montant des IJSS. De ce fait, le salarié (et par extension son employeur !) ne paie pas de cotisations sur un montant équivalent au total de ces IJSS.

Si cette affirmation se vérifie toujours au regard des cotisations de Sécurité sociale, il convient de la nuancer pour ce qui est du domaine des cotisations de retraite complémentaire. Ce sujet sera étudié de façon plus approfondie ultérieurement, mais, pour l'heure, on peut le résumer en disant qu'un salarié à la fin de sa vie active se voit verser une pension de retraite en fonction des cotisations qu'il a pu verser durant toute sa carrière professionnelle. Lorsqu'il est malade, si sa rémunération brute est minorée des IJSS, il payera moins de cotisations au titre de la retraite, et par conséquent, il est pénalisé pour l'avenir.

Face à cette situation, les régimes de retraite complémentaire ont institué un système qui vise à réintégrer les IJSS dans les bases soumises aux cotisations de retraite complémentaire, cette garantie intervenant pour une durée égale au plus à 90 jours pour un cadre, et à 60 jours pour certaines caisses de retraite non-cadre. Au-delà de ces délais, les caisses de retraite attribuent généralement gratuitement des droits à la retraite complémentaire.

Soit la situation d'un salarié malade dont l'absence a été valorisée à 1 000 euros qui voit sa rémunération garantie à hauteur de 100 % par son employeur, qui bénéficie de la réintégration des IJSS dans le brut retraite, et qui aurait touché 450 euros d'IJSS, son bulletin pourrait se présenter comme suit (on prendra comme référence un salarié dont l'horaire hebdomadaire de travail serait de 35 heures, soit un horaire mensuel théorique de 151,67 heures) :

Salaire de base	151,67	1 700
Absence maladie		– 1 000
Paiement maladie		+ 1 000
IJSS		– 450
Salaire brut		1 250
Base de cotisation Sécurité sociale		1 250
Base de cotisation retraite complémentaire		1 700 (1 250 + 450)

Ainsi, le salarié (et son employeur) sera conduit à payer un peu plus de cotisations, mais préserve ses droits ultérieurs.

Une règle de gestion particulière peut concerner certaines sommes versées à l'occasion du départ d'un salarié, et allouées en dehors de la rémunération normale. Ces sommes sont appelées « sommes isolées » et concernent les indemnités compensatrices de congés payés, les indemnités de non-concurrence et, pour la fraction entrant dans l'assiette sociale, des sommes comme les indemnités transactionnelles, de mise à la retraite, de départ à la retraite, etc. Ces sommes doivent être mises à part, d'où leur appellation de sommes isolées. La base de cotisation normale auprès des caisses de retraite est en effet limitée à un certain plafond de rémunération. Le fait de percevoir des sommes spécifiques au moment du départ de l'entreprise peut alors avoir pour effet de faire franchir ce plafond et, sans une gestion spécifique, les caisses de retraite ne recevraient donc pas de cotisation sur toutes les sommes versées au-delà des plafonds fixés. La gestion des sommes isolées vise donc à créer une assiette particulière qui permet de faire cotiser sur l'intégralité des sommes isolées perçues (dans des limites propres à chacun des statuts non cadre ou cadre). Cette façon de faire permet ainsi de combler des « trous de cotisation » sur des périodes antérieures au départ durant lesquelles le salarié n'a pas cotisé jusqu'à hauteur des plafonds de cotisations concernés. Il est en outre important de noter que les sommes isolées n'entrent pas dans l'assiette des cotisations de prévoyance.

À travers ces exemples, on constate qu'il n'y a pas lieu d'évoquer un seul et unique « brut », mais « plusieurs » bruts et qu'il faudrait donc distinguer : pendant longtemps, chaque organisme recouvreur fixait ses propres règles. Selon que l'on cotisait à la Sécurité sociale, à la retraite, au chômage ou à la prévoyance, en fonction de la structure de rémunération et de la nature des primes, on pouvait avoir, au moins en théorie, jusqu'à quatre bases de cotisations différentes. Le 1er janvier 1992, l'Assedic a décidé d'aligner son assiette de cotisation sur celle de l'Urssaf (avec toutefois une dérogation qui concerne certains salariés dont l'assiette de cotisation peut être forfaitaire au regard de la Sécurité sociale : par exemple, les formateurs occasionnels, les vendeurs à domicile à temps choisi, etc. Pour les cotisations versées à Pôle Emploi, la base de cotisation reste alors la rémunération réelle). Le 1er janvier 1996, les caisses de retraite complémentaire ont adopté la même démarche d'alignement sur la Sécurité sociale. De ce fait aujourd'hui, il existe une harmonie beaucoup plus grande dans le mode de détermination des bases soumises.

Tout responsable de paie a donc désormais moins à réfléchir pour déterminer à quelles cotisations est soumis chacun des éléments de la rémunération brute (ainsi, pour une prime exceptionnelle : devait-elle supporter les cotisations de retraite complémentaire ? Devait-elle supporter les cotisations de prévoyance qui servent à financer le versement d'un capital en cas de décès ?). Cette démarche était à rapprocher de celle menée lorsqu'on a défini les éléments qui devaient être intégrés au salaire de référence congés payés.

2.1.1. Les éléments soumis à cotisation

Avec la Sécurité sociale, le problème est assez simple à résoudre. En effet, l'organisme de recouvrement de la Sécurité sociale (l'Urssaf – Union de recouvrement de Sécurité sociale et d'allocations familiales) considère que tous les éléments qui entrent en compte dans la rémunération sont à intégrer dans les bases de cotisations. On comprendra dès lors pourquoi les autres organismes collecteurs ont décidé d'appliquer les mêmes dispositions.

Ainsi, les sommes soumises à cotisation pour l'Urssaf, en application des évolutions d'une jurisprudence contribuant à élargir de plus en plus leur assiette, sont :

- le salaire brut ;
- les primes d'assiduité ;
- les primes de rendement ;
- les primes individuelles de productivité ;
- les primes de conditions de travail, de sujétion, ou de production ;
- les primes liées aux résultats de l'entreprise (à l'exception cependant des sommes versées au titre des accords de participation ou d'intéressement, ou au titre des plans d'épargne – abondements –, ou par le biais de distributions gratuites d'actions) ;
- les primes versées pour l'obtention par un salarié d'une « médaille du travail » pour la partie supérieure au salaire mensuel de base du bénéficiaire (jusqu'à la circulaire du 13 juin 1988, la Sécurité sociale intégrait toutes les sommes au-delà du salaire minimum hiérarchique de la qualification la plus basse dans l'entreprise, et elle a donc considérablement assoupli sa position sur ce sujet. Cette disposition ne concerne toutefois que les seules médailles du travail officielles (délivrées pour les salariés qui justifient de 20, 30, 35 ou 40 années de service auprès de leurs employeurs successifs : il n'y a plus de limite en ce qui concerne le nombre d'employeurs auprès desquels s'apprécie l'ancienneté de service) et non les médailles d'« entreprise » : les gratifications accordées à l'occasion d'une remise de médaille d'entreprise ne peuvent en aucun cas échapper aux cotisations de Sécurité sociale) ;
- les avantages en nature, quelle que soit leur origine, y compris, on l'a vu, pour les « avantages » servis par les comités d'entreprise ;

- les primes de départ volontaire à la retraite pour leur intégralité. Dans ce cas, c'est le salarié qui prend donc l'initiative du départ (à la différence d'une mise à la retraite à la demande de l'employeur). Le salarié ouvre alors droit, sous réserve de justifier d'au moins 10 ans d'ancienneté, au minimum au versement de l'indemnité légale – un demi-mois après 10 ans, un mois après 15 ans, un mois et demi après 20 ans, deux mois après 30 ans –, quand bien même il ne peut pas bénéficier d'une pension de retraite à taux plein (voir le paragraphe 3.2). Des conventions peuvent prévoir des montants supérieurs. Il y a eu en ce domaine une très forte évolution de la position de la Sécurité sociale puisque, durant plusieurs années, avant la mise en œuvre de l'euro, ces primes étaient exonérées de cotisations sociales à hauteur de 10 000 F. Des réflexions reviennent régulièrement sur la possibilité de réintroduire une exonération sur une fraction de cette prime. Il y a fort à parier que l'état des comptes de la Sécurité sociale fait que ces réflexions n'aboutiront pas !

À noter que si les primes de départ volontaire sont assujetties à 100 % aux cotisations sociales, elles échappent en revanche jusqu'à 3 050 € au paiement de l'impôt. Au-delà de ce montant, la totalité du surplus perçu rentre dans l'assiette fiscale. À l'heure où l'on recherche tout moyen d'élargir l'assiette fiscale, un tel avantage est cependant plus que menacé ! Dans ce contexte, si l'âge du salarié le permet, il peut être intéressant pour les deux parties (l'employeur et le salarié) que ce soit l'employeur qui provoque la rupture du contrat : les sommes alors versées suivent le régime des indemnités de licenciement. Mais compte tenu du fait que l'employeur ne peut rien envisager en ce sens avant que le salarié n'ait 65 ans, on mesure que cette option est rarement à même de pouvoir s'appliquer.

Au-delà de ces éléments dont nul ne saurait dresser une liste complète et exhaustive, compte tenu de la diversité des éléments de rémunération que l'on trouve au sein des entreprises, il est obligatoire d'intégrer également :

- les indemnités de congés payés ;
- les indemnités de préavis ;
- les primes de précarité versées à l'issue d'un contrat à durée déterminée ;
- les primes de départ anticipé versées dans le cadre de « contrats d'accompagnement dans l'emploi », à l'image de ceux mis en place afin de favoriser le départ des salariés âgés de plus de 55 ans ;
- les indemnités de non-concurrence ;
- les indemnités de départ volontaire ;

- les indemnités de chômage partiel (dont le mode de calcul sera abordé plus loin) ainsi que les indemnités versées aux salariés ne pouvant travailler du fait d'intempéries climatiques (dans le domaine du BTP), ces éléments venant eux aussi s'ajouter à la liste de toutes ces composantes de la rémunération longtemps exclues des bases de cotisation.

À cette liste, il convient d'ajouter les cotisations qui sont à verser lorsque le montant des cotisations de prévoyance et/ou retraite dépasse un montant fixé, ce dépassement devenant aux yeux de la Sécurité sociale une sorte d'« avantage en nature » et devant donc être imposé comme tel. Cette disposition qui sera étudiée en cinquième partie de cet ouvrage, ne concerne du fait des limites retenues, que les salariés percevant des rémunérations très élevées. Elle traduit bien la recherche permanente effectuée par les gestionnaires de la Sécurité sociale de trouver de nouveaux modes de financement et d'augmenter la pression tant sur les salariés que sur les employeurs. Du coup, on en arrive à cette curiosité de devoir d'abord calculer un montant de cotisations (généré par une rémunération brute), afin de savoir s'il n'y a pas lieu de majorer la rémunération brute de départ pour à nouveau recalculer des cotisations ! Il s'agit ni plus ni moins que de « faire la paie à l'envers ». On reviendra plus loin sur toutes les difficultés liées à l'exercice.

Un arrêt de la Cour de cassation du 4 avril 1996 a cependant considéré que la prise en charge par l'employeur des cotisations (de retraite ou prévoyance) qui incombe normalement aux salariés est un avantage en espèces exonéré de cotisations de Sécurité sociale. La même Cour de cassation avait jugé de manière contraire, en date du 26 mai 1994, cette décision reposant sur la législation antérieure à 1985 qui a fixé les limites à partir desquelles le total des montants de cotisation retraite et/ou prévoyance doit être soumis à cotisation. L'arrêt de 1996 est particulièrement important pour les personnes en charge du suivi des rémunérations, car il permet à une entreprise de décider une augmentation plus conséquente de sa prise en charge des cotisations, et par conséquence d'augmenter le net à payer de ses salariés (donc, leur pouvoir d'achat) pour un coût moindre comme on peut s'en rendre compte à travers l'exemple ci dessous :

Salaire mensuel brut	1 700
Cotisations patronales	50 %
Cotisations salariales	20 % (dont 2 % de retraite ou prévoyance)
Salaire net	1 700 – 20 % (340 euros) = 1 360 euros

Au 1er janvier, une augmentation du salaire de 2 % intervient, le salaire brut passe donc de 1 700 euros à 1 734 euros. Les cotisations salariales de 20 % représentent une charge de 346,80 euros, soit un salaire net de 1 387,20 euros.

Le salarié retire donc de cette augmentation 27,20 euros. Le coût pour l'entreprise est de 34 euros + 50 % de charges = 17 euros soit un total de 51 euros.

Si l'arrêt du 4 avril 1996 est utilisé, et que l'augmentation de 2 % est effectuée sous forme d'augmentation par l'entreprise de, par exemple, sa prise en charge de la cotisation retraite, le salaire brut de 1 700 euros n'est pas modifié. Les cotisations salariales passent en revanche de 20 % à 18 %, soit un montant de cotisations de 306 euros d'où une rémunération nette de 1 394 euros.

Le salarié retire de cette situation une augmentation de 34 euros (son salaire net est passé de 1 360 euros à 1 394 euros et non, seulement, de 27,20 euros comme dans le cadre d'une augmentation « classique »). Le coût pour l'entreprise est de 34 euros seulement (au lieu de 51 euros dans le cadre classique). Un tel dispositif mérite donc une attention soutenue que ce soit dans le cadre des politiques de rémunération, voire dans le cadre de plans sociaux (une baisse de rémunération brute au profit de la rémunération nette afin de sauver des emplois). On peut supposer que l'Urssaf fera pression pour obtenir une réaction du législateur. En l'état actuel des textes, l'utilisation du dispositif n'a rien d'illicite.

Le législateur, dans sa recherche permanente de trouver de nouveaux moyens de financement des dépenses publiques et sociales, a cependant mis en place une sorte de parade au développement de tels dispositifs en alourdissant progressivement la fiscalité liée à ces régimes. Avec la loi de finances 2004, il a été institué un système qui abaisse considérablement les montants des cotisations de retraite et de prévoyance échappant à toute fiscalité. En effet, si les montants de cotisation retraite et prévoyance (cotisations salariales et patronales confondues) dépassent le seuil qui a été fortement abaissé avec la loi de finances 2004, le montant du dépassement est assimilé à un revenu, et ce revenu est imposé sur le plan fiscal. Avec l'ancien seuil, seuls les très hauts salaires (généralement ceux du ou de quelques cadres dirigeants) pouvaient se retrouver concernés par une telle imposition. Avec le nouveau seuil, le nombre de personnes concernées se trouve augmenté.

Toujours dans ce registre « d'économies », certaines professions (les vendeurs à domicile, les formateurs occasionnels, par exemple) peuvent bénéficier dans quelques cas bien définis par le législateur, et liés généralement au niveau de rémunération, de bases forfaitaires de cotisation. Ces bases sont généralement fonction du niveau de rémunération. La notion de « définition de l'assiette » importe alors peu.

2.1.2. Les éléments non soumis à cotisations

Les éléments qui échappent à toute cotisation sociale ont vu leur nombre se réduire comme peau de chagrin. Certains textes légaux prévoient cependant expressément l'exonération : il en est ainsi, par exemple, de celui régissant la participation de l'employeur aux dépenses de transport de ses salariés en région parisienne – loi du 4 août 1982. Par lettre circulaire du 6 juin 1988, le ministre des Affaires sociales a cependant également admis que pour les salariés utilisant en province les transports en commun, le coût des abonnements aux transports publics, lorsqu'il est pris partiellement en charge par l'employeur, soit exclu de l'assiette des cotisations.

Les frais professionnels de nourriture et de logement ont, eux aussi, connu une évolution de leur réglementation, l'objet de cette évolution étant d'assimiler le remboursement des « frais » à de l'« avantage en nature », mais uniquement lorsque les remboursements excèdent les montants issus des nouvelles règles mises en place par l'arrêté du 10 décembre 2002. En effet, en règle générale, les remboursements de frais de repas et de logement ne supportent pas de cotisations sociales, dès lors que leur montant reste dans les limites fixées. Pour échapper à ces cotisations sociales, les frais remboursés par l'employeur au salarié doivent :

- être consécutifs à une dépense supplémentaire (exemple : le salarié est contraint de prendre ses repas au restaurant parce qu'il est loin de chez lui) ;
- constituer en une dépense inhérente à l'emploi ;
- avoir été effectivement engagés (le montant remboursé ne peut être supérieur aux frais réellement engagés).

En ce qui concerne ce dernier point, il peut être tentant, aussi bien pour l'employeur que pour le salarié, de déclarer comme « frais » des sommes qui auraient dû être des salaires. Dans le premier cas, les frais ne supporteront ni charges sociales, ni impôts. Il n'est donc pas rare de voir des entreprises proposer à certains de leurs salariés des « forfaits annuels » de frais kilométriques : le salarié se voit donner le droit de déclarer sur ses feuilles de « frais » un certain nombre de kilomètres que l'employeur va payer sous forme d'indemnités kilométriques. Ces kilomètres n'auront pourtant jamais été réalisés. Ils constituent donc un moyen de donner un véritable complément de rémunération dissimulé sous couvert de frais. Il va de soi qu'un tel système est parfaitement illégal et si un contrôle Urssaf permet de découvrir la réalité, les sanctions seront fort logiquement sévères. De telles pratiques sont évidemment attractives sur le court ou le moyen terme, sans doute plus particulièrement pour le salarié qui voit son pouvoir d'achat augmenter, sans supporter de pression fiscale supplémentaire. Mais ces sommes, puisqu'elles échappent à cotisations sociales, ne génèrent aucun droit « social ». Un salarié qui viendra à être licencié ne percevra aucune indemnisation chômage sur ces sommes, aucune indemnité de licenciement sur les montants non inclus dans son brut. En cas de décès, les faux « frais » ne seront bien entendu pas pris en compte pour le versement des capitaux ou rentes qui pourraient être servis aux bénéficiaires éventuels. Lors de son départ à la retraite, le salarié ne pourra que constater qu'il ne perçoit aucune pension au titre des sommes ayant échappé à cotisations. De tels modes de « rémunérations », au-delà du fait qu'ils traduisent des pratiques pour le moins douteuses, ne sont donc pas si attractifs qu'ils le paraissent de prime abord, sans compter que, faute de disposer d'un justificatif solide sur la réalité de l'existence d'un tel accord entre son employeur et lui-même, le salarié pourrait fort bien soudainement se faire licencier pour faute grave pour… fausse déclaration de frais, s'il cesse soudainement de plaire à son employeur !

Autres cas d'exclusion des bases de cotisations, les sommes versées à un salarié pour réparer un dommage subi par celui-ci – il n'y a en effet pas de cotisations assises sur ces montants – constituées notamment par les indemnités de licenciement calculées en fonction du salaire perçu antérieurement (sous réserve que le montant de celles-ci ne dépasse pas le montant prévu de par la loi, ou le cas échéant par la convention collective, certaines conventions pouvant être à cet égard extrêmement généreuses).

Ces indemnités légales de licenciement ont été instituées par l'ordonnance du 13 juillet 1967 puis insérées dans le Code du travail par la loi du 13 juillet 1973 et complétées par la loi de mensualisation de 1978. Elles sont dues aux salariés licenciés qui justifient d'au moins un an d'ancienneté ininterrompue. Elles ne sont pas dues aux salariés ayant commis une faute grave ou faute lourde, dans la mesure où celle-ci a été commise avant le préavis. Le motif du licenciement peut être fondé sur un motif économique ou sur un motif tenant à la personne du salarié (faute, âge, état de santé, incapacité professionnelle, refus par le salarié de voir son contrat modifié, perte de confiance, etc.). Le montant de l'indemnité légale de licenciement pour un salarié mensualisé est de 2/10 de salaire mensuel par année d'ancienneté jusqu'à 10 ans, 2/10e de salaire mensuel + 2/15 de salaire mensuel – ce « plus » ayant été rajouté par la loi de mensualisation, mais ne s'appliquant pas pour les salariés de plus de 65 ans – pour toutes les années d'ancienneté au-delà de dix. Un salarié ayant 13 ans d'ancienneté percevrait donc 13 × 2/10 de salaire mensuel + 3 × 2/15 de salaire mensuel, soit 3 mois de salaire.

Une circulaire ministérielle, complétée par une jurisprudence, a défini que l'indemnité était également due au prorata des années incomplètes. Cette position, qui s'applique aux indemnités légales de licenciement, doit désormais également s'appliquer aux indemnités conventionnelles de licenciement, en règle générale supérieures aux indemnités légales (les conventions collectives peuvent également prévoir que même une ancienneté inférieure à un an permet le versement d'indemnités de licenciement) en application d'une décision de la Cour de cassation sociale du 16 mars 1994. Même si la convention ne prévoit pas de prorata pour les années incomplètes, celui-ci est dû. Ce flou explique que si la convention collective de la métallurgie prévoyait le paiement du prorata lorsque l'ancienneté du salarié licencié était inférieure à 5 ans, les conventions collectives de la pharmacie et de la chimie considéraient pour leur part que le prorata n'était pas dû. Une telle position posait bien entendu le problème d'effet de seuil lorsqu'un salarié licencié justifiait au moment de son départ d'une ancienneté par exemple de 5 ans 11 mois et 29 jours et ne se voyait calculer ses droits à indemnité que sur la base de 5 années complètes.

Les indemnités de licenciement sont calculées sur la base du salaire brut. La Cour de cassation en 1983 (arrêt du 9 mai 1983) avait provoqué un certain émoi en confirmant le jugement d'une cour d'appel qui avait imposé le calcul de l'indemnité de licenciement sur la base du salaire net. Le législateur dans la définition des bases de calcul des indemnités de licenciement avait par la suite, et afin de clarifier le débat, modifié le terme de « rémunération perçue » telle qu'elle apparaissait dans le Code du travail en « rémunération brute ». Le même raisonnement doit être adopté en ce qui concerne les indemnités conventionnelles de licenciement, la Cour de cassation sociale du 4 novembre 1988 ayant eu l'occasion de statuer sur ce point.

Les indemnités de licenciement peuvent cependant être supérieures à celles prévues par la loi et la convention collective. Pour les cadres supérieurs plus particulièrement, il existe des systèmes de « parachute » qui visent à garantir au salarié un montant minimal d'indemnité en cas de rupture du contrat de travail. Le total des sommes versées à cette occasion, quelle que soit leur origine (indemnité de licenciement, indemnité transactionnelle…) est exonéré de charges sociales dans la limite d'un montant fixé à 3 fois le plafond annuel de la Sécurité sociale. Au-delà de cette somme, c'est la totalité de l'indemnité qui est assujettie aux cotisations. Il est donc à relever que si une indemnité de licenciement ne supporte en principe pas de charges sociales, un salarié ayant une très forte rémunération et une ancienneté importante pourrait se voir calculer une indemnité de licenciement dépassant le seuil d'exonération sociale ! Dans ce cas, la fraction de l'indemnité de licenciement, au-delà de ce seuil, serait donc soumise à charge sociale, et tout éventuel versement supplémentaire sous couvert de transaction serait intégralement soumis à charges sociales. À noter en revanche que sur le plan fiscal les règles sont différentes, les indemnités n'étant exonérées d'impôt sur le revenu que dans la limite d'un plafond égal à 6 fois le plafond annuel de la Sécurité sociale et à hauteur du plus élevé des seuils suivants :

- soit 50 % de l'indemnité versée ;
- soit 2 fois le montant du salaire brut perçu par le salarié l'année civile précédant la rupture du contrat de travail. Un alignement de la position fiscale sur la position sociale plus « dure » se fera vraisemblablement un jour…

Le même régime s'applique au regard des indemnités transactionnelles de licenciement, qu'elles résultent d'une « démission » ou d'un licenciement « accompagné ». La Cour de cassation a régulièrement rappelé que les transactions, pour être valablement conclues, ne peuvent l'être qu'une fois la rupture du contrat devenue définitive par réception par le salarié de la lettre de licenciement, celle-ci devant désormais impérativement être adressée en recommandé avec accusé de réception pour rendre valable toute éventuelle transaction ; de plus en plus de transactions font en effet l'objet de contestations, et les tribunaux sont désormais très attentifs aux conditions de forme – et donc au fait que la transaction est bien intervenue après la notification du licenciement –, et au fait également qu'il existe bien des « concessions réciproques ». Cette démarche s'inscrit également dans un souci d'éviter que les lettres de convocation à entretien préalable et lettre de licenciement « remises en main propre » n'aient en réalité été antidatées : l'intérêt d'une telle approche étant de permettre d'inclure dans la transaction des sommes qui auraient été versées au titre d'un préavis. Il était fréquent de voir un salarié se mettre d'accord avec son employeur, par exemple fin septembre. Avec une procédure normale, un salarié cadre aurait vu son préavis de licenciement débuter le 1er octobre et se terminer le 31 décembre. Il était fréquent de déclarer qu'en réalité le préavis avait débuté le 1er juillet et se terminait le 30 septembre : la somme devant être perçue du 1er octobre au 31 décembre étant incorporée dans la transaction, échappant ainsi à prélèvements sociaux et fiscaux. Avec le recours obligatoire à la lettre recommandée, il n'est plus possible d'agir de la sorte. Curieusement, on assiste, depuis le durcissement de la Cour de cassation à l'égard de la forme de la procédure de licenciement, à une explosion du nombre de licenciements notifiés pour… faute grave. On peut légitimement supposer que bien souvent, la transaction signée après un tel licenciement intègre dans le montant versé… des indemnités de préavis et de licenciement.

Pour déterminer l'indemnité légale de licenciement, la base de calcul est constituée par le douzième de la rémunération (y compris les avantages en nature) des 12 derniers mois ou le tiers de la rémunération des 3 derniers mois si ce mode de calcul est plus favorable. On notera que, en application de l'accord de mensualisation, toutes les gratifications, y compris les primes exceptionnelles, doivent être prises en compte dans cette base de calcul. En ce qui concerne les gratifications annuelles, elles doivent être prises en compte dans la base au *prorata temporis*. Si le salarié a été absent, il convient pour déterminer la base de calcul de l'indemnité de licenciement de considérer le salaire habituel de l'intéressé.

Si l'indemnité de licenciement prend naissance à la date de la notification, c'est au jour de l'expiration du préavis qu'il faut se placer pour calculer son montant. Un salarié qui se voit notifier son licenciement alors qu'il a 11 mois d'ancienneté, même s'il compte plus de 1 an d'ancienneté lorsqu'il quitte les effectifs à la fin de son préavis, n'a légalement droit à aucune indemnité.

Le versement de telles indemnités rend donc nécessaire de définir l'ancienneté précise des salariés : ainsi, les périodes de suspensions du contrat doivent être déduites de l'ancienneté du salarié calculée de sa date d'embauche jusqu'à la date de rupture de son contrat. Seules exceptions à cette règle :

les périodes d'absence pour maladie professionnelle, accident du travail ou congé maternité. De même, la durée du congé parental est prise en compte pour moitié dans le calcul de l'ancienneté. En revanche, les périodes de maladie doivent normalement réduire la durée de l'ancienneté. Certaines conventions collectives précisent toutefois que ces périodes doivent être prises en compte aussi longtemps que l'employeur verse une rémunération en complément des indemnités journalières de Sécurité sociale. La Cour de cassation sociale a d'ailleurs admis que sur un certificat de travail, l'employeur puisse indiquer la durée d'un congé sans solde (exemple : congé parental) dont le salarié a bénéficié.

Au sujet des plans sociaux, on y associe souvent la notion d'*outplacement* : les indemnités versées à ce titre à des cabinets spécialisés dans le reclassement des salariés peuvent représenter des montants élevés. L'administration a accepté que ces indemnités ne supportent aucune charge sociale (même lorsqu'elles sont versées en dehors de tout plan social), à la seule condition qu'elles soient bien versées directement aux cabinets, et non au salarié bénéficiaire de la mission, lui-même.

Pour les salariés licenciés à la suite d'une inaptitude consécutive à une maladie professionnelle ou à un accident du travail, l'indemnité de licenciement est doublée (pour sa seule partie légale : sauf disposition conventionnelle contraire, il n'y a donc pas doublement dans ces cas de l'indemnité conventionnelle de licenciement). En d'autres termes, si l'indemnité conventionnelle de licenciement est déjà au moins égale à deux fois l'indemnité légale de licenciement, le salarié licencié pour maladie professionnelle ou accident du travail ne percevra aucun avantage supplémentaire. Les salariés concernés par cette mesure doivent se voir payer l'indemnité légale de préavis, sauf disposition conventionnelle spécifique plus avantageuse relative à ce type de rupture.

Pour les entreprises en difficulté, les sommes qualifiées de « subsides d'attente » versées, en sus de l'indemnité conventionnelle de licenciement, à des salariés quittant volontairement l'entreprise, ont le caractère de dommages et intérêts compensant le préjudice subi par les salariés du fait de la rupture du contrat de travail imputable à l'employeur. Elles ne sont, de ce fait, pas soumises à cotisations sociales.

On notera que les victimes d'accident du travail ou de maladie professionnelle survenus dans l'entreprise bénéficient, en cas de licenciement pour inaptitude à l'emploi suite à cet accident ou à cette maladie, d'une indemnité spéciale de licenciement (article L. 122-36-6 du Code du travail) qui, sauf dispositions conventionnelles contraires, ne peut être inférieure au double de l'indemnité légale de licenciement. Cette indemnité supplémentaire est due même si le salarié n'a pas un an d'ancienneté. La Cour de cassation a jugé que cette indemnité devait être assimilée à un salaire et être de ce fait soumise à cotisations sociales.

Les sommes que l'employeur a été condamné à verser à un salarié suite à une condamnation prononcée par un conseil de prud'hommes sont elles aussi exemptées de cotisations sociales. C'est également le cas pour les « indemnités de stage » versées à des étudiants accomplissant, dans le cadre de leurs études, un stage régi par une convention (la loi imposant que tous les stages d'une durée supérieure à 3 mois soient obligatoirement rémunérés). Lorsque l'indemnité – appelée gratification – qui leur est versée pour un mois considéré est inférieure à 12,5 % du plafond horaire de Sécurité sociale multiplié par le nombre d'heures de stage, cette somme est exonérée de toute cotisation (aussi bien celles prélevées par la Sécurité sociale que celles relatives à l'assurance chômage ou aux régimes de retraite complémentaire). La fraction excédant ce montant est soumise à l'ensemble des cotisations (salariales et patronales), comme pour un salarié de l'entreprise, sauf s'il existe une convention de stage entre l'entreprise et l'école du stagiaire, auquel cas seules les cotisations Urssaf sont exigibles.

En ce qui concerne les primes que l'employeur peut verser au titre des frais de transport engagés par le salarié entre son domicile et son lieu de travail, il a quasiment toujours existé une « prime transport ». Au moment de l'instauration de l'obligation pour les employeurs de rembourser partiellement aux salariés de la région parisienne 50 % des cartes de transport, le montant de cette prime échappant à toute cotisation était de 23 F. Ce montant n'a pas bougé et n'a jamais été revalorisé. À la mise en place de l'euro, il a simplement été converti avec un léger arrondi, et la limite d'exonération est devenue… 4 €.

Depuis 2007, il a été mis en place un chèque transport destiné à payer le carburant consommé par les salariés pour leur véhicule personnel ; le chèque, payé par l'entreprise, qui garde la faculté de ne pas le mettre en place, n'est valable que si le lieu de travail est situé hors des périmètres de transports urbains, ou si les horaires de travail sont tels qu'ils imposent l'utilisation du véhicule personnel. Cette mesure visait à permettre au gouvernement de prendre en compte et compenser une augmentation alors particulièrement significative du prix de l'essence.

La mise en place de ce chèque transport « carburant » a donc eu pour effet de fixer ce qui peut désormais être considéré comme un seuil d'exonération par l'Urssaf, là où il n'existait aucun chiffre de référence. De nombreuses entreprises, celles employant notamment du personnel travaillant en horaires décalés, de nuit, sur des sites ouverts 24 heures sur 24, c'est-à-dire souvent mal ou pas desservis par les transports collectifs, pouvaient verser chaque mois des indemnités de transport d'un montant beaucoup plus généreux que le montant du chèque transport carburant. La question de la requalification en compléments de rémunération, soumis à charges sociales, des montants supérieurs au montant maximal du chèque transport (100 € par an en 2007) est donc de nature à se poser. Il pourra d'ailleurs être d'autant plus difficile à défendre la position de l'exonération que l'administration n'hésite pas à rappeler régulièrement que les salariés bénéficient d'un abattement fiscal qui a précisément pour objet de prendre en compte les frais engendrés par un salarié pour l'exercice de son activité professionnelle.

Une prime transport dont le montant dépasserait la limite d'exonération devra donc en principe être soumise à charges sociales pour la partie qui dépasse le seuil fixé. Les arguments de l'employeur entendant démonter que cette prime a un caractère professionnel, notamment quand le salarié est dans l'impossibilité manifeste de prendre les transports en commun, risquent de ne plus être entendus.

En ce qui concerne les « remboursements partiels des frais d'abonnement aux transports collectifs – ou de services publics de location de vélos – des salariés » (initialement réservée aux seuls salariés basés en Île-de-France, la mesure a été élargie à l'ensemble des salariés en France), les textes précisent que ces remboursements effectués par l'employeur échappent à toutes cotisations (sauf si ces titres ne couvrent que des périodes de congés payés. Il appartient donc au salarié de souscrire un titre abonnement dont la période de validité est la plus appropriée à la période de travail prévue).

Les jetons de présence alloués à un PDG pour participation aux séances des conseils d'administration font partie de sa rémunération et donc soumis à cotisation. L'assujettissement des PDG est expressément défini par l'article L. 311-2 du Code de la Sécurité sociale.

Les primes destinées à compenser des frais liés aux conditions de travail sont également exonérées de cotisations. Il en est ainsi des primes d'outillage (le salarié peut se trouver dans l'obligation d'utiliser son propre outillage) ou de salissure (le salarié doit engager des frais supplémentaires de nettoyage du fait de son activité, ou faire entretenir dans un pressing la tenue professionnelle que son employeur a mis à sa disposition et qu'il est tenu de porter). L'employeur devant cependant pouvoir justifier de leur utilisation conformément à leur objet. De même pour les primes versées à l'occasion d'un changement du lieu de travail, l'administration admet que pendant une durée limitée dans le temps, l'employeur puisse verser, sans que ces sommes soient soumises à cotisations sociales, des allocations logement ou de double résidence. Ces montants sont destinés à permettre aux salariés de faire face au loyer supplémentaire qu'ils peuvent être amenés à payer, le temps d'abandonner ce qui constituait jusqu'à leur mutation leur résidence principale. Dans le cadre de cette mutation, des primes de déménagement, voire des primes d'expatriation – destinées à tenir compte du coût de vie supplémentaire du lieu de l'activité professionnelle – peuvent également être versées sans qu'elles aient à supporter des cotisations sociales. Mais sur ces éléments aussi, l'employeur devra pouvoir justifier le niveau des sommes allouées. Le développement du télétravail a également amené l'administration à accepter que des frais d'achat de mobilier, des frais liés à l'adaptation du local, des frais de matériel informatique, etc. échappent bien à cotisations sociales.

Les éventuelles prestations complémentaires de prévoyance, versées en sus des indemnités de Sécurité sociale, ne sont soumises à cotisations sociales Urssaf que dans la proportion de la participation de l'employeur au financement de ce régime de prévoyance. Ainsi, si un salarié cotise à un régime de prévoyance couvrant le risque incapacité pour un montant de 1 % de son salaire, et si son employeur cotise à hauteur de 2 %, si le salarié perçoit 3 000 € sous forme d'indemnités journalières de l'organisme de prévoyance suite à un arrêt de travail, seuls les 2/3 de cette somme seront soumis à cotisations sociales. Il peut donc être particulièrement intéressant pour une entreprise de prendre en compte cet élément pour optimiser la répartition des cotisations prévoyance : le champ de la prévoyance est en effet très large : il peut regrouper des paiements de prestations au titre de l'incapacité, mais également au titre du décès, de rentes éducations, d'invalidité, etc. Une entreprise a donc avantage à bien décomposer le taux de cotisation pour faire en sorte que le salarié finance au maximum la partie relative à l'ouverture d'indemnités journalières de prévoyance, et à financer au maximum par exemple le risque décès.

Ainsi, si la cotisation globale prévoyance est de 2 % répartis à 50 % entre le salarié et l'entreprise, si le risque « incapacité » s'élève à 1 % et les autres risques représentent 1 %, la situation optimale est de faire financer 100 % du risque invalidité par le seul salarié, et 100 % des autres risques par la seule entreprise. Lorsque le salarié percevra des prestations au titre du risque « incapacité », dans la mesure où il les aura financés intégralement lui-même, aucune cotisation ne sera due sur ces sommes ni par le salarié, ni par l'entreprise.

Enfin, les sommes versées à titre de « secours » ou par les comités d'entreprise au titre des participations favorisant le départ d'enfants en colonie de vacances, les cadeaux distribués à l'occasion d'un événement, les jouets offerts aux enfants à l'occasion des fêtes de fin d'année, les réductions tarifaires accordées à l'occasion de spectacles, les remises octroyées à l'occasion de voyages culturels, les primes de garde d'enfant – sous certaines conditions liées notamment au fait que les deux parents doivent exercer une activité professionnelle – sont quelques-uns des éléments qui n'entraînent pas non plus de versement de cotisations.

Rien n'étant malheureusement jamais simple, l'administration, consciente que beaucoup de sommes échappaient à de nombreux prélèvements, a instauré à partir du 1er janvier 2009 la notion de « forfait social » à la charge des entreprises. Ce forfait social à l'origine de 2 % est très vite passé à 4 %, puis à 8 % au 1er janvier 2011. Gageons que la progression se poursuivra aussi bien au niveau du taux que de l'assiette, sachant que la Cour des comptes proposait dans son rapport annuel de 2010 de le porter à 19 %. Ce forfait social s'applique sur toutes les sommes versées, plus particulièrement au titre de l'intéressement, de la participation, de l'abondement patronal aux plans d'épargne entreprise, aux contributions patronales de retraite supplémentaire (pour la part exonérée de cotisations de la Sécurité sociale), aux contributions patronales de prévoyances, aux options de souscription ou d'achat d'action et aux attributions gratuites d'actions, aux indemnités exclues de l'assiette des cotisations de Sécurité sociale – c'est-à-dire les indemnités versées à l'occasion de la rupture du contrat de travail à l'initiative de l'employeur ou à l'occasion de la rupture conventionnelle du contrat de travail –, à la contribution de l'employeur à l'acquisition des chèques-vacances par les salariés. On peut raisonnablement penser que ce forfait social s'étendra à d'autres avantages sociaux jusque-là épargnés (les titres repas ? les avantages accordés par les comités d'entreprise ?). La créativité de l'administration est souvent sans limite, mais à devoir toujours imposer des charges sans cesse plus élevées sur quelque avantage que ce soit, le risque est grand que les entreprises décident de ne s'en tenir qu'au strict minimum et de telles démarches iraient alors à l'encontre des intérêts des salariés.

2.1.3. Les retenues non déductibles des bases de cotisation

Par opposition à ces « indemnités non soumises à cotisations », certaines retenues ne bénéficient pas pour autant d'une exonération de cotisations sociales : il en est ainsi pour un salarié sur lequel s'exerce une saisie arrêt sur salaire qui permet à un créancier de se faire verser par l'employeur du salarié débiteur une partie de sa rémunération, sans qu'il soit tenu compte de la volonté du salarié. Certaines sommes sont totalement saisissables (toutes les sommes versées par l'employeur et qui n'ont pas un caractère de salaire comme les indemnités de licenciement, les sommes versées au titre de l'intéressement...). Quelques sommes sont insaisissables (les indemnités et allocations pour charge de famille et les rentes d'accident du travail), d'autres sommes enfin ne sont que partiellement saisissables : le salaire, les majorations au titre des heures supplémentaires, la contre-valeur en espèces des avantages en nature, etc. Ces sommes sont saisissables selon un barème fixé par décret, la rémunération nette étant scindée en tranches, chacune de ces tranches supportant un pourcentage qui s'étale progressivement de 5 % à 100 % à partir d'un certain niveau de salaire. À noter toutefois que si le terme de « saisie arrêt » continue à être souvent employé, il conviendrait, en application de la loi du 9 juillet 1991 portant réforme des procédures civiles d'exécution, d'évoquer le terme de « saisie et cessions de rémunérations dues par un employeur ».

Les prêts contractés auprès d'un employeur, dès lors qu'ils doivent obligatoirement être remboursés par les salariés et ne présentent donc pas, de ce fait, la nature de subventions à fonds perdus ayant le caractère d'un avantage en argent, ne sont pas soumis à cotisations sociales. Les retenues au titre d'une pension alimentaire versée au profit de l'ex-conjoint d'un salarié seront déduites après calcul des cotisations sociales et non pas avant.

Toutes les déductions ne diminuent donc pas le « net fiscal » sur lequel le salarié devra s'acquitter de l'impôt sur le revenu.

Les acomptes, ainsi que les avances, sont régis par les mêmes règles et constituent donc autant de « retenues non déductibles » telles qu'on avait déjà pu aborder ce thème lors de l'étude sur la classification des rubriques de paie. Si les acomptes sont un dû – et sont, au plus, égaux à la rémunération déjà gagnée par le salarié au jour auquel il présente sa demande – en revanche, un employeur est libre de refuser une avance. S'il accepte de verser celle-ci, il ne pourra se rembourser qu'au moyen de retenues successives, au plus égales au dixième du salaire.

Les obligations liées au « reçu pour solde de tout compte », qui doit être remis à l'expiration du contrat de travail, amènent souvent les employeurs à verser des acomptes systématiques sur la paie du dernier mois aux salariés qui quittent l'entreprise (pour cause de démission, de fin de contrat, de licenciement, de départ à la retraite…). Le reçu pour solde de tout compte est un document par lequel le salarié reconnaît avoir perçu de son employeur le solde des sommes qui lui sont dues et renonce de ce fait à toute réclamation ultérieure. Une fois ce document signé et à l'issue d'un délai de deux mois dit « délai de forclusion », le salarié n'a plus aucun recours pour contester d'éventuelles erreurs ou oublis. Il n'est cependant pas toujours possible d'établir un solde de tout compte le jour même où le salarié quitte l'entreprise ; en effet, les traitements des paies sont de plus en plus souvent informatisés et tous les systèmes informatiques ne permettent pas nécessairement un traitement individuel de chaque bulletin de salaire. Bien souvent, on ne peut faire qu'un seul traitement de paie par mois, et un traitement collectif. Afin d'éviter un calcul « manuel » de cette dernière paie, dans le seul but de remettre immédiatement au salarié les sommes exactes qui lui reviennent, il est alors admis qu'un « acompte » (qu'on peut évaluer approximativement à 80 % de la somme totale qui est due au salarié) soit versé au salarié dans l'attente de l'édition à venir des paies de l'ensemble du personnel pour le mois considéré. Le bulletin du salarié ayant quitté l'entreprise constituera alors le véritable solde de compte, déduction faite de l'acompte préalablement versé. En outre, dans le cadre des formalités administratives liées au départ d'un salarié, l'employeur a obligation de remettre une attestation destinée à Pôle Emploi, y compris en cas de démission ; ladite attestation étant susceptible d'être utilisée par le salarié pour faire valoir des droits à indemnisation chômage. La Cour de cassation dans un arrêt du 19 mai 1998 a précisé que la non-remise des documents permettant au salarié de s'inscrire au chômage cause nécessairement à l'intéressé un préjudice qui doit être réparé. À la différence du certificat de travail – dont la remise est, elle, aussi obligatoire au moment de la rupture du contrat – qui est « quérable » (le salarié pouvant donc se voir imposer d'aller le chercher lui-même auprès de son employeur), un arrêt du 7 décembre 1999 a précisé que lorsque le Code du travail indique que l'employeur doit « délivrer » une telle attestation Pôle Emploi, celle-ci doit être adressée par voie postale. L'attestation Pôle Emploi n'est donc pas quérable.

Outre le solde de tout compte, l'employeur est tenu de remettre un certificat de travail mentionnant la date d'entrée et de sortie du salarié, la nature de l'emploi ou des emplois successivement occupés et les périodes pendant lesquelles ces emplois ont été tenus. Le certificat doit également mentionner les droits acquis au titre du Droit Individuel à la Formation : le solde du nombre d'heures acquises ; la somme correspondant à ce solde ; l'organisme collecteur paritaire agréé compétent.

2.1.4. La gestion particulière de la minoration de la base de cotisation

La base de cotisation peut également être minorée pour les salariés qui bénéficient d'un abattement spécial pour frais professionnels en raison de la nature particulière de leur activité. Il en est ainsi notamment pour les professions suivantes :

- artistes dramatiques, cinématographiques, chorégraphiques ou lyriques, abattement de 25 % ;
- artistes musiciens, choristes, chefs d'orchestre, régisseurs de théâtre, personnel de création de l'industrie cinématographique, abattement de 20 % ;
- aviation marchande et civile : personnel navigant (pilotes, radios, mécaniciens), abattement de 30 % ;
- personnel des casinos et cercles : qui perçoit des frais de représentation et de veilles, abattement de 8 % ; qui perçoit des frais de double résidence, abattement de 12 % ; qui perçoit les deux types de frais, abattement de 20 % ;
- chauffeurs et convoyeurs de cars, abattement de 20 % ;
- commis d'agents de change, abattement de 20 % ;
- modélistes des maisons de couture, abattement de 20 % ;
- mannequins des maisons de couture, abattement de 10 % ;
- fonctionnaires ou agents des assemblées parlementaires, abattement de 20 % ;
- inspecteurs d'assurance des branches vie, capitalisation, et épargne, abattement de 30 % ;

- internes des hôpitaux de Paris, abattement de 20 % ;
- journalistes, abattement de 30 % ;
- ouvriers du bâtiment (à l'exclusion de ceux qui travaillent dans une usine ou en atelier), abattement de 10 % ;
- ouvriers d'imprimerie de journaux travaillant la nuit, abattement de 5 % ;
- ouvriers horlogers propriétaires de leurs outils, abattement de 5 % ;
- ouvriers forestiers, mineurs, scaphandriers, abattement de 10 % ;
- VRP, abattement de 30 % ;
- speakers de la radiodiffusion télévision française, abattement de 20 %.

Appliquer un tel abattement revient donc à considérer que certains salariés ont plus de frais que d'autres, et qu'il convient donc d'en ternir compte aussi bien d'un point de vue fiscal que d'un point de vue rémunération devant supporter les charges sociales. Dans la réalité, le fait pour une profession d'obtenir un tel abattement résultait plus souvent de lobbying ou de considérations politiques que de la réalité ! Il suffit pour s'en convaincre de relire la liste ci-contre, pour s'apercevoir qu'elle mérite bien souvent questionnement ! À l'origine, l'abattement était fiscal et permettait donc aux professions concernées de payer moins d'impôts : l'avantage que représentait cet abattement a disparu de façon très progressive, avant de disparaître définitivement en 2002.

Si l'avantage fiscal de l'abattement a donc disparu, il perdure cependant toujours le même principe de cet abattement au niveau de la gestion des bases de cotisation. Celle-ci se retrouve au niveau de la paie dans la mesure où les employeurs ont la possibilité d'opérer également cet abattement au niveau des bases de l'ensemble des cotisations. Lorsque l'employeur use de cette faculté, la base de calcul est alors constituée du montant global des rémunérations, y compris les sommes versées au titre du remboursement de frais professionnels.

En revanche, si l'employeur ne pratique pas l'abattement, les indemnités représentatives de frais sont alors déduites de la base des cotisations.

Deux options s'offrent à un employeur : prenons le cas d'un salarié qui perçoit 1 700 euros et qui perçoit un remboursement forfaitaire de frais de 400 euros. On considère que l'abattement dont il peut bénéficier est égal à 30 %.

Si l'employeur retient l'abattement, la base de cotisations sera égale à 1 470 euros [(1 700 euros + 400 euros) – 30 %].

Si l'employeur ne retient pas l'abattement, la base de cotisations sera égale à 1 700 euros.

Dans cet exemple, l'employeur aura donc tout intérêt à appliquer l'abattement (plus la base est réduite, plus le montant des cotisations à appliquer est faible). Mais une option retenue n'est pas définitive. Il convient de préciser qu'elle ne s'applique de plus qu'au niveau individuel de chaque salarié et qu'elle peut être revue chaque mois, en considérant la situation cumulée du salarié en matière de rémunération brute hors frais professionnels, d'une part, et avec frais professionnels, d'autre part. L'employeur peut en principe revenir sur une option à tout moment de l'année (chaque mois de l'année si cela est dans son intérêt), en fonction de l'évolution de la rémunération de chacun de ses salariés et en vue d'adopter à tout moment le mode de calcul le plus avantageux pour lui. On parle alors en la matière d'« option flottante », cette option étant fréquemment retenue dans le domaine du BTP. Cette notion de comparaison peut toutefois s'appliquer en fin d'année sociale une fois pour toutes, ce mode de gestion étant de loin préféré par les Urssaf car facilitant notamment les éventuels contrôles. Il convient de préciser que les frais qui doivent être pris en compte sont les seuls frais remboursés pour le compte du salarié : en effet, lorsque par exemple un salarié invite un tiers, il ne saurait se voir intégrer dans sa base de cotisation, même si l'entreprise les lui a bien remboursés, les frais engendrés par son invité ! Un arrêt de Cour de cassation sociale a bien précisé ce point. Comme c'était le cas en matière fiscale, le montant de l'abattement est limité, et cette limite est de 7 600 € par salarié et par an. Ce montant ne sera pas révisé. Au fur et à mesure que les années passeront, avec les inflations qu'elles amèneront, cet abattement perdra donc lui aussi peu à peu de son importance, exactement comme cela s'était produit en matière fiscale.

La définition de l'assiette des cotisations est un problème qui oppose les employeurs d'un côté, les organismes recouvreurs de l'autre côté. Il est évident que les premiers cherchent à la réduire et que les seconds veulent l'élargir. Il est d'ailleurs bien rare qu'un contrôle Urssaf qui vise à vérifier si un employeur n'a pas « omis » de soumettre certains éléments de la rémunération aux différentes cotisations, n'aboutisse pas à des redressements. Il est vrai que l'évolution de la jurisprudence est de plus en plus favorable aux organismes recouvreurs en supprimant peu à peu les motifs d'exonération ou en imposant des règles nouvelles. La marge de manœuvre des entreprises se réduit de plus en plus.

À partir des années 1990, on a vu se multiplier la mise en place de systèmes complexes dont le but était sans nul doute louable : réduire le coût des charges sociales, et ce plus particulièrement pour les bas salaires, c'est-à-dire les salaires des personnes les moins qualifiées. Les employeurs ont toujours mis en avant le coût global représenté par le paiement du salaire, mais également des charges sociales qui y sont associées pour ces emplois à moindre qualification. C'est ainsi qu'il avait été élaboré un système tel que les salaires inférieurs au Smic + 10 % ne supportaient pas la cotisation dite « allocations familiales » (à la charge des seules entreprises). Entre Smic + 10 % et Smic + 20 %, cette même cotisation était réduite de moitié.

Ce système s'est trouvé remplacé par ce que l'on a appelé les « ristournes Juppé », du nom du Premier ministre en place lors de leur mise en œuvre, et devenues depuis « réductions bas salaires » : ce système vise à permettre une réduction des charges sociales patronales en fonction du niveau de rémunération, sur la base d'un barème révisé à chaque revalorisation du Smic. D'autres ministres ont eux aussi laissé leur nom à des systèmes de réductions de charges ou d'aides, qu'il s'agisse d'Aubry ou de Fillon.

Si sur le fond, on ne saurait reprocher les efforts du législateur pour faciliter l'embauche, sur la forme, de tels systèmes ont également pour effet d'alourdir encore plus la gestion et la compréhension de la paie. Ces systèmes peuvent en outre présenter parfois des aspects quelque peu « pervers » : les réductions de charges patronales associées aux bas salaires, plus communément appelées « allègements Fillon », ayant longtemps été calculés en fonction de la rémunération brute mensuelle, si l'on sait que l'exonération ne s'applique plus au-delà de 1 500 euros de rémunération mensuelle, si un salarié se voit proposer une rémunération de 20 000 euros par an, il pouvait être tenant de lui verser un salaire mensuel de 1 200 euros chaque mois, et une prime de 5 600 euros le 12e mois : pendant 11 mois l'entreprise pouvant bénéficier ainsi d'une réduction bas salaire. Dans le même registre, comme déjà mentionné dans le paragraphe relatif aux primes, il pouvait être plus intéressant pour une entreprise de ne pas verser de primes semestrielles, mais une seule prime annuelle : en versant deux primes semestrielles, c'est pendant deux mois que la réduction des charges pouvait ne pas s'appliquer, alors qu'en versant une seule prime annuelle, ce n'est plus qu'un seul mois qui se trouvait neutralisé sur le plan des réductions de charges. C'est pour lutter contre ces « dérives » (certains appelleront cela de la créativité de la part des entreprises) que les allègements Fillon sont désormais annualisés, les seuils permettant de bénéficier des aides étant déterminés sur la base de la rémunération globale de l'année, et non plus sur la seule base de la rémunération mensuelle…

La loi a imposé que le montant des réductions bas salaire figure sur le bulletin de salaire. On nous autorisera à considérer que cette « transparence » de l'information constitue surtout une complication de la lisibilité du bulletin de paie.

Avec les 35 heures, on rappellera que d'autres aides – toujours liées au principe de réduction des cotisations – sont nées, aides calculées sur la base d'autres barèmes qu'il a fallu là aussi intégrer dans les différents logiciels de paies. Par ailleurs, les choses n'étant jamais simples, de multiples professions bénéficient de régimes particuliers de gestion des cotisations sociales de Sécurité sociale avec des principes d'assiettes de cotisations forfaitaires (voire de cotisations forfaitaires selon les niveaux de rémunérations). Il en va ainsi notamment des employés de maison, des vendeurs à domicile par démarchage ou par réunion, des vendeurs et porteurs de presse, des artistes occasionnels, des formateurs occasionnels, des moniteurs de centres de vacances, etc. Enfin, certaines embauches peuvent également ouvrir droit, sous conditions, à des abattements sur les cotisations patronales de Sécurité sociale, par exemple : première embauche, embauche du 1er au 50e salarié, chômeurs longue durée ou de plus de 50 ans, handicapés, jeunes de 18 à moins de 26 ans en difficulté, bénéficiaires du RSA – ex revenu minimum d'insertion, etc.

2.2. Le plafond de Sécurité sociale

Si l'assiette des cotisations, on l'a vu, peut être différente selon les organismes recouvreurs, en revanche, l'élément servant à déterminer les limites éventuelles des bases de cotisations est unique. Il est constitué par le plafond de Sécurité sociale.

Le plafond de Sécurité sociale constitue en un montant, revu une fois par an au 1er janvier en fonction de l'évolution de divers paramètres (évolution moyenne des rémunérations du personnel ouvrier, de l'indice Insee…). À l'égal de nombre d'autres mesures, toute revalorisation est un élément qui concourt à augmenter les recettes de la Sécurité sociale, nombre de cotisations prélevées par cet organisme étant assises dans la limite du plafond de Sécurité sociale. Ainsi, un salarié qui gagne

10 000 euros par mois ne cotise pourtant que sur une partie de son salaire (jusqu'à hauteur du plafond) pour certaines cotisations. Relever le plafond a donc pour effet d'élargir « l'assiette des cotisations », et par voie de conséquence d'augmenter les recettes.

Le plafond est fixé mensuellement pour les salariés payés au mois, à la quinzaine pour les salariés payés à la quinzaine ; il peut également être fixé à la semaine, la journée, l'heure… en fonction de la périodicité de la rémunération.

À partir du plafond, il est alors possible de dégager des tranches de rémunérations qui permettront de déterminer, selon les modalités de calcul de chacune des cotisations, la partie de salaire qui va servir de base et sur laquelle devront être payées les cotisations (outre la constitution des tranches de rémunération, le plafond de Sécurité sociale intervient pour de multiples autres éléments sociaux, et notamment pour déterminer les limites des salaires à partir desquels des indemnités journalières peuvent se trouver devoir être calculées).

Toutes les cotisations ne sont en effet pas assises sur l'intégralité de la rémunération. Certaines ne reposent que sur une partie dans le cadre de limites calculées en fonction du plafond de Sécurité sociale :

- De 0,00 euro jusqu'à 1 fois le plafond, on définit la tranche A (ou 1) de la rémunération.
- Entre 1 fois et 4 fois le plafond, on définit la tranche B (ou 2) de la rémunération.
- De 4 fois à 8 fois le plafond, on distingue la tranche C (ou 3).

Certaines cotisations peuvent être assises sur des tranches de salaire qui vont au-delà de la tranche C. On pourra alors parler de tranche D (ou 4), celle-ci pouvant être comprise entre 8 fois et 12 fois – voire 16 fois – le plafond de Sécurité sociale. Ces cotisations (souvent de prévoyance) ne concernent que les très hauts salaires, vu les montants de base de cotisations atteints.

Les cotisations sociales sont en effet assises, selon les cas, sur l'intégralité de la rémunération brute, sur la seule tranche A, ou sur la seule tranche B, ou bien sur la seule tranche C, voire sur des combinaisons tranche A + tranche B, ou plus rarement tranche B + tranche C… ou toute autre possibilité en fonction du contrat passé par une entreprise avec un organisme recouvreur, si ce contrat va au-delà des obligations légales auxquelles est tenue l'entreprise. Dès lors que celle-ci est dans le domaine du « facultatif », tout est possible.

La définition de ces tranches se fait en fonction de la périodicité de la rémunération. Un salarié payé au mois, se verra calculer des tranches à partir de 12 plafonds. Si l'on part d'une hypothèse fixant à 2 700 euros par mois le plafond, sa tranche A en fin d'année sera limitée à 12 × 2 700 euros = 32 400 euros.

Le plafond de Sécurité sociale peut être minoré dans plusieurs cas de figure ; cette situation a pour effet de réduire les tranches décrites ci-dessus, une tranche se définissant à partir d'un multiple du plafond.

Ainsi, un salarié qui intègre ou qui quitte une entreprise en cours de mois, se voit verser un salaire proportionnel à son temps de présence (voir le paragraphe relatif à ce sujet en deuxième partie). Le même raisonnement s'applique pour la détermination du plafond sur ce mois incomplet, le montant fixé par décret pour le plafond étant mensuel.

La proratisation doit se faire en trentièmes de présence dans l'entreprise avec un maximum de 30 trentièmes. Ainsi, qu'un salarié soit embauché le 1er ou le 2 d'un mois qui compte 31 jours, il se verra affecter un plafond complet puisqu'il a bien 30 trentièmes de présence. Inversement, un salarié qui quitterait l'entreprise un 27 février se verrait compter 27 trentièmes, même s'il ne manque qu'un jour pour avoir un mois complet.

Ainsi, lorsqu'un salarié a été embauché le 27 février, son plafond du mois de février sera de 2/30 × 2 700 euros (on gardera l'hypothèse de 2 700 euros de plafond sans modification durant l'année), soit 180 euros. Son plafond pour l'année sera donc de 180 euros pour le mois de février, 2 700 euros pour les autres mois de l'année soit, pour l'ensemble de l'exercice, 27 180 euros. La tranche A pour ce salarié, sera donc constituée par toutes les sommes comprises entre 0 et 27 180 euros dans cet exemple.

Autre cas dans lequel le plafond doit être proratisé : le travail à temps partiel (c'est-à-dire les salariés qui effectuent moins de 80 % de l'horaire conventionnel) engendre un abattement de plafond, celui-ci étant calculé comme suit :

$$\frac{\text{Salaire à temps partiel} \times \text{plafond SS}}{\text{Salaire perçu par le salarié s'il avait travaillé à temps plein}}$$

Cet abattement s'applique pour l'ensemble des cotisations de Sécurité sociale (à l'exclusion des cotisations recouvrées par la Sécurité sociale, mais non destinées à son financement : taxe transport et fonds national d'aide au logement. Nous reviendrons plus loin sur ces diverses cotisations). Les autres organismes collecteurs se sont par la suite alignés sur les mêmes dispositions.

On notera que ce mode de calcul du plafond ne s'applique pas pour les salariés qui, bien que travaillant à temps partiel, se voient appliquer des taux de cotisations spécifiques, ou des bases forfaitaires de par la nature de leur emploi (journalistes, VRP, artistes du spectacle…).

Les salariés qui travaillent pour plusieurs employeurs en même temps se voient également minorer le plafond de Sécurité sociale. Cette minoration se fait au prorata de leurs gains chez chacun des employeurs. Si un salarié gagne 1 000 euros chez un employeur A, 2 000 euros chez B et 3 000 euros chez C, sa rémunération globale est donc de 6 000 euros. Le plafond qui lui sera retenu chez A sera de (1 000/6 000 × plafond), chez B de (2 000/6 000 × plafond), chez C de (3 000/6 000 × plafond).

Il est donc évident que pour bénéficier de l'abattement, le salarié se doit de communiquer sa rémunération globale à chacun de ses divers employeurs (cette déclaration se faisant habituellement de façon trimestrielle).

Autre possibilité d'abattement, celle qui verrait un salarié licencié avec dispense d'effectuer son préavis, celui-ci lui étant toutefois payé, et qui trouverait un nouvel emploi durant son préavis. Ce salarié se retrouverait alors dans une situation proche d'un salarié à employeurs multiples, dans la mesure où il aurait déjà acquitté les cotisations légales dont il est redevable durant son préavis. Une embauche durant cette période de préavis impliquerait qu'il reçoit une rémunération et qu'il paie des cotisations sur celle-ci. Cela reviendrait donc à lui faire payer deux fois les cotisations légales, tout au moins si le total, d'une part, de la rémunération qui lui est versée durant son préavis, d'autre part de son nouveau salaire, est supérieur au plafond de Sécurité sociale.

Cet abattement ne joue en fait que fort rarement, soit parce que les salariés dans ce cas ignorent cette règle, soit aussi parce que voir un salarié dispensé d'effectuer un préavis pourtant payé traduit parfois le désir d'un employeur de se séparer au plus vite d'un collaborateur pour des raisons qu'il est peut-être préférable pour le salarié de ne pas évoquer face à son nouvel employeur, au risque d'affecter directement ou indirectement le contrat de travail récemment conclu.

Enfin, dernier cas d'abattement du plafond possible, les absences non rémunérées correspondant à des périodes complètes de paie, comme c'est le cas dans le secteur du BTP, lorsque le salarié part en congés payés ou qu'il est arrêté pour cause d'intempéries. L'employeur abat alors le plafond, proportionnellement à la durée de l'absence, le salarié étant durant ce laps de temps payé par un autre « employeur » (la caisse de congés, ou de chômage intempéries).

À partir de ces restrictions, il est donc possible de définir ces tranches de rémunérations qui se définissent, on l'a dit, dans un cadre annuel à partir de l'addition des 12 plafonds mensuels de Sécurité sociale. Cette période s'étendant du 1er janvier au 31 décembre, soit pour les entreprises qui pratiquent la « paie décalée » du 1er décembre au 30 novembre.

Cette situation va rendre obligatoire l'application d'une règle de régularisation pour l'ensemble des cotisations assises non sur la totalité de la rémunération, mais sur certaines parties, c'est-à-dire sur des tranches. Cette régularisation constituera le thème du paragraphe suivant.

2.3. Le principe de la régularisation

La rémunération d'un salarié d'un mois sur l'autre est rarement la même, on a déjà pu s'en rendre compte. Les primes diverses, les heures supplémentaires, les absences sont autant de motifs qui ont pour effet de la faire varier.

Le montant de la rémunération peut très bien, malgré une « base » fixe – en l'occurrence le salaire de base –, être certains mois inférieur au plafond de la Sécurité sociale et d'autres mois supérieur à ce même plafond.

Si l'on considère un plafond égal à 2 700 euros et un salarié qui perçoit un mois donné 2 900 euros de rémunération globale, la première des réactions si l'on décompose son salaire en tranches est de dire que la tranche A est égale à 2 700 euros (les sommes allant de 0,00 jusqu'au plafond), et la tranche B de 200 euros. Faut-il pour autant faire cotiser le salarié sur la base de 2 700 euros pour toutes les cotisations assises sur la tranche A, et sur la base de 200 euros pour toutes les cotisations assises sur la tranche B ? En fait, tout dépendra si l'entreprise a adopté un système de régularisation annuelle ou mensuelle.

Dans le premier cas, le salarié cotise chaque mois selon les tranches dégagées par son salaire mensuel. En fin d'année, on détermine le montant total des 12 plafonds de l'année (par exemple 12 × 2 700 euros = 32 400 euros. Cette situation veut donc dire que le salarié devra avoir cotisé en fin d'année à hauteur de 32 400 euros au maximum sur la tranche A. Analysons maintenant un salarié dont la rémunération a été la suivante durant toute une année (on considère que le plafond mensuel a toujours été égal à 2 700 euros) et mettons en parallèle quelles ont été chaque mois ses bases de cotisations en tranches A et B.

Janvier	2 600	Tranche A	2 600	Tranche B	0
Février	2 600	Tranche A	2 600	Tranche B	0
Mars	2 700	Tranche A	2 700	Tranche B	0
Avril	2 700	Tranche A	2 700	Tranche B	0
Mai	2 700	Tranche A	2 700	Tranche B	0
Juin	3 400	Tranche A	2 700	Tranche B	700
Juillet	3 400	Tranche A	2 700	Tranche B	700
Août	2 000	Tranche A	2 700	Tranche B	0
Septembre	2 000	Tranche A	2 000	Tranche B	0
Octobre	2 000	Tranche A	2 000	Tranche B	0
Novembre	2 000	Tranche A	2 000	Tranche B	0
Décembre	2 000	Tranche A	2 000	Tranche B	0

En fin d'année ce salarié a donc gagné 30 100 euros ; le plafond pour l'ensemble de l'année est de 32 400 euros. Ce salarié a donc gagné moins que le plafond et n'a donc pas à avoir des cotisations assises sur la tranche B. Et pourtant on constate que sur l'ensemble de l'année il a cotisé pour 28 700 euros en tranche A et 1 400 euros en tranche B alors qu'il aurait dû cotiser à hauteur de 30 100 euros en tranche A exclusivement. Il y a donc lieu d'opérer une régularisation et de lui rembourser les cotisations dont il s'est acquitté sur la tranche B et sur une base 1 400 euros, et de le faire cotiser sur cette même base pour l'ensemble des cotisations assises sur la tranche A.

Pourquoi ces régularisations ? Tout simplement pour satisfaire dans leurs droits les organismes collecteurs, pourrait-on simplifier. Il est évident que si le salarié a gagné 30 100 euros dans une année, les organismes qui perçoivent des cotisations sur la tranche A attendent de se voir payer des cotisations sur cette base. Inversement, on verra que les cotisations de retraite complémentaire pour les cadres sont assises sur une large part sur la tranche B en fonction des montants de cotisations dégagés. On imagine mal un organisme de retraite accepter d'accorder des points de retraite à un salarié (dans notre exemple sur une base de 1 400 euros) alors que ce salarié n'y avait pourtant pas droit !

La notion de régularisation est donc obligatoire. Elle peut être faite mensuellement, cette façon de procéder étant plus complexe à comprendre mais est, en règle générale, celle qui est retenue dans les entreprises. Alors que, bien des fois, des changements de taux de cotisation sont intervenus en cours d'année, l'adoption d'une régularisation annuelle ne permet pas facilement de savoir quelles sont les bases qui doivent supporter l'ancien taux de cotisation, de celles qui doivent supporter le nouveau taux, et les régularisations à opérer sont d'autant plus complexes que le règlement des cotisations auprès des différents organismes collecteurs intervient de façon mensuelle.

En matière de régularisation mensuelle, à chaque paie la situation du salarié sera examinée non pas par rapport aux seuls éléments du mois, mais par rapport aux résultats cumulés depuis le début de l'exercice. Dans l'exemple qui va suivre, on considérera que le plafond de Sécurité sociale est toujours égal à 2 700 euros, que l'exercice commence le 1er janvier, et que la rémunération d'un M. Dupont est la suivante.

Janvier	2 850 euros
Février	2 540 euros
Mars	2 705 euros
Avril	2 800 euros
Mai	2 650 euros

On considère également que le taux des cotisations assises sur la tranche A est de 20 % et que celui des cotisations assises sur la tranche B est de 18 %.

La situation de M. Dupont, au regard des cotisations sociales, peut se présenter à chaque fin de mois sous forme d'un tableau qui reprend les éléments nécessaires à la détermination des bases de cotisations assises sur les tranches A et B.

Fin janvier, M. Dupont ayant perçu 2 850 euros, sa situation est la suivante.

Brut du mois	2 850 euros
Plafond du mois	2 700 euros
Cumul des bruts depuis le 1er janvier	2 850 euros
Cumul des plafonds depuis le 1er janvier	2 700 euros
Tranche A du mois	2 700 euros
Tranche B du mois (la part de rémunération au-delà du plafond de Sécurité sociale)	150 euros
Cumul des tranches A depuis le 1er janvier	2 700 euros
Cumul des tranches B depuis le 1er janvier	150 euros

Le bulletin de salaire de M. Dupont pour le mois de janvier se présentera donc sous cette forme (il n'est volontairement pas tenu compte de la CSG).

	Base	**Taux**	**Montant**
Brut du mois	2 850		+ 2 850
Cotisations tranche A	2 700	20	– 540
Cotisations tranche B	150	18	– 27
Net fiscal	2 283		
Net à payer	2 283		

En février, le brut de M. Dupont n'est plus que de 2 600 euros. Le tableau de régularisation établi à fin février est donc le suivant.

Brut du mois	2 540 euros
Plafond du mois	2 700 euros
Cumul des bruts depuis le 1er janvier	5 390 euros
Cumul des plafonds depuis le 1er janvier	5 400 euros
Tranche A du mois	2 690 euros

Tranche B du mois	– 150 euros
Cumul des tranches A depuis le 1er janvier	5 390 euros
Cumul des tranches B depuis le 1er janvier	0 euro

À fin février, on constate en effet que le cumul de la rémunération brute de M. Dupont est inférieur au cumul des plafonds de Sécurité sociale. Il n'y a donc pas lieu de faire cotiser M. Dupont sur une quelconque tranche B : les cotisations dont il s'était acquitté à fin janvier devront donc lui être intégralement remboursées ; ce remboursement se traduira par une base négative égale au cumul tranche B du mois précédent (soit – 150 euros).

Parallèlement, on constate que la base de cotisation cumulée en tranche A à fin février doit être égale à 5 390 euros. M. Dupont a déjà cotisé à hauteur de 2 700 euros (à fin janvier). Sa tranche A du mois est donc égale à la différence entre ces deux montants.

Le bulletin de salaire de M. Dupont pour le mois de février se présentera donc sous cette forme.

	Base	**Taux**	**Montant**
Brut du mois	2 540		+ 2 540
Cotisations tranche A	2 690	20	– 538
Cotisations tranche B	– 150	18	+ 27
Net fiscal	2 029		
Net à payer	2 029		

En mars, M. Dupont perçoit une rémunération brute de 2 705 euros. Le tableau de régularisation établi à fin mars est le suivant :

Brut du mois	2 705 euros
Plafond du mois	2 700 euros
Cumul des bruts depuis le 1er janvier	8 095 euros
Cumul des plafonds depuis le 1er janvier	8 100 euros
Tranche A du mois	2 705 euros

Tranche B du mois	0 euro
Cumul des tranches A depuis le 1er janvier	8 095 euros
Cumul des tranches B depuis le 1er janvier	0 euro

La rémunération brute cumulée de M. Dupont à fin mars est inférieure au cumul des plafonds : M. Dupont n'a donc pas à verser des cotisations assises sur la tranche B ; il n'y a de plus aucun remboursement à lui faire sur cette même tranche B puisque le cumul de sa tranche B à fin février était déjà égal à 0.

M. Dupont ne cotisera donc que sur la tranche A pour la partie comprise entre le montant des bases sur lesquelles il a déjà cotisé (2 690 euros à fin février), et celui des bases sur lesquelles il doit avoir cotisé à fin mars (8 095 euros), soit une base égale pour le mois à 2 705 euros.

Le bulletin de salaire se présente alors comme suit pour le mois de mars.

	Base	Taux	Montant
Brut du mois			+ 2 705
Cotisations tranche A	2 705	20	– 541
Net fiscal			2 164
Net à payer			2 164

En avril, la rémunération brute de M. Dupont est cette fois de 2 800 euros, ce qui donne le tableau de régularisation suivant à fin avril.

Brut du mois	2 800 euros
Plafond du mois	2 700 euros
Cumul des bruts depuis le 1er janvier	10 895 euros
Cumul des plafonds depuis le 1er janvier	10 800 euros
Tranche A du mois	2 705 euros
Tranche B du mois	95 euros
Cumul des tranches A depuis le 1er janvier	10 800 euros
Cumul des tranches B depuis le 1er janvier	95 euros

À fin avril, la rémunération brute cumulée de M. Dupont est supérieure au cumul des plafonds. M. Dupont devra donc verser des cotisations assises sur la tranche B, sa base pour le mois d'avril étant égale au cumul des bruts à fin avril – cumul des plafonds à fin avril, minoré des bases sur lesquelles il a déjà cotisé à fin mars.

À fin mars, la rémunération cumulée de M. Dupont ne dégageait pas de tranche B, il n'avait donc pas versé de cotisations sur la tranche B. La tranche B du mois est donc égale à 95 euros [(10 895 euros – 10 800 euros) – 0].

La tranche A cumulée ne peut jamais être supérieure au cumul des plafonds, puisque, par définition, les sommes au-delà du plafond font partie de la tranche B. Pour M. Dupont la tranche A est donc limitée à 10 800 euros à fin avril, M. Dupont ayant déjà cotisé sur une base de 8 095 euros (à fin mars). Sa tranche A du mois est donc égale à la différence entre ces deux chiffres soit 2 705 euros.

Le bulletin de salaire d'avril est alors le suivant.

	Base	Taux	Montant
Brut du mois	2 800		+ 2 800,00
Cotisations tranche A	2 705	20	– 541,00
Cotisations tranche B	95	18	– 17,10
Net fiscal			2 241,90
Net à payer			2 241,90

En mai, la rémunération brute de M. Dupont est de 2 650 euros. Le tableau de régularisation à fin mai est alors le suivant.

Brut du mois	2 650 euros
Plafond du mois	2 700 euros
Cumul des bruts depuis le 1er janvier	13 545 euros
Cumul des plafonds depuis le 1er janvier	13 500 euros
Tranche A du mois	2 700 euros
Tranche B du mois	– 50 euros
Cumul des tranches A depuis le 1er janvier	13 545 euros
Cumul des tranches B depuis le 1er janvier	45 euros

La rémunération brute cumulée de M. Dupont est toujours supérieure à fin mai au cumul des plafonds. M. Dupont devra donc bien avoir cotisé à fin mai sur une tranche B égale à 45 euros (13 545 – 13 500). Or, on constate qu'à fin avril, ses bases de cotisation sur la tranche B sont déjà égales à 95 euros. M. Dupont a donc trop cotisé et il faut lui rembourser sur une base de 50 euros (95 – 45) les cotisations qu'il a dû payer sur la tranche B.

En même temps, M. Dupont doit avoir cotisé en tranche A sur une base de 13 500 euros à fin mai, son cumul tranche A à fin avril est de 10 800 euros, sa tranche A pour le mois de mai sera donc de 2 700 euros.

On peut alors établir le bulletin de salaire du mois de mai.

	Base	Taux	Montant
Brut du mois	2 650		+ 2 650
Cotisations tranche A	2 700	20	– 540
Cotisations tranche B	– 50	18	+ 9
Net fiscal			2 119
Net à payer			2 219

On pourrait poursuivre ainsi ces différents exemples. On peut à partir de ce qui précède faire les observations suivantes :

La rémunération brute peut toujours être reconstituée à partir de l'addition des tranches A et B. Ainsi :

Janvier : tranche A (2 700 euros) + tranche B (150 euros) = rémunération brute du mois (2 850 euros).

Février : tranche A (2 690 euros) + tranche B (– 150 euros) = rémunération brute du mois (2 540 euros).

Mars : tranche A (2 705 euros) + tranche B (0) = rémunération brute du mois (2 705 euros).

Avril : tranche A (2 705 euros) + tranche B (95 euros) = rémunération brute du mois (2 800 euros).

Mai : tranche A (2 700 euros) + tranche B (– 50 euros) = rémunération brute du mois (2 650 euros).

On pourrait obtenir les mêmes égalités par la comparaison entre les cumuls de tranches A et B et le cumul des bruts.

Pour résumer, il est possible de déterminer les tranches A et les tranches B de la rémunération, après application de la régularisation mensuelle par les formules suivantes, dans lesquelles :

CB = CUMUL DES BRUTS

CP = CUMUL DES PLAFONDS

CUM A-1 = CUMUL DES TRANCHES A DU MOIS PRÉCÉDENT

CUM B-1 = CUMUL DES TRANCHES B DU MOIS PRÉCÉDENT

- 1er cas : on constate que cumul des bruts ≥ cumul des plafonds

Si CB ≥ CP tranche A du mois = CP – CUM A-1

Tranche B du mois = CB - CP – CUM B-1

- 2e cas : on constate que cumul des bruts < cumul des plafonds

Si CB < CP tranche A = CB – CUM A-1

Tranche B = – CUM B-1

Tout au long des pages qui ont précédé, nous avons étudié le mécanisme de régularisation entre les tranches A et B. Il est évident que le principe est le même en ce qui concerne les régularisations entre les tranches B et C, voire C et D. Les salariés qui peuvent recevoir d'importants « bonus » en début d'année, avant de ne recevoir le reste de l'année « que » leur seul salaire de base, sont directement concernés par ce type de régularisation.

À la lecture de ces exemples de régularisation, on conçoit qu'un salarié non au fait de ces diverses et complexes méthodes puisse éprouver quelque étonnement à la lecture de son bulletin de salaire ; la régularisation est sans nul doute l'élément de la paie le plus mal compris, sans doute aussi le plus mal expliqué. C'est peut-être cette absence d'information qui contribue à faire trop souvent de la paie ce domaine si décrié. C'est à la lumière de cette situation que l'on comprend mieux pourquoi les salariés ne s'intéressent à leur paie qu'à travers la lecture du seul « net à payer », élément finalement le plus concret de tous ceux qui ont pu être cités précédemment.

La vulgarisation de la paie est sans contestation possible l'une des actions prioritaires à mener pour tout responsable de paie désirant relever l'image de marque de cette activité. Une telle action peut par ailleurs avoir des effets bénéfiques en termes de réduction du temps passé à traiter les toujours nombreuses réclamations auxquelles sont confrontés les services de paie !

III. Les cotisations recouvrées par les Urssaf

Les Urssaf, Union de recouvrement des cotisations de Sécurité sociale et d'allocations familiales, constituent, et de très loin, le principal organisme collecteur de cotisations de par l'importance des sommes prélevées. Cette importance des sommes prélevées se trouve reconnue à travers les systèmes d'exonérations totales ou partielles de charges patronales qui ont été mis en place. Ces exonérations concernent en règle générale les seules cotisations dites assurances sociales, c'est-à-dire celles recouvrées par les seules Urssaf, à savoir les assurances-maladie, maternité, invalidité, décès, vieillesse, accident du travail, taxe transport et allocations familiales.

Les Urssaf recouvrent toutes ces cotisations précitées. Le nom même de l'organisme recouvreur permet de deviner quel peut être l'objet de certaines de ces cotisations et on comprend donc qu'il sera question de financement des caisses de Sécurité sociale et d'allocations familiales.

On verra cependant que la mission des Urssaf va au-delà de ce seul champ et qu'elles ont également une activité de boîte à lettres en matière de recouvrement de cotisations qui ne leur sont pas destinées.

À travers les pages qui vont suivre, c'est à une étude qui ne peut être que partielle que nous nous livrerons. Il ne peut en effet être question de procéder à une étude exhaustive en quelques lignes des régimes qui vont être abordés.

3.1. La cotisation d'assurance-maladie, maternité, invalidité, décès, veuvage

Cette cotisation, assise sur l'intégralité de la rémunération brute telle qu'on a pu la définir précédemment, est à la charge des salariés et des employeurs.

Le taux de cotisation est un taux identique pour tous les départements métropolitains français, à l'exception du Haut-Rhin, du Bas-Rhin et de la Moselle (soit l'Alsace-Lorraine), pour lesquels une « surcotisation », au taux variable selon les années, et fonction des résultats financiers des caisses de Sécurité sociale de cette région, s'applique. Cette majoration étant à la charge des seuls salariés, et visant à prendre en compte le régime supérieur particulier de remboursement des soins médicaux dans cette région et hérité de la période durant laquelle ces départements étaient sous domination allemande. Les gestionnaires de paie d'entreprises ayant des sites partout en France, y compris dans ces trois départements ne sont pas souvent sans s'interroger sur les raisons qui peuvent faire que le particularisme du droit local de l'Alsace-Lorraine ait été maintenu, tant il rend plus compliqué la gestion au quotidien de ces salariés. On peut effectivement légitimement se poser la question de la survivance d'une telle situation dont on voit mal ce qui peut encore la justifier aujourd'hui !

Les sommes prélevées sont destinées à assurer d'abord la fourniture des prestations en nature visant à couvrir les frais médicaux, les soins dentaires, les frais d'analyse, les frais d'hôpital occasionnés par la maladie ou la maternité, aussi bien aux assurés sociaux, qu'aux membres de leur famille. C'est aussi à partir des sommes perçues par les Urssaf au titre de cette cotisation que sont versées les prestations en espèces (indemnités journalières de Sécurité sociale) dont on a déjà étudié les différents modes de calcul.

Les caisses de maladie chargées de la gestion des masses financières issues des cotisations ont un rôle social qui va au-delà du simple cadre de la maladie ou de la maternité. Elles assurent en effet également le versement des indemnités d'invalidité, ce versement intervenant lorsque l'assuré a épuisé ses droits au titre de l'assurance-maladie (en règle générale un assuré malade plus de 3 ans – c'est-à-dire ayant perçu des indemnités pendant un maximum de 1 085 jours – est déclaré « invalide » par la Sécurité sociale). Les caisses de maladie versent également aux ayants droit lors du décès d'un assuré social, dès lors qu'il justifie d'un nombre minimal d'heures de travail dans la période précédant le décès, un capital (le « capital décès »), égal à 90 fois le salaire journalier de base retenu pour le calcul des IJSS, le capital versé ne pouvant toutefois être inférieur à 1 % du plafond annuel de Sécurité sociale.

L'assurance veuvage (à la charge du seul salarié) est également assise sur le salaire brut. Cette situation explique que bien souvent, les entreprises ne font apparaître au niveau des cotisations salariales qu'une seule ligne sur un bulletin de salaire, cette ligne regroupant toutes les cotisations de Sécurité sociale assises sur le salaire brut : au lieu d'avoir, d'une part, l'assurance « maladie, maternité, invalidité, décès », d'autre part l'assurance « veuvage », ces deux assurances deviennent alors « assurances

Sécurité sociale sur brut » ou « assurance MMIDV » du nom des initiales de chaque assurance concernée (maladie maternité, etc.). Le taux des cotisations MMIDV est le même quel que soit l'âge des salariés : le taux spécifique pour les salariés âgés de plus de 65 ans a été supprimé.

Les allocations veuvage, financées par l'assurance du même nom, sont versées pendant trois ans au maximum au conjoint survivant, sous réserve que celui-ci soit âgé d'au moins 55 ans, ne soit pas remarié, et qu'il ait élevé durant un temps minimal – ou qu'il élève au moment du veuvage – au moins un enfant. Le versement des allocations veuvage n'est effectué qu'au profit des personnes dont les ressources ne dépassent pas un plafond fixé. La gestion de ces allocations est confiée aux caisses chargées du risque « vieillesse ».

Au-delà de tout autre développement qu'il serait possible d'apporter à ce qui précède, on peut conclure ce paragraphe en soulignant l'importance de cette cotisation qui constitue l'un des piliers fondamentaux de la protection sociale en France. Ce pilier est cependant particulièrement fragile puisque le régime « maladie » est de façon quasi systématique déficitaire, le déficit étant tel que l'on parle plus souvent de « gouffre » (qui a même pu être qualifié d'abyssal par un ministre de la Santé en exercice !) que de « trou ». Depuis 1976, les plans de sauvetage se sont multipliés, et on a vu apparaître successivement des mesures comme le déremboursement des certains médicaments, des hausses ou des créations de cotisations (qui ont aussi été étendues aux retraités), des blocages des honoraires médicaux, l'instauration puis l'augmentation du forfait hospitalier, la limitation des prises en charge à 100 %, la fin de la franchise postale du courrier adressé à la Sécurité sociale, des baisses des taux de remboursement, la mise en place de la généralisation du carnet de santé, la discussion chaque année d'une loi de financement de la Sécurité sociale, des baisses de tarifs des radiologues et des biologistes, etc. À chaque fois le répit, si tant est qu'on ait même pu enregistrer un répit, est de courte durée, et il faut bien reconnaître que la situation est véritablement catastrophique, face à une évolution des dépenses qui dépasse largement celle de l'inflation.

3.2. La cotisation d'assurance vieillesse

Dans le secteur privé, la cotisation d'assurance vieillesse, supportée partie par l'employeur, partie par le salarié, est assise, pour une part sur le seul salaire limité au plafond de la Sécurité sociale, et pour une autre part sur la totalité de la rémunération. La cotisation apparaît donc sur deux lignes du type « assurance vieillesse tranche A » et « assurance vieillesse sur brut ». Elle sert à financer les retraites versées au titre du régime de la Sécurité sociale, ainsi que les « droits de réversion » versés sous certaines conditions (notamment de ressources) aux conjoints des assurés décédés ou disparus. Cette pension est égale à 54 % de la pension principale dont bénéficiait – ou aurait bénéficié – l'assuré décédé.

Le régime de retraite de la Sécurité sociale (également les régimes de retraite complémentaires qui seront étudiés plus loin) fonctionne selon le système dit de la répartition : ce sont en effet les cotisations des actifs qui sont réparties entre les retraités. Ce système se distingue donc des régimes de retraite par capitalisation, dans lesquels le cotisant perçoit une retraite correspondant exclusivement à une redistribution de sa propre cotisation.

Le régime vieillesse de Sécurité sociale constitue le principal poste déficitaire dans le budget général de la Sécurité sociale, les déficits ayant été longtemps comblés par l'application d'un relèvement continuel et régulier des taux de cotisation. En fait, pendant plus de 20 ans depuis 1981, alors que chaque année qui passait rapprochait du mur vers lequel le système de retraite allait inévitablement s'écraser, rien n'a été fait pour anticiper les inévitables problèmes qu'allaient poser les départs en retraite des enfants du baby-boom, conjugués à une diminution de la natalité, un accroissement du chômage, et un allongement continu et régulier de l'espérance de vie. Le départ à la retraite à 60 ans, mesure emblématique du gouvernement socialiste en 1982, consistait non pas à modifier l'âge auquel un salarié pouvait prendre sa retraite, mais avait « simplement » offert la possibilité aux salariés qui le désiraient de partir à la retraite sans subir la minoration de pension qu'ils subissaient jusqu'alors pour un départ avant 65 ans. Il fallait bien payer un jour l'addition de cette mesure généreuse, finalement, quelque peu démagogique et ruineuse.

Pendant 20 ans, on a assisté à l'émergence régulière de plans destinés à « sauver la retraite à 60 ans », dans un environnement hostile à toutes réformes, comme le gouvernement Juppé devait s'en rendre compte lorsqu'il tenta en 1995 d'engager une réforme courageuse des régimes de retraite spéciaux – concernant principalement les fonctionnaires –, en parallèle à un début de réforme relative aux retraites du secteur privé. Seule la réforme du secteur privé s'appliqua, et on assista ensuite à une paralysie durable de toute réforme alors que le temps passait inexorablement « plombant » chaque jour davantage le devenir des retraites. Il faudra attendre 2003 pour que le dossier soit rouvert, et qu'une réforme (qu'on devrait hélas qualifier seulement de

« réformette », tant il reste de chemin à parcourir pour garantir l'avenir) s'applique et qu'on se décide à conditionner le versement d'une pension complète de retraite à un allongement de la durée de cotisation. En 2010, une nouvelle réforme fut entreprise et qui devait remettre en cause le sacro-saint principe de la retraite à 60 ans en portant progressivement l'âge légal de départ à la retraite à 62 ans. Cette notion de « progressivité » fait que c'est désormais l'année de naissance qui détermine l'âge à partir duquel on peut partir en retraite :

Année de naissance	Âge d'ouverture des droits
Jusqu'au 30/06/1951	60 ans
2e semestre 1951	60 ans et 4 mois
1952	60 ans et 8 mois
1953	61 ans
1954	61 ans et 4 mois
1955	61 ans et 8 mois
1956 et après	62 ans

Les salariés ayant commencé à travailler avant 18 ans peuvent demander la liquidation de leur retraite avant l'âge légal lorsqu'ils justifient de « carrières longues ». Il en va de même pour les assurés atteints d'une incapacité permanente d'au moins 80 %, ou pour les salariés ayant eu une carrière pénible.

Les pensions de retraite sont versées à toute personne qui a été affiliée durant sa vie professionnelle au régime général de Sécurité sociale. Aucune durée minimale d'assurance n'est prévue. Un seul trimestre d'assurance pourra donc ouvrir le droit à pension.

Le calcul de la pension annuelle est obtenu par application de la formule suivante :

$$\frac{\text{Durée d'assurance (exprimée en trimestres, avec un nombre maximal)}}{\text{Nombre maximal de trimestres pris en compte}} \times \text{salaire annuel moyen de base} \times \text{taux de la pension}$$

Le montant de pension ainsi calculé est revalorisé chaque année et comporte un maximum et un minimum (le minimum vieillesse).

Pour déterminer le nombre de trimestres, on retient pour chaque année, autant de trimestres que le salaire annuel correspondant aux retenues subies par le salarié sur sa rémunération représente de fois le montant du Smic au 1er janvier de l'année considérée, calculé sur la base de 200 heures. Il ne peut cependant être retenu plus de quatre trimestres par année civile.

Certaines périodes sont assimilées à des périodes de cotisation pour l'ouverture des droits : il en va ainsi plus particulièrement des périodes de maladie, de maternité, d'invalidité, d'accidents du travail, de chômage indemnisé – voire sous certaines conditions de chômage non indemnisé –, de service national, de guerre, de détention provisoire – quand cette période ne s'impute pas sur la durée de la peine –, etc. Certaines catégories de personnes peuvent bénéficier de majorations du nombre de leur trimestre comme, les femmes ayant élevé un enfant – avec un maximum de 8 trimestres par enfant –, les pères ayant bénéficié d'un congé parental d'éducation – la majoration étant égale à la durée du congé –, les assurés élevant un enfant handicapé – la majoration pouvant aller jusqu'à 8 trimestres supplémentaires par enfant concerné –, les salariés n'ayant pas le nombre maximal de trimestres requis à l'âge de 65 ans et qui continuent à travailler au-delà de cet âge.

Le nombre maximal de trimestres était initialement fixé à 150. Ce nombre a augmenté chaque année à partir du 1er janvier 2004 pour atteindre progressivement 164.

Pour déterminer le salaire de base, il est fait référence au salaire annuel moyen perçu chaque année. Les salaires sont revalorisés chaque année par application d'un coefficient de majoration et ne sont pris en compte que dans la limite du plafond annuel de Sécurité sociale.

Par exemple, si le plafond de Sécurité sociale valait 10 000 une année N, et qu'un salarié a perçu une rémunération cette année N de 12 000, seul le montant de 10 000 sera pris en compte. Un salarié qui aurait perçu une rémunération cette même année de 8 000 se verra retenir ce salaire de 8 000. Pour prendre en compte, au moins de façon partielle, l'inflation, ces salaires de 10 000 ou de 8 000 sont revalorisés par application d'un coefficient pour les actualiser par rapport aux dernières données annuelles connues.

Le taux de la pension est de 50 % pour le taux dit « plein ». Ce taux plein se sera appliqué dès l'âge de 60 ans du 1er janvier 2003 au 31 décembre 2008 pour les assurés réunissant 160 trimestres (soit 40 années) d'assurance à la date de liquidation de leur pension. À partir de 2009, la durée d'assurance pour obtenir le taux plein a augmenté d'un trimestre par an et est devenue liée à l'année de naissance.

Année de naissance	Durée d'assurance requise pour bénéficier du taux plein
1949	161 trimestres
1950	162 trimestres
1951	163 trimestres
1952	164 trimestres
1953	165 trimestres
1954	165 trimestres
1955	166 trimestres

La loi a établi un principe qui est que chaque assuré doit connaître au plus tard l'année de ses 56 ans, combien de trimestres il doit cotiser s'il veut bénéficier d'une retraite à taux plein. Mais la loi a également établi que l'allongement de la durée de l'espérance de vie devrait être réparti en 2/3 en temps d'activité, 1/3 en temps de retraite. Ce nombre de 166 trimestres n'est donc pas définitivement figé, et il pourra sans doute encore augmenter pour les générations nées en 1956 et après…

Il existe cependant un âge à partir duquel les assurés bénéficient automatiquement du taux plein de 50 % même s'ils ne totalisent pas le nombre requis de trimestres d'assurance. La réforme de 2010 a fixé que l'âge de 65 ans, qui constituait la référence pour bénéficier automatiquement de la retraite à taux plein, serait progressivement porté à 67 ans. Là aussi, c'est donc désormais l'année de naissance qui détermine l'âge à partir duquel le taux plein s'applique de droit.

Date de naissance	Âge du taux plein automatique
Avant 1er juillet 1951	65 ans
2e semestre 1951	65 ans et 4 mois
1952	65 ans et 8 mois
1953	66 ans
1954	66 ans et 4 mois
1955	66 ans et 8 mois
1956	et après : 67 ans

Le taux plein s'applique également dès l'âge légal de départ à la retraite pour certaines catégories de personnes comme les assurés reconnus inaptes au travail, les anciens combattants et prisonniers de guerre, les mères de famille ouvrières ayant effectué des travaux pénibles, les anciens déportés ou internés, les travailleurs handicapés admis à liquider une retraite anticipée…

Le taux réduit s'applique aux assurés qui demandent la liquidation de leur pension à compter de l'âge légal de départ à la retraite sans totaliser la durée d'assurance requise. Le taux minoré de la fonction est déterminé :

- soit en fonction du nombre de trimestres manquants pour atteindre la durée d'assurance requise (exemple : s'il faut 163 trimestres et que le salarié n'en a que 153 au moment où il décide de liquider sa pension, il lui en manque donc 10) ;
- soit en fonction du nombre de trimestres manquants pour atteindre l'âge à partir duquel le taux plein est automatiquement attribué (exemple : si le salarié est né en mars 1951, qu'il a liquidé sa retraite au 1er avril 2011, c'est-à-dire à 60 ans, il lui manque donc 5 ans, l'âge du taux plein étant de 65 ans, soit 20 trimestres).

C'est le plus petit de ces deux chiffres qui est retenu (soit dans l'exemple ci-dessus 10), et il est affecté un coefficient de minoration à chaque trimestre manquant. Ce coefficient initialement fixé à 2,5 % est progressivement ramené à 1,25 %, là aussi en fonction de l'année de naissance :

Année de naissance	Coefficient de minoration
1943	2,5 %
1944	2,375 %
1945	2,25 %
1946	2,125 %
1947	2 %
1948	1,875 %
1949	1,75 %
1950	1,625 %
1951	1,5 %
1952	1,375 %
1953 et après	1,25 %

Le taux réduit applicable serait dans cet exemple de :

50 % – (10 × coefficient de minoration – exemple 1,5 %) = un taux réduit de 35 %

La première réforme de la retraite en 2003 avait eu pour effet que, sans toucher à l'âge à partir duquel un salarié peut bénéficier de sa retraite à taux plein, moins nombreux se trouvaient les salariés qui dès l'âge de 60 ans pouvaient justifier du nombre de trimestres requis pour bénéficier d'une retraite à taux plein dès l'âge de 60 ans. De façon indirecte, cet « acquis social », malmené par une natalité en baisse qui réduit le nombre d'actifs pour un retraité, précarisé par le chômage qui diminue l'apport de cotisations pour les organismes sociaux, et fragilisé par une espérance de vie sans cesse en augmentation, avait donc été fortement remis en cause. La réforme de 2010 a malgré tout acté la décision de relever ce seuil de 60 ans pour le porter progressivement à 62 ans compte tenu de l'importance des déficits des régimes de retraite.

L'application de la formule de calcul indiquée ci-dessus conduit à conclure qu'un assuré dont le salaire annuel a été durant 25 ans supérieur au plafond annuel de Sécurité sociale, et qui bénéficie au moment de son départ à la retraite du taux « plein », se verra attribuer une pension de retraite égale à 50 % du plafond annuel de Sécurité sociale.

Dans les faits, dès avant la première réforme de 1994, un salarié ne se voyait verser qu'une pension égale à un maximum de 46/47 % du plafond annuel. Cet écart s'explique dans la mesure où les coefficients de revalorisation affectés aux salaires annuels moyens ne sont pas suffisants pour correspondre à la réalité des derniers éléments connus. Ce coefficient correspond au multiple à appliquer pour reconstituer, à partir d'un plafond annuel ancien, le dernier plafond annuel connu. Ainsi, si le plafond annuel d'une année x est de 20 000 euros, et si le dernier plafond annuel connu est de 32 400 euros, le coefficient de revalorisation à appliquer au salaire annuel de l'année *x* serait de 1,62 (32 400/20 000). En réalité, c'est un multiple inférieur à 1,62 qui est retenu. À l'arrivée, la moyenne des 11, 12, 13, … 25 meilleurs salaires annuels « revalorisés », même si un salarié a toujours gagné plus que le montant annuel des plafonds de Sécurité sociale, sera donc très inférieure au dernier plafond annuel connu de Sécurité sociale. Évoquer un taux de 38/40 % du dernier plafond annuel connu comme taux réel maximum est donc plus réaliste que le 50 % de base annoncé…

Le règlement de la pension est mensuel.

La pension de retraite d'un salarié décédé peut être reversée au profit du conjoint survivant. Le bénéficiaire doit avoir 55 ans au moins et avoir été marié au moins deux ans (cette durée minimale ne s'applique pas si un enfant est issu du mariage). À la date de la demande ou du décès, les ressources annuelles du demandeur ne doivent pas dépasser un montant défini. La pension de réversion est égale au maximum à 54 % des droits à retraite accumulés par le salarié jusqu'à la date de son décès.

Avant la réforme des retraites de 2003, un salarié passé d'un temps plein à un temps partiel pouvait déjà demander à cotiser au régime d'assurance vieillesse à hauteur du salaire correspondant à son activité à temps plein. La réforme de 2003 a étendu cette possibilité à tous les temps partiels – cette mesure n'a donc aucun caractère obligatoire – sans qu'il soit besoin donc qu'ils aient été à temps plein. Cette gestion nécessite donc une adaptation (une de plus !) du programme de paie des sociétés.

La loi de 2003 a rappelé avec force qu'un employeur ne peut pas mettre à la retraite un salarié avant 65 ans. Certaines conventions collectives prévoyaient que dès qu'un salarié pouvait bénéficier d'une pension de retraite à taux plein, l'employeur était fondé à le mettre à la retraite. Ces clauses sont désormais nulles, et même si un salarié peut bénéficier d'une retraite à taux plein, rien ne peut l'obliger à quitter son entreprise avant l'âge de 65 ans, voire plus tard s'il le souhaite (en revanche, à partir de 70 ans, l'employeur a le droit de le mettre d'autorité à la retraite). À défaut, la rupture s'analyse comme un licenciement et emporte dès lors toutes les conséquences liées à une telle qualification (le licenciement pourra même être considéré comme nul si le salarié arrive à démontrer une discrimination liée à l'âge…). L'employeur devra ainsi respecter la procédure de licenciement, il devra justifier d'une cause réelle et sérieuse, verser l'indemnité de licenciement prévue, etc.

La loi n'a cependant pas remis en cause les systèmes de « préretraite », dont le terme officiel est « système de cessation anticipée d'activité », de certains travailleurs salariés (dispositif CATS), qui s'appliquent généralement lorsque les entreprises connaissent des difficultés économiques qui leur imposent de réduire leurs effectifs. L'État (et non la Sécurité sociale) finance alors partiellement le paiement des allocations de préretraite qui seront servies au plus tôt à 57 ans, et jusqu'à ce que le salarié puisse faire valoir ses droits à une retraite à taux plein. Il existe également des systèmes de préretraite qu'on trouve essentiellement dans les très grandes entreprises, du fait du coût de la mesure qui n'est financée que par les entreprises, de mettre en place des systèmes de préretraite par voie d'accord collectif. Les allocations servies dans ce cadre font l'objet d'une contribution spécifique qui vient s'ajouter à l'ensemble des prélèvements qui s'appliquent normalement.

Si d'une façon générale, la loi de 2003 a marqué un recul dans la mesure où elle durcit les conditions d'obtention d'une retraite à taux plein, elle a en revanche pris en compte la situation des salariés justifiant de longues carrières, car ayant débuté leur activité très jeune. La réforme de 2010 n'a pas remis en cause le dispositif, mais prévoit une cessation d'activité au plus tôt à 58 ans (contre 56 ans avec la loi de 2003).

Tous les éléments mentionnés ci-dessus concernent donc les salariés du secteur privé. Par les différentes réformes engagées, le gouvernement avait souhaité harmoniser les durées de cotisation entre le secteur public et le secteur privé, et a donc décidé de porter progressivement à 40 ans la durée de travail requise pour un fonctionnaire de bénéficier d'une retraite. Les syndicats de fonctionnaires avaient largement manifesté contre cette mesure qui allait pourtant dans le sens de l'équité, même s'il ne s'agissait que d'un premier pas : les fonctionnaires bénéficient en effet de dispositions tellement avantageuses qu'elles en apparaissent quasiment comme choquantes au regard de ce dont bénéficient les salariés du privé. Ainsi, la retraite d'un fonctionnaire est calculée sur la base de la moyenne des six derniers mois de salaire (étant précisé que nombreux sont les agents du service public qui sont précisément promus dans les six derniers mois de leur vie professionnelle, bénéficiant ainsi d'une majoration de salaire très opportune pour le calcul de leur retraite). Le taux de la cotisation retraite est très inférieur dans le service public par rapport à ce qu'il est dans le secteur privé (la réforme de 2010 prévoyant une convergence progressive des taux de cotisation d'ici à 2020 – mais on peut supposer que le taux de cotisation du secteur privé aura largement augmenté d'ici à cette échéance, ce qui relativise pour une large part la démarche). Pour un salarié du privé, la retraite Sécurité sociale (qui ne représente qu'une partie de la retraite qui sera perçue) est calculée sur la moyenne des 25 meilleures années (les salaires de ces années étant, on l'a vu, revalorisé dans des conditions très défavorables). Le reste de la retraite d'un salarié du privé provient des cotisations acquittées auprès des caisses de retraite complémentaire tout au long de la vie professionnelle : les droits à retraite tiennent donc compte des années durant lesquels le salaire a pu être peu élevé. Les salariés du secteur public bénéficient d'un régime de retraite « par capitalisation » qui n'est pas proposé dans le secteur privé, les rentes des agents du public sont garanties par l'État, alors que les salariés du secteur privé ne bénéficient pas d'une telle garantie, etc. Ces éléments expliquent que le taux de remplacement (c'est-à-dire le ratio : pension de retraite/dernier salaire brut perçu) soit sans commune mesure entre la fonction publique (75 %) et le secteur privé. Il convient également de préciser que la revalorisation des retraites dans la fonction publique se fait à partir de l'évolution des salaires moyens, cette référence étant beaucoup plus favorable que celle de l'inflation qui est la référence qui - dans le meilleur des cas - est susceptible de s'appliquer aux retraites du privé. C'est par milliards d'euros que l'État (on devrait dire plutôt : les contribuables) devra financer les retraites de ses anciens agents. En quelques lignes, on aura donc compris qu'il était aisé de considérer comme particulièrement indécentes les revendications des fonctionnaires quand on exerce dans le secteur privé...

3.3. La cotisation accident du travail

La cotisation « accident du travail » est assise sur le salaire brut total et à la charge des seuls employeurs.

Sous le vocable d'« accident du travail », il convient de rajouter celui non explicite d'« accident du trajet », ainsi que celui de « maladie professionnelle ».

La reconnaissance d'un accident de travail comme tel ne pose en règle générale pas de problème. Il suffit que l'accident soit survenu sur le lieu du travail (ou alors que le salarié se trouve être dans une situation de subordination si ses fonctions l'obligent à se déplacer dans le cadre d'une mission hors de son entreprise), pendant les heures de travail, et par le fait ou à l'occasion du travail. L'accident doit par ailleurs entraîner une « brusque survenance d'une lésion physique » et résulter d'un fait accidentel survenu soudainement. L'accident survenu à un gréviste pendant l'arrêt de travail n'est cependant pas un accident de travail puisque le contrat est suspendu. Encore faut-il que l'accident ne soit pas survenu à un représentant du personnel dans le cadre de l'exercice de sa mission, auquel cas l'accident est bien « de travail ».

Pour contester la qualification « de travail » d'un accident, l'employeur ou la caisse de Sécurité sociale doivent apporter la preuve que la lésion a une cause totalement étrangère au travail, ou qu'au moment de l'accident le salarié s'était soustrait à l'autorité de l'employeur. Faute d'avoir apporté les preuves de nature à détruire la présomption d'imputabilité qui s'attache à toute lésion survenue brusquement au temps et au lieu du travail, un infarctus survenu au temps et au lieu du travail, le meurtre d'un salarié au temps et au lieu du travail par des individus qui n'ont pas pu être identifiés, une chute sur sol mouillé alors qu'un salarié nettoyait un véhicule comme cela lui avait été demandé, une dorsalgie dont est victime un chauffeur routier alors qu'il chargeait son véhicule, les blessures subies à l'occasion d'une altercation entre deux salariés, sont autant de faits qui ont pu être considérés comme accidents du travail. La faute d'un salarié (en état d'ébriété, ou n'ayant pas respecté des règles de sécurité) est sans incidence sur la nature professionnelle de l'accident.

De même, la définition de l'accident du trajet est parfois encore plus difficile à établir.

Un accident pour être « de trajet » doit en effet intervenir entre le lieu du travail et la résidence principale (voire, dans certains cas, la résidence secondaire, lieu de séjour d'« ordre familial » selon la jurisprudence) ou le lieu où le travailleur prend habituellement ses repas à midi, et pendant le temps normal du trajet. Surtout, le trajet ne doit être ni « interrompu » ou « détourné » pour un motif dicté par l'intérêt personnel et étranger aux nécessités essentielles de la vie courante ou indépendant de l'emploi.

Une jurisprudence abondante existe en un tel domaine, la qualification d'accident du trajet n'ayant pas été accordée par les tribunaux, parce qu'il s'avérait par exemple que le trajet entre le domicile avait été interrompu par un salarié alors qu'il allait chercher son enfant confié à ses parents, ou alors qu'il se rendait chez un médecin et qu'il a fait une chute dans l'escalier de ce dernier. La réalité de l'accident du trajet n'est pas davantage reconnue si le trajet a été détourné par « l'intérêt individuel » et si un salarié a eu un accident parce qu'il traversait la rue pour aller dire bonjour à quelqu'un, parce qu'il recherchait un « bon restaurant », parce qu'il allait à une réunion syndicale, etc.

L'accident est alors considéré comme un accident de droit commun, puisque la protection légale cesse en principe pendant l'interruption du trajet. La jurisprudence a donc tendance à réduire la notion d'accident de trajet à celle d'accident de la circulation.

Les détours, les interruptions seront acceptés en revanche s'ils sont dictés par une nécessité de la vie courante (retrait d'argent dans une banque, dépôt régulier d'un enfant chez une nourrice, achat d'un journal). La situation n'est pas toujours facile à clarifier si l'on en croit cet exemple du salarié qui est « protégé » si l'accident survient lorsqu'il descend de sa voiture pour aller acheter du pain, le trajet n'est en effet pas encore interrompu, mais ne l'est pas si l'accident se produit à l'intérieur du magasin, auquel cas le trajet est alors interrompu ! Il semblerait toutefois que les décisions de la jurisprudence tendent à élargir la notion de « nécessité de la vie courante » augmentant ainsi les cas reconnus comme étant des accidents du trajet.

Le trajet doit être l'itinéraire le plus court ou le plus commode.

Les contestations émises par les caisses primaires d'assurance de la Sécurité sociale et relatives à la qualification d'un accident de trajet comme tel sont liées en grande part au mode d'indemnisation consécutif à ce type d'accident. Si un accident n'est pas reconnu comme « de trajet » l'indemnisation qui en sera faite sera celle effectuée au titre des IJSS maladie, avec comme conséquence notamment, l'application d'un délai de carence et le paiement d'indemnités moins fortes.

Par ailleurs, l'accidenté du trajet ne bénéficie pas des règles qui protègent l'emploi des salariés victimes d'un accident du travail : il est en effet interdit à un employeur de licencier un salarié – ou de résilier son contrat à durée déterminée – durant la période d'arrêt de travail consécutive à un accident du travail ou une maladie professionnelle. Cette règle ne s'applique pas en cas de faute grave du salarié rendant impossible la continuation des relations du travail, et justifiant un licenciement immédiat sans préavis ni indemnité de licenciement. Elle ne s'applique pas non plus en cas de licenciement économique par exemple, l'employeur devant pouvoir prouver toutefois qu'il ne licencie pas son salarié à cause de son accident ou sa maladie. Le contrat est suspendu durant l'absence du salarié, ce temps devant être pris en compte dans les calculs d'ancienneté.

En matière de cotisation d'accident, il n'existe pas, à l'inverse des cotisations précédemment étudiées, un taux uniforme fixe pour l'ensemble des entreprises. Ce taux est variable et fixé annuellement en considération de la notion d'« établissement » prioritairement à celle d'« entreprise ». Au sein d'une même entreprise, les taux de cotisation ne sont pas obligatoirement les mêmes dans tous les différents établissements de cette entreprise.

Le taux est fixé selon les modes de tarification suivants ; les modalités de calcul des taux de cotisation telles qu'elles existent depuis le 1er janvier 1996 ayant pour but de personnaliser davantage les taux de cotisation afin de les rendre plus incitatifs à la prévention.

• La tarification individuelle réelle

Cette tarification s'applique pour les entreprises d'au moins 150 salariés (nouveau seuil induit par la réforme de 2010 de la tarification des risques accidents), et consiste à appliquer un taux fonction de deux notions. La première est celle de la « valeur du risque », c'est-à-dire du montant des prestations, indemnités, rentes, capitaux servis par la Sécurité sociale suite à des accidents du travail (à l'exclusion des accidents du trajet par conséquent) ou des maladies professionnelles, aux salariés de l'entreprise (ou à leurs ayants droit). La seconde est la masse globale des salaires de l'entreprise (les salaires n'étant retenus que dans la limite du maximum soumis à cotisation, c'est-à-dire le plafond de Sécurité sociale).

Les calculs de taux de cotisations sont calculés à partir d'une base qui repose donc sur le rapport :

$$\frac{\text{Valeur du risque}}{\text{Masse salariale}}$$

Ce ratio étant étudié sur les années N–2, N–3, et N–4 et permettant donc d'appliquer aux entreprises concernées de par la taille de leur effectif, un taux de cotisation qui est fonction des coûts que la collectivité a dû supporter suite aux accidents du travail survenus dans lesdites entreprises. Cette politique vise à sensibiliser et à responsabiliser les chefs d'entreprise sur le respect des règles de sécurité liées à la prévention des accidents. Le taux définitif fixé à l'entreprise tient compte par ailleurs de majorations destinées à intégrer les charges afférentes notamment aux frais de rééducation professionnelle et aux frais de gestion.

• La tarification mixte

La tarification mixte concerne les entreprises dont l'effectif est compris entre 20 et 149 salariés – avec des particularités pour les entreprises d'Alsace-Moselle – (l'effectif s'appréciant au niveau global de l'entreprise). Le calcul se fait d'une part à partir des éléments issus du mode de calcul, issu lui-même de la « tarification réelle », d'autre part en tenant compte d'un taux fixé par l'administration à l'ensemble des entreprises appartenant à un même secteur d'activité défini, et fonction de la moyenne des accidents relevés dans le secteur professionnel concerné. Cette tarification ne s'applique pas pour les entreprises d'Alsace-Lorraine.

• La tarification collective

Elle concerne les entreprises de moins de 20 salariés – de moins de 49 salariés pour les entreprises situées en Alsace-Lorraine –, et consiste à appliquer un taux fixé, chaque année par arrêtés ministériels, en fonction des résultats statistiques, à l'ensemble des entreprises d'une même branche. Cette forme de tarification vise à ne pas pénaliser les petites entreprises qu'une soudaine succession d'accidents pourrait lourdement handicaper en termes de charges financières consécutives à une brutale augmentation de cotisations. Elle s'applique dans tous les cas à l'année de création de l'entreprise ainsi que la première année suivante.

La réforme de 2010, mise en place à partir du 1er janvier 2012, a eu pour objectif de pénaliser les entreprises à fort taux d'accidents et, inversement, à minorer le coût pour les entreprises qui font des efforts en matière de prévention des risques. La tarification se fait non plus sur la base du coût réel des prestations versées par la Sécurité sociale aux assurés mais sur la base d'un coût moyen des sinistres par activité similaire.

On notera que les apprentis sont pris en compte dans le calcul des effectifs qui servent à la définition de la tarification à appliquer alors qu'ils ne le sont pas pour déterminer les « seuils sociaux ».

Les variations de taux de cotisation au titre des accidents peuvent être très sensibles d'une année sur l'autre, surtout lorsque l'entreprise a connu des accidents qui ont entraîné la mort de salariés. Le suicide sur le lieu du travail ne constitue pas un accident du travail sauf, le cas échéant, s'il peut être apporté la preuve que l'acte est imputable au travail. Il existe toutefois des règles qui visent à limiter les variations à la hausse du taux de cotisation d'un exercice sur l'autre, des plafonds étant également fixés dans le cas de variations à la baisse. La mise en place de systèmes préventifs peut très vite devenir un véritable investissement pour l'entreprise, d'autant que la cotisation est minorée pour les entreprises qui justifient avoir accompli un effort particulier en matière de prévention des accidents. À l'inverse, les cotisations peuvent être majorées pour les employeurs qui ne respectent pas les mesures imposées, ou dont l'exploitation présente des risques exceptionnels, révélés par une infraction aux règles générales d'hygiène et de sécurité, ou qui ont commis des fautes dites « intentionnelles ». Dans ce dernier cas, les caisses de Sécurité sociale ont d'ailleurs la faculté d'intenter des actions de remboursement des sommes payées par leurs soins. On relèvera qu'il existe une législation relative à l'obligation qu'ont les employeurs d'au moins 20 salariés (et sauf cas particuliers face à certains emplois qui nécessitent des conditions d'aptitude particulière) d'employer un minimum de 6 % de personnel handicapé ; on peut cependant se poser la question si cette législation ne porte pas en elle-même des effets pervers en matière d'accident du travail. On sait en effet que pour chaque salarié qui manque dans le décompte permettant d'arriver à ce seuil de 6 %, l'employeur est tenu de verser une contribution à l'AGEFIPH (Association de gestion du fonds pour l'insertion professionnelle des personnes handicapées). Cette contribution, selon la taille de l'entreprise, est égale à 400, 500, 600 fois le taux horaire du Smic, voire 1 500 fois le taux horaire du Smic et, ce, quel que soit l'effectif de l'entreprise, pour les établissements n'ayant, pendant plus de 3 ans, occupé aucun bénéficiaire de l'obligation d'emploi, passé aucun contrat de sous-traitance, ou n'appliquant aucun accord collectif relatif à l'emploi de handicapés. Il est cependant quelque peu paradoxal que les entreprises puissent se trouver pouvoir tirer un profit, certes indirect d'un accident. Tel est pourtant le cas lorsque l'accident conduit la victime à entrer dans le champ des handicapés, la prise en compte du handicap permettant de réduire la contribution obligatoire de la société !

Ce taux de cotisation final varie selon les secteurs d'activité, la nature des risques… de 1 à près de 10 %, ce dernier chiffre se retrouvant le plus souvent dans les entreprises du secteur du BTP. Dans ce chiffre est incluse une tarification forfaitaire destinée à financer le risque accident du trajet. Cette tarification forfaitaire est la même pour toutes les entreprises, celles-ci étant toutes à égalité face à ce risque dont on ne saurait leur imputer la responsabilité dans la mesure où il leur est difficile voire impossible d'agir pour prévenir ce type d'accidents.

Compte tenu de la charge financière globale que représente la tarification des accidents du travail, les entreprises ont donc tout intérêt à être particulièrement vigilantes sur le contrôle du taux qui leur est notifié. Ainsi, lorsque l'Urssaf indique chaque début d'année le taux, il importe par exemple de vérifier, salarié par salarié, que les éléments retenus pour déterminer ledit taux ne concernent bien que des accidents du travail et qu'il ne s'est pas glissé par erreur la prise en compte d'un ou de plusieurs accidents du trajet ; ceux-ci ne doivent en aucun cas interférer sur le calcul du taux de l'entreprise dans la mesure, où, répétons-le ils font l'objet d'une tarification forfaitaire. De même, lorsque la responsabilité d'un tiers peut être formellement engagée suite à un accident du travail, l'entreprise se doit de réclamer la non-prise en compte des dépenses induites par cet accident pour déterminer son taux propre. Enfin, autre exemple, dans les entreprises à établissements multiples, il convient de vérifier que les salariés identifiés par la Sécurité sociale comme victimes d'accidents sont bien affectés à leur établissement d'appartenance… principalement lorsque l'effectif de ces établissements est inférieur à 200 salariés. Plus généralement, l'employeur ne doit pas hésiter à émettre des réserves – qui se doivent désormais, suite à un décret du 29 juillet 2009, d'être motivées pour être recevables – dès la déclaration d'accident établie obligatoirement dans les 48 heures, chaque fois que les circonstances de l'accident n'apparaîtront pas directement liées à l'exercice du travail. Ceci étant particulièrement le cas lors de malaises, ou pertes de connaissance dont les causes sont souvent inhérentes à des affections pathologiques totalement indépendantes du poste et des circonstances de travail.

Les bureaux administratifs, et principalement les sièges sociaux, bénéficient de tarifications particulières lorsque les locaux de travail sont indépendants des chantiers, ateliers ou dépôts d'une entreprise, et que le personnel qui y est employé n'est appelé à se déplacer qu'exceptionnellement et constitue de ce fait un personnel « sédentaire ». Il est vrai que les risques encourus sont moins graves dans ce type de locaux que constituent les bureaux où, fort heureusement, les « blessures » subies par les salariés sont en règle générale aussi rares que bénignes. En revanche, les conséquences d'un accident mortel de travail peuvent être d'un coût très élevé pour l'entreprise concernée ; les ayants droit des victimes peuvent en effet bénéficier de rentes dont le coût de prise en charge influe directement sur le calcul des taux de cotisations individuelles et mixtes.

Les conséquences d'un accident du travail peuvent être d'autant plus graves si l'accident est considéré comme résultant d'une faute inexcusable de l'employeur. Ce qualificatif a plus particulièrement été souvent retenu lors des nombreux procès intervenus à l'initiative d'actions engagées par les victimes de l'amiante. À cette occasion, la jurisprudence a redéfini qu'en matière de sécurité tout manquement par l'employeur de son obligation contractuelle de résultat vis-à-vis du salarié a le caractère d'une faute inexcusable si l'employeur avait, ou aurait dû avoir, conscience du danger auquel était exposé le salarié et qu'il n'a pas pris les mesures nécessaires pour le préserver. La faute inexcusable, lorsqu'elle est reconnue, entraîne une majoration de rente pour le salarié, et une cotisation complémentaire à la charge de l'employeur.

Les salariés victimes d'un accident du travail se trouvent protégés contre le licenciement : l'employeur a interdiction de rompre le contrat de travail pendant la période de suspension (cette interdiction joue également pendant une période d'essai ; en revanche, pour un salarié en contrat à durée déterminée, la suspension ne fait pas obstacle au terme initialement prévu). Seule une faute grave, ou l'impossibilité de maintenir le contrat pour un motif non lié à l'accident ou à la maladie professionnelle, peut justifier une rupture. À l'issue de la période de suspension suite à maladie ou accident, si le salarié est déclaré inapte, son reclassement doit faire l'objet d'une procédure de demande d'avis préalable des délégués du personnel.

Pour conclure cette étude, on rappellera qu'un salarié qui déclare en accident du travail un accident de la vie privée peut être licencié pour faute lourde, car on peut considérer qu'il a cherché à nuire à son entreprise (*cf.* l'impact d'un accident sur la détermination du taux de la cotisation accident).

3.4. La cotisation allocations familiales

Cette cotisation, à la charge des seuls employeurs, assise sur la seule tranche A de la rémunération (salaire limité au plafond de Sécurité sociale) jusqu'au 1er janvier 1989 a été « déplafonnée » à cette date. Elle est donc désormais assise sur l'ensemble de la rémunération.

Des formules d'abattement de la cotisation allocations familiales avaient été mises en place à partir de 1993 au profit des « bas salaires » : elles ont progressivement disparu avec la mise en œuvre totale de la loi sur les 35 heures au 1er janvier 2002.

Les prestations d'allocations familiales sont servies sous réserve de répondre à certains critères (niveau de ressources, âge des bénéficiaires…) qui varient selon la nature des différentes prestations. Au-delà des traditionnelles « allocations familiales », versées aux parents de jeunes enfants, on citera également :

- Le revenu de solidarité active (RSA) qui a remplacé le revenu minimum d'insertion – RMI. À noter que ce dispositif aussi généreux soit-il sur le plan social, suscite régulièrement des critiques de la part des employeurs : son montant est en effet jugé souvent comme trop proche du Smic et de ce fait peu incitatif à reprendre une activité salariée rémunérée à ce montant. De nombreux détracteurs considèrent également que ce dispositif peut souvent constituer une incitation au travail non déclaré. Celui qui n'était encore que le candidat Nicolas Sarkozy avait largement mis en avant durant l'élection présidentielle de 2007 son opposition au fait que les revenus de l'assistanat puissent être supérieurs aux revenus du travail : les bénéficiaires de ce dispositif social, outre le droit à percevoir le montant de celui-ci, sont exonérés d'impôts locaux, ont des réductions sur les tarifs d'électricité, reçoivent dans de nombreuses communes des « bons repas », sont éligibles à la couverture maladie universelle – CMU – qui permet des prises en charge de frais de santé plus élevées que celles dont bénéficie un salarié non couvert par un régime de mutuelle, ne payent pas les transports en région parisienne, reçoivent des aides au logement, etc. Tous ces éléments mis bout à bout représentent un pouvoir d'achat qui, le plus souvent, n'est pas compensé par le retour à une activité salariée (qui implique des frais, par exemple de transport, d'habillage, de restauration, plus élevés que ceux que l'on peut avoir en restant chez soi). C'est tout l'effet pervers d'une mesure qui n'avait vocation qu'à servir de secours, et qui installe durablement, pour ne pas dire définitivement, dans un régime d'assistanat, malgré les modifications apportées à l'occasion de la transformation du RMI en RSA.

- Le revenu minimum familial, servi aux familles (voire à une seule personne) qui assument la charge d'au moins trois enfants et qui ne disposent que de faibles ressources.
- Le complément familial, versé sous conditions de ressources aux ménages qui ont la charge d'au moins trois enfants âgés de plus de 3 ans.
- Les allocations de rentrée scolaire, versées sous conditions de ressources.
- Les allocations parentales d'éducation, versées aux personnes assumant la charge des enfants et qui ont cessé (ou suspendu, le temps d'un congé parental) leur activité professionnelle au moment de la naissance ou l'adoption d'un enfant de moins de 3 ans et qui porte à trois ou plus le nombre des enfants à charge, à condition que ces personnes justifient de 2 ans minimum d'activité dans les 10 dernières années.
- Les allocations de soutien familial qui peuvent être attribuées pour l'enfant dont l'un des parents ou les deux se soustraient à leur obligation d'entretien ou au versement d'une pension alimentaire.
- Les primes de déménagement attribuées aux familles ayant ou devant avoir un enfant de rang trois ou plus.
- Les allocations aux adultes handicapés.
- Les allocations d'éducation spéciale versées pour tenir compte des frais supplémentaires qu'entraîne le handicap d'un enfant.
- Les allocations de garde d'enfant à domicile attribuées aux ménages qui exercent une activité professionnelle et qui font garder à leur domicile un enfant de moins de 3 ans.
- Les allocations pour jeune enfant versées sous conditions de ressources du 4e mois de la grossesse jusqu'aux 3 ans de l'enfant.

Les caisses d'allocations familiales proposent en outre des prêts à l'amélioration de l'habitat, des aides personnalisées au logement et des allocations familiales ou sociales de logement.

3.5. Le versement transport

Le versement transport, plus communément appelé « taxe de transport », a été institué par la loi du 12 juillet 1971. Cette taxe ne doit pas être confondue avec la participation des employeurs aux dépenses de transport occasionnées aux salariés pour se rendre sur leur lieu de travail qui concerne désormais l'ensemble des employeurs en France (et non seulement ceux situés en région parisienne). Cette participation est égale 50 % des montants des abonnements ou titres de transport.

La taxe transport est assise sur le salaire total. Elle est à la charge des seuls employeurs, seulement pour les entreprises de plus de 9 salariés. Cette taxe est destinée au financement des transports en commun et s'inscrit dans le cadre d'une politique plus générale d'amélioration des transports publics. Cette destination explique qu'un employeur qui assure gratuitement le transport collectif de ses salariés puisse demander le remboursement du versement transport, de même que celui qui loge de façon permanente ses salariés sur le lieu du travail.

À son origine, le versement transport ne concernait que Paris et les départements de la petite couronne. Il a ensuite été étendu aux départements de la grande couronne de Paris, ainsi qu'à certaines villes de province.

L'institution du versement transport hors Paris et région parisienne est une opération facultative qui nécessite une délibération du conseil municipal de la commune qui entend l'instaurer. Cette mise en place ne peut cependant se faire que dans l'hypothèse où la population de la commune dépasse le nombre de 20 000 habitants. On se doute que peu de communes se refusent cette possibilité de bénéficier de cette manne financière.

Des taux maximaux sont fixés :

- 2,6 % pour Paris et les Hauts-de-Seine ;
- 1,7 % pour la Seine-Saint-Denis et le Val-de-Marne ;
- 1,4 % pour les départements de la grande couronne (Essonne, Yvelines, Val-d'Oise et Seine-et-Marne) ;
- 1,75 % pour les villes de plus de 100 000 habitants s'il existe une infrastructure de transport collectif dont la mise en place a été assurée avec l'aide de l'État ;
- 0,55 % pour les autres communes de plus de 20 000 habitants et de moins de 100 000 habitants ;

- 1 % pour les communes de plus de 100 000 habitants qui ne bénéficient pas d'une infrastructure de transport collectif dont la mise en place a été assurée avec l'aide de l'État.

On pourra s'étonner de constater que c'est un organisme de Sécurité sociale qui recouvre une cotisation dont l'objet n'est que peu en rapport avec un quelconque champ « social ». En fait les Urssaf n'ont en la matière qu'un simple rôle de « collecteur », et elles assurent ensuite le versement des sommes prélevées au profit des communes concernées ou de l'organisme gestionnaire concerné.

La taxe transport n'est due que pour les salariés qui exercent effectivement leur activité sur la zone (qui peut être la ville, l'agglomération, la communauté urbaine, etc.) concernée par la taxe. Ainsi, un salarié rattaché administrativement à un établissement situé par exemple à Limoges, mais qui exercerait une activité en dehors de la zone autour de cette ville au titre de laquelle la taxe s'applique, n'aurait pas à supporter la taxe transport. Une gestion rigoureuse de cette taxe permet souvent de détecter des sources d'économie importante au regard des cotisations dues par les employeurs.

3.6. La cotisation au fonds national d'aide au logement

La cotisation au fonds national d'aide au logement, plus communément appelée « cotisation FNAL », a pour objet le financement d'une grande part de l'allocation logement.

Cette allocation logement, créée par la loi du 16 juillet 1971 est versée principalement au profit des personnes âgées, des handicapés physiques et des jeunes salariés.

La cotisation au FNAL, organisme géré par la Caisse des dépôts et consignations, est à la charge des seuls employeurs et est assise sur le salaire total (cette cotisation était anciennement assise sur le seul salaire limité au plafond de Sécurité sociale). Cette cotisation est due par tous les employeurs de sociétés de plus de 9 salariés.

Parallèlement, tous les employeurs, y compris ceux des petites sociétés, sont redevables d'une cotisation FNAL basée cette fois sur le seul salaire limité au plafond de la Sécurité sociale. La politique du logement en France s'est longtemps résumée à un versement de la part des entreprises à un versement égal à 1 % de la masse des salaires (ce pourcentage ayant généré le nom du « 1 % patronal »). Ce versement a été aménagé au fil des ans, on le verra lors de l'étude en 4e partie sur « l'effort à la construction », nouvelle appellation de cet ancien « 1 % patronal » ; le FNAL étant né de ces différents réaménagements.

3.7. La contribution de solidarité autonomie

À l'occasion de la mise en place de la journée de solidarité (déjà évoquée dans le paragraphe relatif à la loi de mensualisation), il a donc été mis en place une contribution à la charge exclusive des employeurs (les salariés exprimant leur « solidarité » par un travail d'une journée supplémentaire de 7 heures). La contribution est calculée sur la même assiette que les cotisations patronales d'assurance-maladie et est donc recouvrée par les Urssaf. Le taux est de 0,3 % de la masse salariale et concerne tous les employeurs, publics et privés. La cotisation est due même si un salarié avait déjà accompli sa journée de solidarité auprès d'un autre employeur au cours d'une année civile considérée.

Pour cette cotisation également, c'est donc l'Urssaf qui sert d'organisme collecteur, quand bien même les sommes ne sont pas destinées à cet organisme.

3.8. La contribution sociale généralisée

La contribution sociale généralisée – CSG – a été mise en place le 1er février 1991, à l'issue d'un difficile accouchement. Il peut paraître curieux d'aborder ce qui constitue bien le premier impôt prélevé directement à la source sur les bulletins de salaire au sein de ce paragraphe consacré aux cotisations sociales et à leur base. En fait cette rubrique s'inscrirait sans nul doute davantage dans le cadre des retenues non déductibles déjà citées.

En même temps, des circulaires avaient recommandé que la mention de la CSG apparaisse sur les bulletins avant le calcul des cotisations sociales. En résumé, il est quelque peu difficile de définir avec précision le paragraphe au sein duquel il faudrait étudier une telle rubrique, aussi on nous pardonnera notre position arbitraire de traiter en un tel endroit de cet élément.

Le principe de la CSG est d'apparence simple. Tous les salaires, traitements, honoraires, avantages en nature, etc. sont soumis à la CSG. L'assiette de la CSG est donc égale à la rémunération brute, minorée de

3 %, cet abattement étant destiné à tenir compte des frais professionnels. Depuis le 1er janvier 2011, l'abattement ne s'applique toutefois que sur la partie de salaire limitée à 4 fois le plafond de Sécurité sociale. Cet abattement est le seul abattement qui existe, les abattements déjà cités pour frais spécifiques à certaines professions ne jouant pas en la matière. L'abattement concerne également les sommes provenant de l'intéressement ou de la participation qui certes ne figurent pas sur un bulletin de salaire, mais n'en sont pas moins concernées par la CSG. Un régime spécifique existe pour certains salariés (exemple : les VRP, vendeurs à domicile...), qui, compte tenu de leur niveau de rémunération trimestrielle, se voient appliquer un régime forfaitaire en matière de paiement des cotisations de Sécurité sociale. Les cotisations sont soit égales à un montant forfaitaire (aucune CSG n'est alors due, elle est incluse dans le montant forfaitaire de cotisation à payer), soit fondées sur une base forfaitaire (la CSG est alors calculée à partir de cette base minorée de l'abattement). Les salariés domiciliés fiscalement à l'étranger – c'est le cas par exemple des travailleurs frontaliers – n'ont pas à supporter la CSG.

La plus grande critique faite à la CSG a été qu'elle ne venait pas diminuer le revenu soumis à impôts, ce revenu résultant de la formule « brut – cotisations sociales ». Pour la première fois en effet, un impôt-cotisation ou une cotisation-impôt dont l'objet était bien social (à l'origine la CSG venait alimenter les caisses de la branche allocations familiales de la Sécurité sociale) ne venait pas réduire l'assiette fiscale. Les détracteurs de la CSG ont vu dans cette décision la volonté plus ou moins déguisée du gouvernement d'opérer à terme peut-être une non-défiscalisation de l'ensemble du système de protection sociale. La compréhension de la paie avait donc été rendue très complexe lors de la mise en place de la CSG.

Les différents gouvernements qui se sont succédé ont par ailleurs très vite réalisé qu'un point de CSG, compte tenu de l'assiette qui a en outre été régulièrement élargie, rapporte beaucoup plus en termes de prélèvements qu'un point de cotisations. Ceci explique que certaines cotisations aient vu leurs taux s'effondrer (exemple : la cotisation maladie, maternité, invalidité, décès) au profit d'une augmentation quasi équivalente du taux de CSG. Ces cotisations contribuaient pour leur part à venir réduire le revenu soumis à impôts : elles étaient donc déductibles du revenu imposable. Pour éviter un transfert de charges déductibles du revenu imposable vers la CSG non déductible, il a donc fallu créer une ligne spécifique de « CSG déductible » des bases soumises à impôts. Cette nouvelle ligne a permis d'opérer une distinction par rapport à la CSG d'origine et qui a conservé son caractère de « non-déductibilité » des bases soumises à impôts. De ce fait aujourd'hui, sur les bulletins de salaire, la CSG apparaît une fois au niveau des cotisations sociales (avec un taux de 5,10 %), et une fois après le calcul du net imposable avec un taux différent de 2,40 %, ce qui ne contribue pas toujours à une bonne compréhension du système. Quand on disait que le métier de responsable de paie n'était pas des plus faciles…

3.9. La contribution au remboursement de la dette sociale

Une contribution pour le remboursement de la dette sociale – CRDS – a été instituée par une ordonnance du 24 janvier 1996.

Cette contribution se trouve donc désormais prélevée sur l'ensemble des revenus d'activité ou de remplacement perçus du 1er février 1996 au 31 janvier 2014 (il y a cependant fort à parier que cette date de 2014 ne marquera pas la fin de la CRDS, puisque la CRDS à l'origine créée pour 13 ans a déjà vu, moins de 2 ans après sa mise en place, sa durée de vie prolongée de 5 ans supplémentaires…) et son taux est fixé à 0,5 %. Comme pour la CSG, seules y sont soumises les personnes physiques domiciliées en France, c'est-à-dire les personnes qui ont en France leur foyer ou le lieu de leur séjour principal, qui exercent en France une activité professionnelle, salariée ou non – à moins qu'elles ne justifient que cette activité y est exercée à titre accessoire –, qui ont en France le centre de leurs intérêts économiques ou qui sont agents de l'État et exercent leurs fonctions ou sont chargées de mission dans un pays étranger et ne sont pas soumises dans ce pays à un impôt personnel sur l'ensemble de leurs revenus. En d'autres termes, des salariés étrangers qui vivraient dans leur pays et travailleraient en France (les frontaliers par exemple) ne doivent pas se faire prélever de CRDS sur leur bulletin de salaire.

La contribution RDS est recouvrée de la même façon que la partie de la CSG non déductible. De ce fait, la CRDS n'est pas déductible de l'impôt sur le revenu et elle est prélevée à la source sur le montant brut des traitements et salaires après un abattement de frais professionnels forfaitairement fixé à 3 % de ce montant. Comme pour la CSG, tous les salariés sont concernés par cet abattement forfaitaire. Il n'est pas tenu compte du fait que certains peuvent bénéficier d'un abattement supplémentaire pour frais professionnels (VRP, journalistes, ouvriers du BTP…). De façon plus générale, cet abattement s'applique à la CRDS dès lors qu'il s'applique à la CSG.

De même que pour la CSG, la CRDS qui présente la nature juridique d'un prélèvement social, doit apparaître sur une ligne à part et de façon distincte sur le bulletin de salaire. La CRDS à la différence de la CSG peut porter sur des éléments de rémunérations non imposables. Dans ce cas particulier, elle n'aura pas en principe à être ajoutée dans la zone « net imposable » du bulletin de salaire.

Compte tenu de son assiette, la CRDS se trouve sans doute être l'impôt dont l'assiette est la plus large de tout le système fiscal français, le rendement pour un point de la CRDS apparaissant même supérieur à celui d'un point de CSG. Les produits des contributions pour la CRDS sont affectés à la CADES (Caisse d'amortissement de la dette sociale). Cette caisse, également instituée par l'ordonnance du 24 janvier 1996, a été créée à compter du 1er janvier 1996 et pour la durée prévue de prélèvement de la CRDS. Sa mission principale est d'assurer la gestion et l'amortissement du capital et des intérêts de la dette du régime général de la Sécurité sociale.

La CRDS est recouvrée pour les salariés selon les mêmes modalités de calcul, de régularisation, de recouvrement, de contentieux et de contrôle applicable à la CSG. Le recouvrement s'effectue généralement par l'Urssaf. Le précompte sur les allocations chômage est assuré par les Assedic.

Il est à noter que la création de la CRDS avait en son temps provoqué la colère du monde patronal. Un mécanisme très compliqué avait initialement été instauré, avant que, face à la levée de boucliers que suscitait la complexité du système proposé, les ministères des Affaires sociales et de l'Économie ne revoient leur copie. Les employeurs avaient à juste titre considéré que « le niveau raisonnable de complexité était dépassé » et rappelé que la « France était déjà championne du monde pour la complexité du bulletin de paie ».

Prenant conscience de cette situation, une commission désignée afin de proposer des mesures destinées à faciliter la rédaction du bulletin de salaire avait suggéré une « simplification du bulletin de salaire » qui s'était traduite par… l'autorisation donnée aux employeurs de ne pas faire figurer sur deux lignes distinctes la CSG non déductible d'une part, la CRDS (elle aussi non déductible) d'autre part : dans un grand élan de générosité, l'auteur de la réforme sur la simplification du bulletin de salaire avait donc proposé que ces deux lignes puissent être regroupées… en une seule ligne ! Quelle simplification majeure que celle qui permet de faire l'économie d'une ligne du bulletin de salaire… Cette « réforme » se passe hélas de commentaires et démontre, mieux que de longs discours, l'incapacité du monde politique à prendre la réelle mesure de la charge que représente l'élaboration des paies en France aujourd'hui.

Le recouvrement de la CRDS au sein des entreprises est d'ailleurs lui-même une opération complexe, eu égard au nombre de cas de figure qui se présentent. Il convient en effet de distinguer des revenus dits d'activité, des revenus de remplacement, des revenus de placement, dont les règles de gestion sont très diversifiées et d'une grande complexité.

Ainsi, pour les revenus dits d'activité, les contributions patronales aux régimes de prévoyance complémentaire et de retraite supplémentaire seront soumises à CRDS. Il en ira de même en ce qui concerne les cotisations destinées à financer des régimes de retraite dits « supplémentaires », c'est-à-dire qui viennent en plus des régimes de retraites complémentaires obligatoires. Jusque-là, les choses sont simples. En ce qui concerne ces régimes de retraites complémentaires obligatoires gérés par l'Agirc et l'Arrco, les cotisations ne sont pas soumises à CRDS ! Toutefois, le législateur met un bémol à cette règle en considérant que si le montant de ces cotisations excède un certain plafond alors, les cotisations devront être soumises à CRDS. Curieusement, le législateur considère également que la cotisation de prévoyance qui est obligatoire pour les cadres, basée sur la tranche A et qui vise à garantir le risque décès doit pour sa part supporter la CRDS ! Il est difficile de voir une continuité de logique dans une telle approche (pour plus de précisions sur les éléments mentionnés, se reporter au paragraphe 5.1 dans la suite de l'ouvrage sur le régime complémentaire des cadres).

Due sur la partie obligatoire de la prévoyance, il n'est donc pas étonnant que la CRDS soit également due pour la prévoyance non obligatoire. L'assiette du prélèvement CRDS est constituée par les montants de cotisation pris en charge par l'entreprise, après application là aussi de l'abattement prévu.

Un salarié ayant un brut de 1 700 euros, et dont l'entreprise paie 100 euros au titre de la part patronale du financement de prestations de prévoyance et retraite supplémentaire, verra sa CRDS égale à : [(1 700 + 100) × 97 %] × taux de CRDS applicable, soit 0,50 %.

Il convient également de savoir que les indemnités de licenciement ou de mise à la retraite et toutes autres sommes versées à l'occasion de la rupture du contrat de travail supportent la CRDS, uniquement pour la fraction qui excède le montant prévu par la convention collective de branche, l'accord professionnel ou interprofessionnel, ou à défaut par la loi.

Des sommes ont longtemps échappé à l'assiette des cotisations parce qu'elles étaient qualifiées de dommages et intérêts par la loi ou la jurisprudence se trouvent donc désormais assujetties à la CRDS. Les indemnités transactionnelles pour la part qui excède les limites prévues pour les indemnités de licenciement se trouveront donc concernées par la CRDS. Toutes sommes versées à l'occasion de la modification du contrat de travail supportent également la CRDS. De même, la prime dite « de précarité » versée en fin de contrat aux salariés en contrat à durée déterminée est soumise à la CRDS (sur cette prime de précarité, la CSG s'appliquait déjà).

Il a déjà été abordé le régime social et fiscal des sommes versées à l'occasion de la rupture d'un contrat de travail, exonérées de charges et d'impôts dans la limite de plafonds déterminés. En revanche, la totalité des sommes versées au titre d'une transaction entrent dans l'assiette de la CSG et de la CRDS. En d'autres termes, si un accord transactionnel est intervenu sur une base (brute) de 10 000 €, 97 % de cette somme supportera la CSG et la CRDS et il ne restera au salarié qu'une somme nette de 9 224 €. Il est à noter que si un employeur était condamné devant une instance prud'homale, par voie de jugement, à verser cette même somme de 10 000 € sous couvert de dommages et intérêts, cette somme échapperait en revanche à tous prélèvements sociaux (et fiscaux). En revanche, si un employeur versait cette somme suite à une ordonnance de conciliation devant le même conseil de prud'hommes, la somme supporterait là aussi de la CSG et de la CRDS... On voit que la frontière peut parfois être étroite quant au traitement de ces sommes !

Le montant minimal des dommages et intérêts versés à l'occasion de la rupture anticipée d'un contrat à durée déterminée (c'est-à-dire les indemnités obligatoirement dues aux salariés dont le contrat de travail est rompu avant son terme normal à l'initiative de l'employeur) ne supporte pas la CRDS. Le montant minimal correspond en fait aux rémunérations qu'aurait perçues le salarié jusqu'au terme de son contrat.

Il a été précisé que les indemnités de clientèle des VRP ne sont pas soumises à la CRDS dans la limite du minimum légal ou conventionnel de l'indemnité de licenciement à laquelle le VRP peut prétendre. De même, le montant minimal de l'indemnité légale de licenciement des journalistes, ou le minimum de dommages et intérêts dus en application de l'article L. 1235-1 du Code du travail en cas de licenciement irrégulier ou abusif, ne supportent pas la CRDS.

Comme pour la CSG, les rémunérations des apprentis sont exonérées de la CRDS.

Bien que ces éléments n'intéressent pas directement la paie, on comprend mieux l'étendue de l'assiette de la CRDS lorsqu'on sait que, par exemple, les allocations parentales complémentaires versées par les entreprises supportent la CRDS. (Il s'agit des allocations versées en application d'un accord collectif pendant le congé parental d'éducation ou la période d'activité à temps partiel pour compenser tout ou partie de la perte ou de la diminution de la rémunération, dès lors que l'absence est compensée dans les 30 jours par des embauches compensatrices. Cette allocation, même si elle est exonérée de toutes cotisations sociales et contributions salariales et patronales d'origine légale ou conventionnelle, supporte donc la CRDS).

De même, les allocations contributives de chômage, de retraite ou d'invalidité, et les allocations de préretraite des contribuables exonérés d'impôt sur le revenu sont soumises à CRDS : comme en matière de CSG, les allocations de chômage sont retenues pour leur montant brut, avant tout précompte, diminué de 5 % pour prendre en compte les frais liés à la recherche d'emploi. Les allocations de préretraite sont également retenues pour leur montant brut avant tout précompte.

Sauf cas particuliers, il est à noter que les allocations de retraite et les pensions d'invalidité supportent la CRDS.

Pour les indemnités journalières de maladie, de maternité, et d'accidents, la CRDS est précomptée par les organismes débiteurs des prestations sur le montant brut de l'indemnité. Il n'est pas fait application de l'abattement de 5 %. Lorsque l'employeur est subrogé dans les droits de son salarié pour la perception des indemnités journalières d'assurances, il reçoit de l'organisme débiteur une indemnité journalière nette de la CRDS. L'employeur doit déduire de l'assiette des cotisations le montant brut de l'indemnité, l'organisme débiteur devant indiquer à l'employeur ce montant brut. En revanche, les rentes d'accidents du travail ou de maladies professionnelles versées aux victimes ou à leurs ayants droit ne sont pas soumises à la CRDS.

Les allocations familiales, le complément familial, l'allocation de soutien familial, l'allocation pour jeune enfant, l'allocation de rentrée scolaire, l'allocation parentale d'éducation, l'allocation d'adoption sont autant d'éléments soumis à la CRDS.

Pour ce qui concerne les revenus de placement, les sommes versées par les entreprises et provenant de la participation et de l'intéressement se trouvent également concernées par la CRDS. Un premier prélèvement intervient en effet au moment du versement : si un salarié se voit calculer un montant de 1 000 € au titre de sa participation, 8 % de 97 % de ce montant, sera prélevé au titre de la CRDS (et de la CSG : le taux de 8 % provient de l'addition des trois taux de 5,1 %, 2,4 % et 0,5 % que l'on relève sur un bulletin de salaire au titre de ces cotisations). Seul le reste, soit 922,40 € dans cet exemple, sera placé (le plus souvent sur un plan épargne entreprise ou dans un fonds commun de placement). À l'issue de la période de blocage, le salarié percevra son épargne ; si une plus-value a été enregistrée, il devra supporter les mêmes prélèvements sociaux sur celle-ci. Ceci revient à constater que le montant compris entre le montant effectivement placé de 922,40 € et 1 000 € dans cet exemple, peut supporter deux fois les prélèvements sociaux ! Une première fois, à l'entrée, et une seconde fois à la sortie si une plus-value a bien été enregistrée par rapport au montant initial placé.

Outre ces revenus, la CRDS s'applique également sur des domaines aussi variables que les ventes de métaux ou objets précieux, et, selon des modalités variables, sur la part redistribuée aux gagnants des sommes engagées sur les jeux exploités par la Française des Jeux, sur les paris hippiques, sur les recettes brutes des jeux de casino, ainsi que sur les revenus fonciers (la CRDS s'ajoutant dans ce dernier cas à l'impôt sur le revenu).

On comprend donc mieux l'intérêt d'un tel prélèvement !

3.10. La taxe prévoyance

Une taxe a été instituée par l'ordonnance du 24 janvier 1996. Cette contribution, à la charge des employeurs, est entrée dans le cadre des mesures d'urgence visant au rétablissement de l'équilibre financier de la Sécurité sociale. Son produit est destiné au fonds de solidarité vieillesse.

La taxe, aujourd'hui d'un taux de 8 %, est due par les employeurs et est assise sur les contributions patronales et des organismes de représentation du personnel (les comités d'entreprise) destinées au financement des prestations complémentaires de prévoyance. La taxe est recouvrée par les Urssaf, une ligne à cet effet figurant sur le bordereau récapitulatif des charges à payer. Elle n'a pas à figurer sur une ligne séparée du bulletin de salaire, les employeurs ayant toutefois la faculté de l'y faire apparaître à titre d'information du salarié. Il est intéressant de relever que, pendant des années, les entreprises ont été vivement encouragées et incitées à développer des politiques de prévoyance. Il va de soi que lorsque par exemple, la Sécurité sociale décide de moins rembourser des actes ou des médicaments, les salariés ne peuvent que désirer une meilleure participation des organismes qui assurent le remboursement des frais médicaux en complément aux remboursements opérés par la Sécurité sociale. Les entreprises ont ainsi souscrit des accords collectifs pour faire bénéficier leurs salariés d'une meilleure couverture sociale. Et c'est lorsque de tels contrats ont été conclus que la taxe a été créée. Les entreprises ont donc pu avoir légitimement l'impression de s'être fait « flouer » à travers la mise en place de cette taxe, ou à tout le moins ont été en droit de se sentir pénalisées, alors que leur objectif allait dans le sens des intérêts sociaux de leurs salariés !

Lorsque le bulletin de salaire fait ressortir cette cotisation, le premier élément qui frappe est la difficulté à retrouver de prime abord les éléments qui ont servi de base pour déterminer l'assiette soumise au taux de la taxe.

Soit une entreprise qui aurait mis en place des garanties visant, par exemple, à proposer aux salariés un régime de prévoyance contre le risque décès, invalidité et incapacité et qui aurait mis parallèlement un régime dit « de mutuelle » : pour la prévoyance, si l'entreprise verse pour un salarié donné une cotisation patronale de 25 € sur la tranche A, de 50 € sur la tranche B, et que pour la mutuelle, la cotisation patronale est de 60 €, la base de la taxe sera égale à 25 € + 50 € + 60 € = 135 € qui seront donc soumis au taux défini.

On comprend donc que le poids des charges sociales puisse bien constituer parfois pour les chefs d'entreprise un facteur d'incitation… à ne pas embaucher. Le problème posé ainsi ne procure malheureusement pas de réponse quant à la façon par laquelle il faut procéder pour conserver l'outil de protection sociale tel qu'il existe aujourd'hui, sans pour autant grever davantage les charges des entreprises dont on considère qu'elles ont déjà dépassé le point limite de l'acceptable. Tout dérapage ne semble plus pouvoir être contrôlé que par une participation croissante des salariés, ou de l'État, ou par une diminution des prestations existantes.

Cette peur de toute « régression sociale » explique le succès des différentes formules mises en place avec l'aval des pouvoirs publics et qui concernent au premier plan les retraites. Les « plans épargne retraite » qui, s'ils ne sont pas « nouveaux » ont été véritablement découverts au début des années quatre-vingt, encouragés il est vrai par des avantages fiscaux, et sont ainsi rentrés dans notre univers quotidien.

Faut-il y voir les prémices de la « protection sociale à deux vitesses » – une pour les « riches » une pour les plus démunis – tant décriée par les syndicats ?

Parallèlement les « mutuelles » ont vu leur rôle s'accroître davantage, principalement depuis le début du « désengagement » de la Sécurité sociale en matière de remboursements. Là aussi, le coût de la protection sociale augmente, les mutuelles reportant sur les cotisations l'augmentation de leurs charges que cette nouvelle donne a entraînée, bien des éléments laissent à considérer que le mouvement apparaît véritablement irréversible, la Sécurité sociale poursuivant son désengagement progressif. De plus en plus d'entreprises se refusent à prendre à leur charge ces augmentations et font supporter aux seuls salariés le coût de ces dernières. Ce désengagement s'explique par l'incapacité qu'ont les employeurs à maîtriser ces dépenses.

On notera que les sommes prélevées au titre des mutuelles ne sont pas toujours prises en compte lorsqu'on détermine le poids des cotisations sociales par rapport au salaire brut. Cet « oubli » tient au fait que lorsqu'une mutuelle est facultative, sa déduction sur un bulletin de salaire intervient après le calcul du net fiscal et non avant, comme c'est le cas lorsque son caractère est obligatoire. Le fait pour un employeur de faire cotiser obligatoirement ses salariés à une mutuelle n'est en effet pas abusif, la Cour de cassation ayant eu l'occasion de le confirmer. Un salarié peut se voir imposer par son employeur de cotiser à une mutuelle sans possibilité de prétendre au remboursement des sommes versées au titre de cette affiliation ; en effet, au moment de son embauche, un salarié adhère naturellement à toutes les conditions fixées par l'employeur, et connaît donc l'obligation d'affiliation à un régime mutualiste qu'est susceptible de comporter son contrat de travail. Une circulaire du 30 janvier 2009 a précisé les conditions d'exonération de cotisations de la Sécurité sociale applicables aux contributions patronales destinées au financement des régimes de prévoyance et santé complémentaires ainsi que de retraite complémentaire : ce n'est qu'à la condition que les prestations garanties revêtent un caractère obligatoire et général à l'ensemble du personnel ou bien à certaines catégories de salariés (cadres, employés…) que les cotisations sont déductibles. La contribution de l'employeur doit en outre être à un montant ou un taux uniforme selon les tranches de rémunérations ou en fonction de la composition familiale (isolé 50 % – famille 70 % à la charge de l'employeur).

IV. Les cotisations recouvrées par Pôle Emploi

Pôle Emploi est né de la fusion des deux instances associées à la gestion du chômage : l'ANPE (Agence nationale pour l'emploi), d'une part, les Assedic, d'autre part. Les Assedic, associations pour l'emploi dans l'industrie et le commerce, ont vu leur rôle et leur importance sociale augmenter de façon quasi parallèle à la courbe de montée du chômage. Avant d'être intégrées à Pôle Emploi, ces organismes assuraient le versement des prestations servies dans le cadre du régime Unedic (Union nationale pour l'emploi dans l'industrie et le commerce) aux travailleurs involontairement privés d'emploi ; c'est donc désormais Pôle Emploi qui a la charge d'assurer le recouvrement des cotisations au titre de la protection du chômage auprès des employeurs et de leurs salariés.

En matière de protection sociale du chômage, il convient de distinguer deux types de chômage :

- le chômage total lorsque le salarié a vu son contrat de travail rompu et est dans l'impossibilité de trouver un (nouvel) emploi ;
- le chômage partiel consécutif à un arrêt ou à une réduction d'activité temporaires de l'entreprise. Le contrat de travail des salariés concernés par cet arrêt est suspendu.

La distinction est rendue nécessaire par les modes d'indemnisation applicables selon l'un ou l'autre cas. Pour simplifier, on pourra dire que dans le premier cas l'indemnisation est assurée par le régime Unedic, et dans le second cas, elle est d'ordre étatique et conventionnel.

4.1. L'indemnisation du chômage total

4.1.1. L'assurance chômage

L'assurance chômage est gérée paritairement par des représentants des employeurs et des salariés. Elle est financée par les cotisations prélevées à partir des salaires, ces cotisations concernant les employeurs comme les salariés. Les salariés âgés de 65 ans ou plus – sous réserve d'augmentation de ce seuil suite à la réforme des retraites de 2010 – ne sont cependant pas concernés (ils ne peuvent prétendre à l'assurance chômage, en cas de perte d'emploi, ils seraient en effet mis à la retraite).

L'assurance chômage est destinée à indemniser les travailleurs privés d'emploi relevant du chômage total : ceux-ci se voient donc verser un revenu de remplacement. Ce revenu de remplacement est constitué par une allocation. Les conditions d'attribution des allocations, leur montant et la durée de leur versement varient selon deux critères principaux qui sont l'âge des intéressés et la durée d'affiliation de ces derniers au régime d'assurance (en d'autres termes leur temps de travail). Pour ouvrir droit aux allocations chômage, les salariés doivent avoir été involontairement privés d'emploi suite principalement à un licenciement (même pour faute grave, voire pour faute lourde), à une fin de contrat à durée déterminée, ou à une démission considérée comme légitime – par exemple, en cas de changement de résidence du conjoint en vue d'occuper un nouvel emploi. Les salariés ayant quitté leur entreprise dans le cadre de la procédure dite de la rupture conventionnelle sont également éligibles au dispositif.

Le régime d'assurance chômage a connu des nombreuses réformes au cours des années passées, au gré du renouvellement des conventions régissant l'attribution des fonds. La durée d'une convention est généralement de deux ans et, à l'issue de ce délai, l'examen des comptes peut conduire les partenaires sociaux gestionnaires de l'assurance chômage à modifier les modes d'indemnisation. Il va hélas sans dire que ces « réexamens » se sont souvent faits dans le sens d'une diminution des prestations servies et d'un raccourcissement des périodes indemnisées, les parts à servir étant en effet à distribuer entre un nombre qui a longtemps été croissant de bénéficiaires. Les augmentations de recettes consécutives au relèvement des taux de cotisation restent en deçà de l'augmentation des prestations à servir.

L'évolution s'est longtemps faite dans une optique visant à mieux protéger les « chômeurs de longue durée ». Malgré les hausses des taux de cotisations supportées par les employeurs et leurs salariés, celle du montant total des prestations à servir est restée supérieure à l'augmentation des sommes récoltées au sein des entreprises. Les systèmes d'indemnisation ont dû être en permanence réajustés à cette situation et même les chômeurs de longue durée ont finalement été concernés par ces réajustements.

L'évolution des cotisations chômage donne une bonne idée de l'évolution de la courbe du chômage. Pour comprendre le développement de ce taux, on se contentera de citer celle de la part salariée : le taux de cotisation chômage était en octobre 1980 de 0,84 % sur le salaire assis sur les tranches A + B. En 2007 le taux était de 2,40 %, et n'a pas été modifié les années qui ont suivi, aussi bien sur la tranche A que sur la tranche B, + au titre d'une autre cotisation, dite AGFF, 0,80 % sur la tranche A et 0,90 % sur la tranche B, soit au final un quasi-quadruplement du taux de cotisation (celui-ci ayant même accédé à des sommets en 1996, quand il atteignait 3,22 % sur la tranche A et 3,86 % sur la tranche B). Il convient cependant de souligner que le taux global des cotisations, si toutes les cotisations salariales avaient augmenté au même rythme qui était un temps celui des cotisations Assedic, serait aujourd'hui de près de 45 %...

L'indemnisation chômage est déterminée en fonction de la rémunération soumise à cotisation des 12 derniers mois qui précèdent le dernier jour de travail (pour les salariés dispensés de préavis, la durée du préavis ne rentre donc pas en compte dans les 12 mois retenus). Cependant, les majorations substantielles de rémunération, c'est-à-dire les majorations anormalement élevées, ne sont pas prises en compte. Le taux normal de l'allocation journalière est de 40,4 % du salaire de référence, et elle est majorée d'une partie fixe dont le montant est révisé chaque année. Ce total ne peut cependant être inférieur à 57,4 % du salaire de référence.

Le paiement des allocations intervient après un délai de carence qui est notamment constitué du nombre de jours de congés payés que le salarié licencié s'est vu payer sous forme d'indemnité compensatrice au moment de son départ.

Ce délai de carence est majoré de l'équivalence exprimée en jours, de 50 % de la différence entre l'indemnité conventionnelle de licenciement perçue (et/ou toute somme supplémentaire du type indemnité transactionnelle versée à l'occasion de la rupture du contrat) par le salarié et l'indemnité légale minimale calculée en application du Code du travail. Cette majoration ne peut excéder 75 jours.

Exemple : un salarié a perçu une indemnité conventionnelle de licenciement de 10 000 euros. L'indemnité légale de licenciement aurait été égale à 3 000 euros. La moitié de la différence soit 10 000 euros – 3 000 euros = 7 000 euros × 50 % = 3 500 euros est divisée par le salaire journalier de référence. Si le salaire journalier de référence du salarié est égal à 100 euros, il lui sera calculé une majoration du délai de carence égale à 3 500 euros / 100 euros = 35 jours.

Si ce même salarié avait en outre perçu une indemnité transactionnelle de 9 000 €, la moitié de la différence aurait donc été égale à 50 % × (10 000 € d'indemnité conventionnelle + 9 000 € de transaction) – 3 000 € d'indemnité de licenciement = 50 % × 16 000 € = 8 000 € soit une carence de 80 jours (8 000 / 100), ce nombre étant cependant plafonné à 75 jours.

En outre, la prise en charge par Pôle Emploi est reportée au terme d'un différé d'indemnisation de 7 jours à compter de la date d'inscription.

Dans le premier exemple ci-dessus, si le salarié a en outre perçu une indemnité compensatrice de congés payés de 15 jours ouvrés (soit 3 semaines, soit 21 jours calendaires), il sera indemnisé au terme d'un délai de 7 jours (différé d'indemnisation) + 21 jours (carence congés payés) + 35 jours (carence versement supérieur aux indemnisations légales), soit un total de 63 jours à partir du lendemain de la fin du contrat de travail.

Dans le second exemple il sera indemnisé après 7 jours de différé d'indemnisation + 21 jours de congés payés + 75 jours = 103 jours calendaires.

Les allocations servies par Pôle Emploi sont soumises à l'impôt sur le revenu, à la CSG et à la CRDS, et elles supportent – sauf cas particuliers – un précompte au titre d'une participation au financement des points de retraite complémentaire. Cette participation s'élève à 3 % du salaire journalier de référence. En revanche, les allocations chômage ne supportent pas de cotisations de Sécurité sociale.

La cotisation chômage est longtemps apparue sur deux lignes sur les bulletins de salaire : l'une « régime assurance chômage », l'autre initialement « association pour la structure financière » (ASF), cette ASF étant devenue en 2001 « association pour la gestion du fonds de financement de l'Agirc et de l'Arrco » (AGFF). Le rôle de l'ex-ASF devenu AGFF est expliqué dans le paragraphe relatif aux retraites complémentaires car ce sont désormais ces régimes de retraite complémentaire qui sont en charge du recouvrement de cette cotisation.

Pôle Emploi peut également financer au-delà des actions « courantes » des interventions particulières – en tout premier lieu des actions en faveur des chômeurs en fin de droit, dont la période d'indemnisation est achevée – à l'aide de leurs fonds sociaux.

Le dispositif d'assurance chômage prévoit par ailleurs des mesures destinées à accélérer le retour à l'emploi des allocataires au travers par exemple du projet personnalisé d'accès à l'emploi (PPAE). Dans ce cadre, Pôle Emploi peut attribuer des aides au reclassement.

4.1.2. Le régime de solidarité

Exclus du bénéfice de l'indemnisation du chômage, les fonctionnaires doivent verser une « contribution de solidarité » égale à 1 % de leur revenu net fiscal. Cette mesure, instituée à titre temporaire – jusqu'au 31 décembre 1984 – lors de sa création, a été reconduite par la suite. Désormais, plus aucune limite de durée n'est fixée. Cette cotisation, financée par les seuls salariés et par une subvention de l'État, vise à alimenter un fonds, dit de solidarité, destiné aux chômeurs exclus du régime conventionnel de par l'épuisement de leurs droits, ou l'absence ou encore l'insuffisance de leur temps de travail.

Ces chômeurs peuvent alors bénéficier de deux types d'allocation :

- l'allocation de solidarité spécifique (ASS) versée sous certaines conditions aux chômeurs de longue durée ;
- l'allocation temporaire d'attente (ATA) au profit des demandeurs d'asile.

4.2. L'indemnisation du chômage partiel

Les salariés susceptibles de bénéficier de l'indemnisation du chômage partiel sont ceux qui, tout en restant liés à leur employeur par un contrat de travail, subissent une perte de salaire :

- soit du fait de la fermeture temporaire de tout ou partie de leur établissement ;
- soit de la réduction de l'horaire de travail.

La mise en route d'une procédure de chômage partiel doit respecter un certain nombre d'étapes impératives. Un employeur contraint de diminuer l'activité de son entreprise (suite à des intempéries, un sinistre, une restructuration ou une modernisation de l'entreprise, du fait de la conjoncture économique, à cause de difficultés d'approvisionnement, ou pour toute circonstance de caractère exceptionnel) doit obligatoirement consulter ses partenaires sociaux (comité d'entreprise, ou à défaut délégués du personnel). La mise en place d'un chômage partiel implique notamment une modification des horaires, domaine sur lequel le comité a un droit de regard important (*cf.* l'information préalable en matière d'heures supplémentaires, voire la possibilité pour un comité d'entreprise d'exercer un droit de veto à l'égard d'une mise en place d'horaires individualisés – aussi appelés horaires variables ou horaires libres).

L'employeur est tenu de faire connaître au comité les modalités d'application de la procédure de chômage partiel.

L'instruction des dossiers et la décision relatives aux demandes d'indemnisation de chômage partiel sont ensuite effectuées « dans les meilleurs délais » (maximum deux semaines) par la Direction départementale du travail et de l'emploi. Pour obtenir le remboursement des allocations versées par l'État, l'employeur adresse à la Direction du travail de l'emploi et de la formation professionnelle (DTEFP) les états nominatifs de remboursement. Depuis 1991, le visa de l'inspecteur du travail est supprimé, et l'information de ce dernier est effectuée parallèlement par la DDTEFP.

L'employeur doit ensuite afficher le nouvel horaire.

À la lecture de cette brève présentation, on remarque que le régime Unedic n'est pas sollicité. Il n'intervient aucunement dans le règlement de l'indemnisation du chômage partiel. Cette indemnisation est en effet assurée par l'État (à travers le versement d'allocations sur lesquelles nous allons revenir), mais aussi par l'employeur qui verse des indemnités dont le montant est défini de façon conventionnelle. Il est à noter que le gouvernement avait souhaité, début 1991 alors qu'il modifiait le régime d'indemnisation du chômage partiel, que l'Unedic intervienne dans l'indemnisation du chômage partiel, au motif que le chômage partiel peut permettre d'éviter des licenciements hâtifs et constituer ainsi un moyen d'éviter le chômage total. Les partenaires sociaux de l'Unedic avaient refusé de suivre le gouvernement sur ce terrain.

L'allocation versée par l'État (également appelée « allocation spécifique ») est égale à un montant défini par décret, et dont, innovation de la loi du 28 juin 2001, le montant varie selon la taille de l'entreprise. Ce montant était ainsi fixé en 2010 à 3,84 € pour les entreprises de 250 salariés et moins, et à 3,33 € pour les entreprises de plus de 250 salariés, et ce pour chacune des heures indemnisées. Cette allocation est versée aux salariés par l'employeur qui se fait ensuite rembourser le montant des sommes avancées, sur présentation d'états nominatifs et dans une limite maximale annuelle fixée à 1 000 heures pour toutes les branches professionnelles.

Ce nombre d'heures a été considérablement revalorisé à l'occasion de la crise économique mondiale qui a débuté en 2008, un dispositif prévoyant même une possibilité de dépasser ce plafond de 170 heures à titre exceptionnel. Les taux d'indemnisation ont également été augmentés, l'objectif étant bien évidemment d'aider les entreprises dans une période difficile et de ne pas les amener à générer des licenciements ayant des effets définitifs et durables.

L'employeur (tout au moins celui dont l'activité est représentée au Medef) est tenu de verser des indemnités conventionnelles dont les modalités de versement ont été définies par l'accord national interprofessionnel du 21 février 1968. Ces allocations viennent bien en complément de ce que verse l'État. Elles sont égales à 60 % de la rémunération brute horaire des salariés, déduction faite des indemnités versées par l'État.

L'indemnisation totale du chômage partiel (État + employeur) ne peut par ailleurs être inférieure à un minimum révisé chaque année. Ce minimum était fixé pour 2010 à 6,84 €.

Lorsque l'indemnisation s'avère être inférieure à ce minimum, il appartient à l'employeur de combler cette différence.

Soit l'exemple suivant : on retient un taux d'allocation d'aide publique versée par l'État tel que ce taux est égal à 3 euros (il s'agit d'un montant donné à titre d'exemple) par heure indemnisée. On considère que le taux total minimum d'indemnisation (État + employeur) est (à titre d'exemple également) de 5 euros.

Un salarié gagne 1 500 euros par mois et a été arrêté 100 heures pour chômage partiel. Le salarié est mensualisé sur la base de 151,67 heures son taux horaire est donc de 1 500 / 151,67 = 9,89 euros.

L'indemnisation de l'État va être de 100 heures × 3 euros = 300 euros.

L'indemnisation horaire de chômage partiel va être de 9,89 euros × 60 % = 5,93 euros. L'indemnisation horaire de l'État va être de 3 euros. Il restera donc à la charge de l'employeur 5,93 euros – 3 euros = 2,93 euros par heure.

Il convient ensuite de vérifier que la valeur totale de chaque heure indemnisée est bien au moins égale au minimum d'indemnisation prévu (5 euros dans l'exemple). Si tel n'est pas le cas, il appartient à l'employeur de verser le complément requis.

Au-delà de ce dispositif, la loi a également institué l'obligation d'une rémunération globale minimale pour tous les salariés touchés par une réduction d'horaire, dès lors que leur horaire de travail est égal à celui de la durée légale hebdomadaire (ce qui exclut donc les salariés à temps partiel de cette réglementation. Sont également exclus les salariés employés par des entreprises de gardiennage, les VRP, les concierges, les employés de maison…). Cette rémunération minimale est égale à la rémunération que le salarié aurait perçue s'il avait été payé sur la base du Smic, après déduction des cotisations obligatoires payées par le salarié sur cette base (il s'agit donc du Smic « net »).

Si tel n'est pas le cas après paiement du salaire des heures effectivement travaillées, et des diverses allocations liées à l'indemnisation du chômage partiel, l'employeur doit verser une indemnité complémentaire afin de garantir aux salariés cette rémunération mensuelle minimale. Cette indemnité est remboursée à hauteur de 50 % par l'État.

Une situation de chômage partiel induit donc une perte de rémunération pour les salariés concernés. La perte est relativement faible pour les salariés payés sur une base proche du Smic. Au-delà, elle est d'environ 40 %. Une entreprise qui emploie un grand nombre de salariés payés au Smic ne pénalisera donc pas énormément ceux-ci si elle met en place une procédure de chômage partiel, et de son côté, elle fera d'importantes économies de charges. Bien évidemment, l'idéal pour toute entreprise est de ne jamais devoir se retrouver dans une situation où elle doit mettre en place de telles mesures. Celles-ci sont en outre assez lourdes à gérer sur le plan administratif, et avant de recourir à des mesures de chômage partiel, les entreprises utilisent au maximum les reliquats de droits à congés payés (exemple : mise en congé obligatoire du salarié dans le cadre de la 5e semaine, prise anticipée de droits RTT, etc.).

Les salariés sont astreints au paiement de la CSG et de la CRDS sur les allocations qui leur sont versées. Ces allocations échappent cependant au paiement des autres cotisations de Sécurité sociale.

On notera qu'un régime particulier d'indemnisation est prévu pour les travailleurs privés d'emploi par suite d'intempéries dans les entreprises relevant du BTP, ce régime reposant sur une assurance des employeurs qui versent obligatoirement des cotisations à la caisse des congés payés dont ils dépendent. Deux taux de cotisations sont prévus : l'un pour les entreprises de gros œuvre ou de travaux publics, l'autre pour les autres entreprises. Ce régime ne s'oppose pas à l'application de la rémunération mensuelle minimale et prévoit, lorsque l'employeur a versé des indemnités intempéries, le remboursement de celui-ci d'une large partie des sommes qu'il a été amené à verser à l'occasion d'intempéries. Les dockers professionnels bénéficient également d'un régime similaire.

Enfin, une situation de chômage partiel modifiant l'équilibre de la relation contractuelle (il y a modification substantielle liée au temps de travail), un salarié est en droit d'invoquer la rupture de son contrat de travail du fait de l'employeur. Il ouvre alors droit au paiement du préavis et de l'indemnité (légale ou conventionnelle) de licenciement. De plus, le règlement Unedic précise que si la fermeture temporaire se prolonge au-delà de 28 jours calendaires, les salariés sont considérés comme « en recherche d'emploi » et peuvent dont être pris en charge par le régime Assedic (sauf s'ils ont continué à bénéficier d'une indemnisation servie par leur employeur).

4.3. Le fonds national de garantie des salaires

Parallèlement au dispositif portant sur l'assurance chômage, il a été instauré un « fonds national de garantie des salaires » ; la création de ce fonds remontant à la loi du 27 décembre 1973 relative à la garantie de créance des salariés. Cette loi a quelque peu prolongé le célèbre conflit de la société Lip en 1973, conflit dont l'une des principales conclusions avait été de mesurer les limites des procédures de protection des salariés vis-à-vis des créanciers de leur employeur défaillant. La loi de 1973, conclue dans le cadre d'une conjoncture encore, économiquement parlant, favorable, a dû être modifiée par la suite car elle s'avérait souvent inefficace, inadaptée ou de mise en œuvre lourde, lente et complexe ; le tout dans un contexte où pas moins de 20 000 « défaillances d'entreprises » sont comptabilisées chaque année. La loi du 1er mars 1984 sur « la prévention et le règlement amiable des entreprises en difficulté » et celle du 25 janvier 1985 sur « le redressement et la liquidation judiciaire des entreprises » avaient pour objectif de remédier aux critiques formulées à l'égard de la loi de 1973 et de développer une politique de prévention se traduisant notamment par une plus grande information des salariés.

Le régime d'assurance est mis en œuvre par une association créée par des organisations nationales patronales professionnelles (dont le Mouvement des entreprises de France – MEDEF – et la Confédération générale des petites et moyennes entreprises – CGPME). Cette association, qui répond au nom de l'association pour la gestion du régime d'assurance des créances des salariés (AGS), a passé une convention de gestion avec les Assedic aux termes de laquelle il résulte notamment que les Assedic organisent le recouvrement des cotisations.

La base de calcul de la cotisation FNGS est constituée par les tranches A et B ; cette cotisation étant, on l'aura deviné, à la charge des seuls employeurs.

V. Les régimes complémentaires de retraite et de prévoyance

Parallèlement au régime général d'assurance vieillesse de la Sécurité sociale dont nous avons pu précédemment définir dans ses grandes lignes le rôle, les régimes complémentaires sont régis par des règles complexes. De même qu'il n'existe pas un seul régime de base en matière de Sécurité sociale (on citera ainsi le régime général de l'industrie, du commerce et des services, le régime agricole, les régimes spéciaux des salariés de l'État et des principales administrations, les régimes des travailleurs non salariés, etc.), on devra appliquer à chaque catégorie socioprofessionnelle des règles particulières. Il est en effet possible de distinguer notamment : le secteur privé non agricole, le secteur public, les professions libérales, les professions artisanales, les professions agricoles, etc. Une étude de chacun de ces régimes auxquels adhèrent ces groupes de professions, serait, on s'en doute, aussi lourde que complexe. Nous nous limiterons à une étude du régime des employeurs et salariés du secteur privé non agricole. La loi du 29 décembre 1972 a imposé l'affiliation de tout salarié dès lors qu'il relève du régime général de la Sécurité sociale à un régime de retraite complémentaire.

Le taux de cotisation à ce régime de retraite complémentaire est fixé à 16 % pour les non-cadres et à 16,24 % pour les cadres, et ce pour toutes les entreprises depuis le 1er janvier 2006. Si par le passé, les entreprises pouvaient fixer leur taux de cotisation de façon variable (le taux étant encadré par un minimum – à l'origine de 8 % – et un maximum – alors fixé à 16 %), depuis le 1er janvier 1999, il n'existe plus qu'un taux unique. Au fil des revalorisations intervenues de façon régulière à partir de 1994, le taux minimum a ainsi progressivement rejoint le taux maximum.

En ce qui concerne ces taux de 16 et 16,24 %, compte tenu des besoins de financement des régimes de retraite complémentaire, les partenaires sociaux sont amenés à devoir de plus en plus fréquemment prendre des mesures destinées à assurer l'équilibre financier des systèmes et, par voie de conséquence, à augmenter le taux de la cotisation.

Pour les non-cadres, la base de cotisation est le salaire brut, dans la limite de 3 fois le plafond de Sécurité sociale et le taux de cotisation doit être au moins égal à 6 %. Ce minimum a été fixé à ce niveau depuis le 1er janvier 1999. Il était à l'origine de seulement 4 % avant d'être porté à 4,5 % au

1er janvier 1996, 5 % au 1er janvier 1997, et 5,5 % au 1er janvier 1998, ce qui traduit là aussi la nécessité pour les régimes gérant le système d'augmenter les recettes pour faire face au paiement des retraites... Pour la fraction des salaires dépassant le plafond de la Sécurité sociale, le taux minimum des cotisations a été porté à 16 % depuis le 1er janvier 2000.

La répartition de la cotisation s'effectue pour les non-cadres sur la base de 60 % à la charge de l'employeur et 40 % à la charge du salarié (sauf héritage issu d'anciennes répartitions...).

À la lecture d'un bulletin de salaire, on ne retrouve pourtant jamais les taux de cotisation retraite tels qu'indiqués précédemment (6 %, 16 %, 16,24 %). En effet, dans la pratique, pour permettre d'établir leur équilibre financier, face aux risques de déséquilibre résultant d'une évolution décalée dans le temps de leurs charges et de leurs ressources, les caisses chargées de la gestion des retraites ont été amenées à mettre en place des systèmes tels que les taux initiaux comportent des majorations qui n'entraînent cependant pas de droit supplémentaire dans le calcul des pensions. Les taux sont en effet « appelés » avec des majorations qui vont en augmentant continuellement : elles sont désormais de 25 %, aussi bien pour les cadres que pour les non-cadres (pour mesurer les difficultés d'atteinte de l'équilibre des caisses de retraite, on rappellera qu'en 1986, ces majorations n'étaient que de 6 % pour les cadres et 15 % pour les non-cadres). Ainsi, aujourd'hui, lorsqu'un salarié aura payé 125 euros de cotisations de retraite complémentaire (que ce soit au titre du régime cadre ou du régime non-cadre) on considérera pour déterminer ses droits à pension qu'il n'a versé en réalité que 100 euros.

L'application de ce dispositif conduit donc à relever les taux suivants sur un bulletin de salaire : pour un non-cadre, le taux contractuel de 6 % équivaut donc à un taux réel de 7,5 %, répartis en 3 % pour le salarié et 4 % pour l'employeur. Pour un cadre, le taux contractuel de 16,24 % équivaut donc à un taux réel de 20,3 % avec une répartition de 12,60 % pour l'entreprise et de 7,70 % pour le salarié (sauf disposition plus favorable au salarié).

On rappellera que les demandeurs d'emploi qui perçoivent des allocations se voient précompter sur les montants servis par le régime d'indemnisation du chômage une retenue de 3 % de leur salaire journalier de référence. Ce prélèvement vise à les faire participer au financement des « points de retraite complémentaire gratuits » dont ils bénéficient durant leur période de chômage. La mesure relative au taux d'appel contribue également à permettre le financement de ces points gratuits.

Le choix de la caisse de retraite complémentaire (qu'elle concerne les cadres ou les non-cadres) s'effectue généralement librement par l'entreprise. Certaines conventions collectives peuvent parfois cependant imposer une caisse auprès de laquelle un employeur devra obligatoirement affilier ses salariés. Un choix de caisse est une décision essentielle car il est extrêmement difficile de quitter une institution au profit d'une autre : des pénalités très lourdes de « départ anticipé » sont en effet exigées par les caisses de retraite ; le montant de ces pénalités étant à lui seul totalement dissuasif d'envisager la rupture de la relation ! Or les services offerts par ces institutions peuvent parfois présenter des différences qui ne sont pas négligeables et qui peuvent orienter la décision de les retenir ou non, en ce qui concerne par exemple les ratios actifs/retraités, les possibilités de prêts aux adhérents, la nature des informations apportées, etc.

5.1. Le régime des cadres

Le régime des cadres a été institué par la convention collective nationale de retraite et de prévoyance des cadres, en date du 14 mars 1947. Il est placé sous le régime de l'Agirc (Association générale des institutions de retraite des cadres).

On appelle trop souvent les régimes complémentaires des cadres des « régimes de retraite ». L'appellation est incomplète car la notion de complémentaire recouvre également le champ de la prévoyance. Une assurance obligatoire – l'assurance décès – permet en effet de bénéficier d'une protection à ce titre. Les bénéficiaires du régime des cadres sont les « ingénieurs et cadres », c'est-à-dire les « articles 4 » (ainsi appelés car leur statut est défini dans l'article 4 de la convention), ainsi que les assimilés, c'est-à-dire les « articles 4 bis », et éventuellement les autres collaborateurs situés à une position hiérarchique minimale (les « articles 36 »), définie de par les termes des conventions collectives ou d'accords particuliers conclus et communiqués à l'Agirc.

Les diverses cotisations supportées par les salariés concernés par le régime des cadres et leurs employeurs sont les suivantes.

5.1.1. Sur la tranche A

- Une assurance décès, à la charge des seuls employeurs, le taux de cette cotisation étant fixé à 1,5 %. Une entreprise qui ne souscrirait pas une telle assurance s'expose à verser aux ayants droit du cadre décédé une indemnité égale à trois fois le plafond annuel de la Sécurité sociale en vigueur au moment du décès ;

- une cotisation à un régime complémentaire de salariés non-cadres, en application d'un accord paritaire du 6 juin 1973. Cet accord vise à garantir qu'un cadre cotise « dès le premier euro » de rémunération perçue à un régime de retraite complémentaire. Le régime de retraite des cadres était en effet à l'origine un régime assis sur la tranche B de la rémunération. Si aucune cotisation sur la tranche A n'existait, son absence aurait donc pour effet de fortement pénaliser les cadres qui ne dégageraient qu'une petite tranche B, voire qui n'auraient que de la tranche A. Faute de cotiser sur cette tranche, ils ne dégageraient aucun droit à retraite. Or, on verra que les pensions de retraite sont perçues en fonction des cotisations retraite acquittées tout au long de sa vie professionnelle par le salarié (et ses employeurs successifs) ;
- une cotisation versée à l'Apec (Association pour l'emploi des cadres), cette organisation offrant divers services aux cadres : informations, conseils, aides à l'emploi… Cette cotisation est prélevée mensuellement.

5.1.2. Sur la tranche B

- Une cotisation de retraite à la charge du salarié et de l'employeur ;
- une cotisation versée à l'APEC (la base de cotisation étant donc constituée par la tranche A mais également par la tranche B de la rémunération : longtemps cette cotisation n'a eu comme base que la tranche B. L'évolution continue du plafond de la Sécurité sociale a eu comme conséquence de réduire le montant des recettes revenant à l'APEC, d'où cette évolution en 2011 de mettre en place une nouvelle base de cotisation, mise en place accompagnée de la suppression d'un forfait dont entreprises et salariés devaient s'acquitter en mars de chaque année.

Il convient donc à ce stade de préciser que tout salarié cadre au moment où il prendra sa retraite se verra verser trois pensions :

- une pension versée par la Sécurité sociale ;
- une pension versée au titre des cotisations de retraite cadre dont il s'est acquitté sur la base B de sa rémunération ;
- une pension versée au titre des cotisations de retraite non-cadre dont il s'est acquitté sur la base A de sa rémunération.

La pension de retraite Sécurité sociale est bien entendu versée par la Sécurité sociale. La pension de retraite « cadre » est servie par la dernière caisse « cadre » relevant du régime Agirc auprès de laquelle cotisait le salarié. La pension de retraite non-cadre est également servie par la dernière caisse « non-cadre » auprès de laquelle cotisait le salarié (sous réserve que celui-ci y cotisait depuis au moins 3 ans : à défaut, c'est la caisse auprès de laquelle le salarié avait cotisé le plus longtemps qui assurera la liquidation de la pension de retraite, cette pension tenant donc compte de la totalité des droits acquis auprès des différentes caisses de retraite auprès desquelles le salarié a été inscrit durant sa vie professionnelle. Ce système permet ainsi qu'une seule caisse n'assure les règlements de pension et centralise donc la gestion de la pension de retraite).

Une faible base de cotisation ne génère que peu de cotisations, donc peu de droits sociaux. Depuis le 1er janvier 1989, tout participant à un régime de l'Agirc est cependant assuré de voir inscrit à son compte, chaque année, un nombre minimal de droits exprimés en points, proportionnel au taux de cotisation de l'entreprise. C'est le système appelé GMP : garantie minimale de points. Le nombre de points minimal que doit acquérir chaque salarié relevant du régime Agirc est de 120. La garantie GMP a fait disparaître des garanties similaires qui s'appelaient le plus souvent « avenant A17 » par référence au texte qui avait pu les mettre en place. Pour générer ces points, le principe est simple : il faut que le montant de cotisation de retraite Agirc soit égal à un minimum. Si tel n'est pas le cas du fait d'une tranche B trop faible, le salarié doit alors cotiser sur la tranche A. À l'image du processus de régularisation des bases de cotisations, une rémunération qui varie d'un mois sur l'autre peut avoir pour effet de conduire à ce que certains mois le cumul de la rémunération du salarié depuis le début de l'année lui permette de dégager une tranche B suffisante pour ne pas avoir à déclencher la GMP. Certains mois, ce cumul peut être insuffisant et générer l'application de la GMP. On assiste alors au même principe de régularisation progressive mensuelle qui peut donc quelque peu compliquer la compréhension de la paie. Le salaire charnière en deçà duquel la GMP joue est de l'ordre du montant du plafond mensuel de la Sécurité sociale majoré de 10 %.

On rappellera que parallèlement à ce dispositif, les périodes non travaillées pour cause d'arrêt de travail (maladie, maternité, accident) ne doivent pas constituer une cause de réduction de la base habituelle soumise à cotisations de retraite complémentaire cadre, durant les 90 premiers jours d'arrêt, conformément à la réglementation Agirc.

5.1.3. Sur la tranche C

À l'origine, aucune cotisation obligatoire n'a été instituée sur cette tranche de la rémunération qui concerne en premier lieu les cadres supérieurs de par l'importance des sommes définies par cette tranche. Les cotisations au titre de régimes complémentaires sur la tranche C n'étaient donc que facultatives jusqu'à ce qu'un accord signé le 24 mars 1988 entre le patronat et les syndicats (CFDT, CFTC, FO, CGC) généralise le régime de retraite des cadres supérieurs et le rende obligatoire pour toutes les entreprises, sans exception, à partir du 1er janvier 1991, les règles de détermination des taux de cotisation étant les mêmes que pour les retraites assises sur la tranche B.

Le taux contractuel de cotisation pour les retraites cadres est donc aujourd'hui de 16,24 % aussi bien sur la tranche B que sur la tranche C.

Ce taux est appelé également à 125 %, et les taux réels de cotisation qui figurent sur le bulletin de salaire sont donc les mêmes en tranche C qu'en tranche B.

L'âge requis d'ouverture des droits à une retraite dite « normale » – par opposition à une retraite dite « anticipée » ou « ajournée » – suit les mêmes règles que pour la retraite Sécurité sociale.

On ne saurait omettre de préciser que la liquidation d'une pension de retraite est un droit et non une obligation ; il n'existe pas en effet d'âge « légal » de départ à la retraite. Ceci signifie que tout salarié peut parfaitement continuer une activité professionnelle au-delà de l'âge à partir duquel il serait en droit de partir à la retraite. Le salarié qui poursuit ainsi sa vie active continue par ailleurs à payer des cotisations et, par conséquent, à capitaliser les « points de retraite » dont on verra plus loin le rôle. On peut supposer qu'une telle situation va devenir de plus en plus fréquente – sous réserves que les mentalités évoluent en France : en effet, pendant près de 30 ans à partir de 1981, lorsque le gouvernement socialiste a abaissé de 65 à 60 ans l'âge à partir duquel on pouvait partir en retraite, pour beaucoup de personnes, la vie professionnelle s'est arrêtée avant 60 ans : sous couvert de l'indemnisation du chômage, de la mise en place de « plans d'accompagnement au départ », de dispositifs de préretraite, on s'est habitué à voir des salariés quitter leur activité à partir de 55 ans, tout en bénéficiant d'un accompagnement social leur garantissant une prise en charge et une garantie de revenus jusqu'à leur départ effectif en retraite. C'est dans ce contexte qu'on s'est également habitué à voir de moins en moins de « seniors » dans les entreprises, et celles-ci se trouvent désormais confrontées à devoir traiter un problème qui n'en était plus un, à savoir la gestion de carrière des salariés âgés. Avec les dispositifs mis en place depuis 1981, comment s'étonner que la France soit un des pays d'Europe dans lesquels le taux d'activité des personnes de plus de 55 ans est le plus faible…

Lorsque le salarié ne totalise pas le nombre de trimestres de cotisations requis pour bénéficier d'une retraite Sécurité sociale au taux plein, qu'il entend toutefois faire valoir des droits à la retraite passé l'âge minimum de départ à la retraite fixé par la loi (65 ans avant 1982, 60 ans ensuite, 62 ans après la réforme de 2010), un coefficient de minoration pour « anticipation » lui sera appliqué selon les modalités similaires à celles s'appliquant en matière de pension de retraite Sécurité sociale pour les salariés auxquels il manque des trimestres.

Avant 1982, lorsqu'un salarié entendait faire valoir ses droits à la retraite complémentaire avant 65 ans, il lui était appliqué ces coefficients d'abattement. Lorsque l'ordonnance de 1982 a abaissé de 65 à 60 ans l'âge à partir duquel il était possible de bénéficier sans minoration de la pension de retraite Sécurité sociale, les caisses de retraite ont adopté une position prudente et un peu en réserve de celle du gouvernement. Elles n'ont en effet pas souhaité abandonner le référentiel à cette notion de coefficient d'abattement. Si les choses en étaient restées en l'état, on aurait vu alors des salariés âgés de plus de 60 ans liquider sans abattement leur pension de retraite Sécurité sociale et percevoir une pension minorée de retraite complémentaire !

Pour éviter cette situation – qui aurait très certainement considérablement réduit les motivations des salariés à prendre avant 65 ans leur retraite (qu'ils soient cadres ou non-cadres), il a été institué l'Association pour la structure financière (ASF). L'ASF a pour objet de payer aux caisses de retraite complémentaire la différence entre la retraite réelle (non abattue) qu'elles versent aux salariés qui ont fait valoir leurs droits à retraite entre 60 et 65 ans et la retraite qu'elles auraient été amenées à verser si elles avaient appliqué l'abattement. Cette ASF était recouvrée par l'intermédiaire des Assedic. L'ASF a fait couler beaucoup d'encre en 1993 lorsqu'elle est arrivée au terme des 10 années pour lesquelles elle avait été initialement créée. En effet, l'État qui participait également au financement de l'ASF a émis le souhait de se désengager. Une telle décision aurait porté un coup d'arrêt total à l'institution et n'aurait pas permis de continuer à verser aux salariés liquidant leur retraite entre 60 et

65 ans une pension complémentaire non abattue. Le problème devait trouver une solution à travers une nouvelle augmentation des cotisations sociales… pour se reposer en 2001, le patronat ayant fait part de son désir de mettre un terme à ce système. Après d'âpres négociations, l'ASF a été supprimée au profit de l'Association pour la gestion du fonds de financement de l'Agirc et de l'Arrco (AGFF). Les taux de cotisation ont été majorés par rapport aux taux de l'ASF, l'accord trouvé le 10 février 2001 n'ayant vocation à s'appliquer que pour une durée limitée, qui a été régulièrement reconduite jusqu'alors… Aussi longtemps qu'un tel accord existera, les salariés pourront donc liquider leur pension de retraite complémentaire cadre sans abattement, même s'ils n'ont pas 65 ans (ou 67 ans demain ?), mais qu'ils ont les trimestres requis par la Sécurité sociale. Nul ne peut dire combien de temps ce système perdurera. Cet accord justifie donc sur les bulletins de salaire une ligne spécifique AGFF en sus de celles relatives aux seules cotisations de retraite. Cette cotisation concerne donc aussi bien les cadres que les non-cadres. Le taux de cette cotisation est fixé à :

- 2 % pour la tranche A (1,20 % à la charge de l'employeur, 0,8 % à la charge du salarié) ;
- 2,2 % pour la partie de salaire comprise entre 1 et 4 fois le plafond de Sécurité sociale pour les cadres, entre 1 et 3 fois le plafond de Sécurité sociale pour les non-cadres, la répartition étant de 1,30 % pour l'employeur, et 0,9 % pour le salarié.

Il est à noter qu'aucun taux d'appel ne s'applique à cette cotisation AGFF, et qu'aucune cotisation AGFF n'est due au-delà des seuils mentionnés ci-dessus (il n'y a donc pas de cotisation AGFF sur la tranche C).

Le calcul du montant d'une pension de retraite complémentaire s'effectue à partir du nombre de « points de retraite » capitalisés tout au long d'une vie active et durant chacun des exercices (un exercice s'étendant en règle générale sur l'année civile) de la carrière professionnelle. Le nombre des points acquis chaque année se calcule par application de la formule suivante :

$$\frac{\text{Total des cotisations versées dans l'année par l'employeur et le salarié}}{\text{Salaire de référence} \times \text{taux d'appel des cotisations}}$$

Le salaire de référence, qui est en définitive la valeur d'achat des points de retraite, est fixé chaque année par l'Agirc. Celle-ci fixe en même temps la valeur de chaque point de retraite acquis. Le montant de la pension que touchera un salarié s'obtient par la multiplication du nombre de points capitalisés par la valeur dudit point. À travers ce mode de calcul, on comprend donc que plus le taux de cotisation est élevé, plus les montants payés au titre de ces cotisations sont élevés et, par voie de conséquence, plus le nombre de points acquis à chaque exercice sera important. La notion de « salaire différé » parfois utilisée en matière de cotisations sociales trouve ici tout son sens. Ce « salaire différé » offre des perspectives peu réjouissantes quant à son montant futur.

Il convient à ce stade de rappeler que l'Agirc fonctionne selon un système de répartition, c'est-à-dire redistribue aux retraités le montant des cotisations encaissées. Ce montant de cotisations encaissées dépend donc pour une large part du plafond de Sécurité sociale : c'est en effet celui-ci qui détermine l'assiette des cotisations basées pour les retraites des cadres sur les seules tranches B et C. Or, de façon récurrente, l'augmentation du plafond est quasiment systématiquement supérieure à celle de l'inflation. Un salarié cadre dont la rémunération bien que supérieure au plafond de Sécurité sociale ne ferait que suivre l'inflation, verrait donc progressivement sa base de cotisation se réduire année après année. Cette évolution se fait naturellement au détriment des comptes de l'Agirc.

De plus, il faut bien constater que les promotions d'un statut non-cadre vers un statut cadre peuvent se trouver freinées du fait des écarts de cotisations entre un « non-cadre » et un « cadre ». Si un salarié doit conserver son même salaire brut tout en bénéficiant d'une promotion qui le fait passer de « non-cadre » à « cadre », du fait des cotisations salariales supérieures pour un cadre que pour un non-cadre, son net à payer va s'en trouver diminué ! Pour éviter une telle situation, augmenter le salarié est donc indispensable pour un employeur, cette augmentation ayant bien entendu un coût, auquel il convient d'ajouter les suppléments de cotisation qui sont à verser pour l'employeur également au titre de ce nouveau statut cadre.

Tous ces éléments posent en fait le problème, soulevé depuis des années, de l'opportunité de maintenir des régimes de retraites différenciés entre les non-cadres et les cadres. Un jour prochain, on peut légitimement penser que ces régimes aujourd'hui distincts seront totalement fusionnés – au-delà du seul fait qu'ils ont déjà aujourd'hui une adresse commune de siège social et qu'ils ont mis en commun un certain nombre de frais financiers !

Pour les salariés en activité, comme pour les personnes déjà retraitées, la situation face aux évolutions financières de l'Agirc n'est pas moins problématique. Pour les salariés, on a donc vu qu'avec un salaire suivant juste l'inflation, l'assiette de cotisation a tendance à diminuer, puisque la valeur du plafond augmentant généralement plus que l'inflation, les tranches B et C se trouvent automatiquement réduites par ce fait. Plus grave, pour une même base de cotisation, c'est-à-dire à assiette constante, le nombre de points acquis diminue également car la valeur d'achat d'un point acheté (cette valeur étant appelée par les caisses de retraite, comme indiqué ci-dessus, « salaire de référence ») augmente beaucoup plus vite que celle de l'inflation. En 2000, cette valeur avait même augmenté de 6,89 %, soit un taux sans commune mesure avec celui de l'inflation alors d'à peine 1,5 % ! En d'autres termes, avec 1 250 € de cotisation en 1999, seulement 1 000 € étant pris en compte pour le calcul des droits, un salarié générait un droit à 266 points. En 2000, avec les mêmes bases et un salaire de référence revalorisé de 6,89 %, le salarié ne générait plus que 248 points ! L'accord signé le 13 novembre 2003 sur les retraites complémentaires n'a pas véritablement mis fin à ces possibilités de dérive : cet accord indique que le salaire de référence évoluera dorénavant en prenant en compte l'évolution du salaire moyen constaté au cours de chaque exercice. Dans le même temps, il indique que la valeur du point de liquidation, qui sert donc au calcul des cotisations, évoluera comme l'évolution annuelle moyenne des prix hors tabac. Sachant que l'évolution du salaire moyen est de façon quasi constante toujours supérieure à celle de l'inflation, l'accord entérine donc une situation pour le moins peu favorable aux salariés du secteur privé. En 2010, toujours avec un montant de cotisation de non plus 1 250 € mais de 1 254,70 € (augmentation du taux d'appel oblige…), les 1 000 € généraient un droit de 199 points !

Il convient toutefois de dire si l'on veut se convaincre que l'on aurait pu avoir pire, que cet accord de 2003 aura au moins eu le mérite d'éviter de reconduire la situation qui avait vu plusieurs années une absence totale de revalorisation de la valeur du point servant au calcul des allocations lorsque l'Agirc avait pu décider, du fait du mauvais état de ses finances, que la valeur de liquidation du point de retraite serait tout simplement gelée. En d'autres termes, cela s'était donc traduit par des pertes de pouvoir d'achat d'une année sur l'autre, l'inflation n'étant en effet pas gelée pour sa part.

Cette question, curieusement, n'a quasiment pas été mise sur la table lors des débats qui ont eu lieu en France à l'occasion de la réforme des retraites des fonctionnaires en 2003. Elle n'est pas davantage résolue avec la réforme de 2010. Elle constitue pourtant l'une des plus grandes inéquités entre le régime des retraités du service public et le régime des retraités du secteur privé. Les retraités du secteur public bénéficient en effet d'une indexation de leurs pensions basée sur les augmentations des salaires de la fonction publique. Or, cette évolution a été au cours des dernières années supérieure à celle de l'inflation. Les garanties des retraités du secteur privé sont sans commune mesure avec la garantie des retraités du secteur public ! On peut mesurer, en prenant comme base un versement de pensions pendant 20 ans, les écarts qui peuvent se trouver exister entre les évolutions de pouvoir d'achat des personnes issues du secteur public et celles issues du secteur privé.

Depuis le 1er janvier 1997, les participants au régime Agirc doivent payer une contribution dite « exceptionnelle et temporaire » (d'où le nom de CET) basée sur la totalité de la rémunération des tranches A, B et C. Cette contribution, destinée uniquement à assurer l'équilibre financier des caisses de retraite, ne génère aucun droit à retraite et était initialement prévue pour durer jusqu'à l'année 2005 incluse, son taux augmentant progressivement. Bien entendu à partir du 1er janvier 2006, la cotisation a été maintenue, et ce au taux global de 0,35 % (dont 0,13 % à la charge du salarié). La CET fait l'objet d'une ligne distincte sur le bulletin de salaire, et ne concerne donc que les cadres.

En conclusion, un salarié cadre ayant une rémunération dégageant de la tranche B aura donc chaque mois sur son bulletin de salaire :

- une ligne au titre d'une cotisation retraite non-cadre, basée sur la tranche A ;
- une ligne pour une cotisation AGFF sur la tranche A, versée à l'institution de retraite non-cadre gérant les cotisations retraite non-cadre de la tranche A ;
- une ligne pour la cotisation versée au profit de l'Apec (avec comme base la tranche A et la tranche B de la rémunération ;
- une ligne au titre d'une cotisation retraite cadre basée sur la tranche B ;
- une ligne au titre d'une cotisation AGFF sur la tranche B, versée à l'institution de retraite cadre gérant les cotisations retraite cadre de la tranche B ;
- une ligne pour une cotisation CET sur la totalité de la rémunération (tranche A + tranche B au cas présent) ;
- une ligne pour la cotisation prévoyance décès d'un minimum de 1,50 % sur la tranche A (à la charge du seul employeur).

En ce qui concerne cette dernière ligne, il convient de rappeler que très souvent les entreprises mettent en place – aussi bien pour les cadres que pour les non-cadres – des régimes de prévoyance qui visent à couvrir d'autres risques que le seul risque décès tel qu'il est obligatoirement prévu par l'objet de cette cotisation. Les régimes de prévoyance proposés peuvent ainsi avoir pour objet de compléter les capitaux versés aux ayants droit en cas de décès, et prévoir des rentes « éducation » pour les enfants du salarié décédé. Certaines garanties peuvent également prévoir des pensions dont bénéficiera le conjoint survivant.

Les régimes de prévoyance mis en place peuvent également proposer des systèmes de mutuelle visant à rembourser tout ou partie des frais médicaux non remboursés par la Sécurité sociale, des capitaux sous forme d'indemnités journalières ou de capitaux en cas d'incapacité temporaire ou définitive, d'invalidité, etc. Dans la mesure où l'on se trouve alors dans le seul domaine du facultatif, que chaque entreprise est libre de mettre en place les garanties assises sur tout ou partie de la rémunération et très variables – ces mises en place étant conditionnées à la signature d'accords ou de référendum pour permettre que les sommes prélevées soient bien déductibles –, il n'est pas possible de détailler les différentes lignes que le bulletin de salaire peut alors comporter en sus. Les conditions de mise en place de tels régimes ont cependant leur importance : s'ils sont obligatoires, c'est-à-dire qu'ils concernent tous les salariés d'un collège défini (par exemple : tous les cadres, tous les non-cadres...), et que la participation de l'employeur est bien la même pour tous les salariés ; dans ce cas, le montant des cotisations salariales vient bien en déduction dans le revenu net imposable. Si tel n'est pas le cas, le prélèvement, s'il se fait *via* la paie, doit intervenir après le calcul du net fiscal, ce qui revient à dire que le salarié paie des impôts sur des sommes (le montant des cotisations de prévoyance) qu'il ne perçoit pas.

Parallèlement, les entreprises ont la possibilité de souscrire des systèmes de retraite par capitalisation, venant compléter les systèmes de retraite par répartition complémentaires obligatoires. Ces régimes restent généralement destinés à des populations restreintes comme les seuls cadres. De tels régimes doivent cependant concerner obligatoirement tous les membres d'un collège identifié. Ainsi, la notion de « cadres supérieurs » n'est pas en soi un collège. Pour réduire les coûts d'une telle proposition ou cibler les bénéficiaires, les sociétés ont la possibilité de ne proposer des garanties assises que sur la seule tranche C des rémunérations.

Au sein des entreprises, on distingue en matière de retraite par capitalisation deux types de régimes :

- Les premiers sont dits « à cotisations définies » (ou régime article 83, par référence au texte qui les régit dans le Code général des impôts), l'engagement pris par l'employeur – rien n'interdisant bien entendu qu'une cotisation à la charge du salarié soit également prélevée – étant de consacrer un certain montant ou un certain pourcentage de la rémunération au financement des prestations versées lorsque le salarié prendra sa retraite ; le versement pouvant intervenir soit sous forme de rente versée tout au long de la retraite, soit sous forme d'un capital versé une seule fois.
- Les seconds sont dits « à prestations définies » (ou régime article 39). L'engagement consiste alors à garantir au salarié un montant de capital, ou un montant de rente, voire encore un taux minimum de remplacement : ainsi par exemple, l'employeur peut garantir au salarié que lorsqu'il prendra sa retraite, il bénéficiera toutes pensions confondues – dont la pension servie au titre du régime de retraite par capitalisation – d'un revenu représentant au minimum 60 % de son dernier salaire brut d'activité. Le coût du financement d'un tel avantage peut donc être extrêmement élevé pour l'entreprise. La notion de « salaire différé » face à de tels systèmes prend véritablement tout son sens, et il n'est donc pas véritablement étonnant que le législateur entende assimiler ceux-ci à des avantages en nature et de les encadrer plus particulièrement sur le plan fiscal.

Tous ces éléments relatifs à la prévoyance ou à la retraite constitueront autant de lignes susceptibles de figurer sur le bulletin de salaire. On comprend à travers ces quelques lignes pourquoi il devient fréquent de se voir remettre des bulletins de salaire comportant deux pages pour peu que l'entreprise fasse figurer un détail complet des charges patronales dont elle s'acquitte par ailleurs !

5.2. Le régime des non-cadres

La gestion des retraites complémentaires des salariés non-cadres est assurée par de nombreuses institutions fédérées au sein de l'Arrco (Association des régimes de retraite complémentaire) créée par accord du 8 décembre 1961.

L'affiliation de tous les salariés non-cadres à une institution de retraite complémentaire est obligatoire, les salariés concernés étant les ouvriers d'une part, et les « mensuels » d'autre part, cette appellation n'étant pas liée à une quelconque périodicité de la paie, mais à la nature des fonctions exercées. Les cotisations du régime de retraite des non-cadres sont assises sur le salaire brut, dans la limite de 3 fois le plafond de Sécurité sociale. Depuis le 1er janvier 1999, il a été mis en place un régime unique, toutes les institutions Arrco appliquant dorénavant une réglementation totalement unifiée qui s'est substituée aux règlements de chacun des régimes qui constituaient l'Arrco. Avant le 1er janvier 1999, les institutions se regroupaient au sein de ces nombreux régimes et appliquaient sur de nombreux points des règles propres.

Ainsi, il n'y a plus qu'un seul salaire de référence et une seule valeur de point fixés par le conseil d'administration de l'Arrco. Les modalités d'acquisition des points de retraite et de liquidation des points acquis sont sensiblement les mêmes que pour le régime Agirc : on retrouve donc les mêmes notions de « taux d'appel » (125 euros de cotisation ne générant des droits qu'à hauteur de 100 euros), de salaire de référence (valeur d'achat d'un point), de valeur du point (de liquidation) pour déterminer à partir des points acquis le montant de la pension de retraite à servir. De même, les conditions d'ouverture des droits à pension sont sensiblement identiques aux dispositions qui régissent les salariés cadres (âge minimum, fixation de coefficients de minoration…).

Le régime unique prévoit notamment une majoration de l'allocation égale à 5 % pour les participants qui ont élevé au moins 3 enfants pendant 9 ans avant l'âge de 16 ans, des pensions de réversion égales à 60 % de ceux du participant décédé versées au conjoint survivant non remarié à partir de 55 ans.

En cas de décès d'un participant, le conjoint survivant (voire l'ex-conjoint divorcé non remarié) bénéficie d'une pension de réversion, à partir de 55 ans dans le régime Arrco et de 60 ans (sous réserves de modification de ces seuils par la réforme des retraites de 2010) dans le régime Agirc (les conditions d'âge sont supprimées si le bénéficiaire de la rente de réversion est invalide ou s'il a deux enfants à charge au moment du décès du salarié). Le montant de la pension est égal à 60 % des droits acquis par le salarié décédé.

Le taux de cotisation est fixé à 6 % de la tranche A. Le taux de cotisation pour la partie de rémunération comprise entre une fois et trois fois le plafond de la Sécurité sociale a été progressivement augmenté pour atteindre désormais 16 %. Cette revalorisation visait également à sa façon à réduire les contraintes évoquées au paragraphe précédent et qui rendent coûteux un changement de statut non-cadre vers cadre. La répartition de la cotisation s'effectue de façon imposée sur la base de 60 % à la charge de l'entreprise, 40 % à la charge du salarié pour les entreprises nouvellement créées ; les autres pouvant conserver les répartitions antérieures qui pouvaient exister.

Un salarié non-cadre percevant une rémunération supérieure au plafond de la Sécurité sociale verra donc sur son bulletin de salaire les lignes suivantes :

- une cotisation retraite non-cadre sur la tranche A ;
- une cotisation retraite non-cadre sur la partie de rémunération comprise entre 1 fois et 3 fois le plafond de Sécurité sociale ;
- une cotisation AGFF, versée à l'institution de retraite non-cadre.

En synthèse de ce rapide panorama sur les systèmes de retraite, on peut établir la simulation suivante de « droit à la retraite » à travers les données reposant sur des chiffres réels et concernant un cadre qui aurait perçu en 2010 un revenu annuel brut de 70 000 €. Ce cadre aurait donc eu :

- une tranche A de 34 620 € (soit un montant égal au plafond annuel de Sécurité sociale de l'année étudiée) ;
- une tranche B de 35 380 € (différence entre 70 000 € et le plafond annuel de Sécurité sociale).

Il aurait généré sur la tranche A (avec un taux contractuel de cotisation de 6 %) : 34 620 € × 6 % = 2 077,20 € de cotisations, lui permettant d'acheter environ 144 points Arrco, compte tenu du salaire de référence Arrco en vigueur l'année considérée.

Il aurait généré sur la tranche B (avec un taux contractuel de cotisation de 16 %) 5 660,80 € de cotisations lui permettant d'obtenir environ 1 126 points Agirc, compte tenu du salaire de référence Agirc en vigueur pour cette année.

À partir des valeurs de liquidation propres à l'Arrco et à l'Agirc, la valeur de retraite générée par les points Arrco s'élève à 144 × 1,1884 € = 175,88 € et la valeur de retraite obtenue avec les points Agirc est de 1 126 × 0,4216 = 474,72 €, soit un total de 650,60 € de droit à retraite annuel. Soit (seulement) 0,92 % du salaire annuel considéré…

Dans le meilleur des cas, la pension de Sécurité sociale représenterait tout au plus après 40 années de cotisation, et sous réserve que le salarié comptabilise bien 25 années durant lesquelles il aura gagné au moins le plafond de Sécurité sociale, environ 45 % du dernier plafond annuel de Sécurité sociale connu, soit environ 15 579 € ; soit un taux de remplacement dans cet exemple de 22 % du dernier salaire annuel brut connu.

En règle générale, les premières années d'une vie professionnelle sont moins bien rémunérées que les dernières. Les points acquis pendant ces années auront donc, généralement en termes de revenu de remplacement, une valorisation bien moindre que les 0,92 % trouvés au titre de l'exemple ci-dessus !

Tous ces éléments conduisent à ce que ce cadre qui a perçu 70 000 € l'année considérée, ne pourra sans doute compter que sur une retraite maximale représentant environ 50/55 % de son dernier salaire d'activité.

À travers ces quelques chiffres, on mesure donc sans doute mieux le monde qui sépare les retraités du secteur privé et ceux du secteur public, ces derniers prenant leur retraite, rappelons-le, avec un revenu de remplacement égal à 75 % du salaire moyen d'activité des six derniers mois (cette règle étant celle qui s'applique indépendamment de celles qui peuvent être prévues par les régimes spécifiques comme ceux de la SNCF, de la RATP ou d'EDF-GDF). En matière de retraite et de différence privé/public, il reste donc du chemin à parcourir en matière de réforme et d'équité !

VI. La retraite progressive

Avec la retraite progressive, les salariés peuvent donc continuer à bénéficier d'un système de retraite progressive leur permettant de percevoir une fraction de leur pension de vieillesse, tout en poursuivant une activité à temps partiel.

Pour demander à bénéficier de ce système, le salarié doit être âgé au moins de 60 ans (sans doute 62 ans après la réforme des retraites de 2010), avoir cotisé un nombre minimal de trimestres (ou périodes équivalentes) au titre du régime général ou d'un autre régime de base, et exercer à titre exclusif une activité à temps partiel. La demande de retraite progressive a pour effet d'entraîner la liquidation de la pension de vieillesse, ce qui clôt définitivement le compte de l'assuré au regard du régime général (ou d'autres régimes de base) et ne lui permet plus d'acquérir des droits supplémentaires dans ces régimes par le fait des cotisations versées au titre de son activité à temps partiel, ou de la reprise éventuelle ultérieure d'une activité à temps complet.

Un décret fixe la fraction de la pension de vieillesse servie par application de ce système en fonction de la durée du travail à temps partiel :

- 30 % de la pension, pour une durée de travail comprise entre 60 et 80 % d'un temps complet ;
- 50 % de la pension, pour une durée de travail comprise entre 40 et 60 % d'un temps complet ;
- 70 % de la pension, pour une durée de travail inférieure à 40 % d'un temps complet.

La retraite progressive est supprimée lorsque le salarié cesse son activité, ou entreprend l'exercice d'une activité à temps partiel autre que celle qui lui ouvre droit au service de la fraction de pension, ou encore lorsqu'il reprend l'exercice d'une activité à temps complet.

Les instances des régimes complémentaires de retraite (cadres et non-cadres) ont adopté les mêmes dispositions, à la différence que ces derniers n'interdisent pas la possibilité de continuer à acquérir des droits supplémentaires comme le fait la Sécurité sociale. Il est donc possible de continuer à capitaliser des points de retraite supplémentaires au titre de l'activité à temps partiel.

VII. Le plan d'épargne pour la retraite collectif (Perco)

Dans le cadre des évolutions légales de ces dernières années, et en prolongement de l'étude sur les retraites, il semble utile de rappeler les grandes lignes de ce dispositif original et innovant que constitue le Perco, dont l'objectif est de donner aux salariés la possibilité de se constituer une épargne retraite, avec l'aide de leur entreprise (sous réserve que celle-ci puisse bien mettre en place un plan d'épargne entreprise – PEE).

Le Perco est institué par voie d'accord collectif, et peut recevoir des versements volontaires des salariés (y compris les sommes issues d'un accord d'intéressement ou d'un accord de participation) et des contributions de l'entreprise sous forme d'abondements. Celles-ci sont limitées par salarié à 16 % du plafond annuel de la Sécurité sociale (soit plus que l'abondement maximum proposé pour les PEE). Les sommes ainsi détenues doivent l'être au minimum 5 ans, même si la logique de ce placement est que les sommes placées produisent des intérêts jusqu'au départ à la retraite du salarié. Il existe en outre des cas de déblocage prévus (décès, expiration des droits à l'assurance chômage du titulaire, invalidité, situation de surendettement, acquisition d'une résidence principale…). L'épargne enregistrée dans le Perco doit être investie en parts de fonds communs de placement offrant différents profils d'investissement (exemple : tout « actions », tout « obligations », panachage, etc.). La délivrance des sommes s'effectue généralement sous forme de rentes viagères, mais un accord peut prévoir le versement d'un capital. Le régime social et fiscal du Perco est celui des plans d'épargne entreprise.

Le Perco ne doit pas être confondu avec le Perp (plan d'épargne retraite populaire) qui est un contrat individuel – il n'est donc pas besoin d'être salarié pour en profiter – de complément de retraite offrant lui aussi des avantages fiscaux. Le Perp ne permet cependant la sortie du capital obtenu qu'en rente. Avec le Perco, en revanche, chaque versement effectué est déductible du revenu imposable dans la limite maximale de 10 % des revenus d'activité professionnelle de l'année précédente limités eux-mêmes à 8 fois le plafond annuel de la Sécurité sociale. L'avantage fiscal est donc d'autant plus élevé que le contribuable est situé dans les plus hautes tranches d'imposition.

Perp et Perco sont donc des supports d'épargne longue, voire très longue.

Le titre même de cette partie que nous avons intitulé « les cotisations sociales », définit bien le champ social étudié tout au long des pages qui ont précédé. L'acte de recevoir une rémunération implique également, qu'on le veuille ou non, une participation à la vie sociale du pays à travers les infrastructures qu'il a pu se donner. La Sécurité sociale, les caisses de chômage, les caisses de retraite, les caisses de prévoyance, les mutuelles sont autant de domaines où chacun intervient successivement en tant que bénéficiaire ou en tant que participant actif. Les salariés oublient sans doute trop les moments où ils bénéficient du système pour ne retenir que ceux où ils s'acquittent des cotisations ; il suffit pour s'en convaincre de constater les réactions d'une personne lisant son bulletin de salaire face au montant total des prélèvements sociaux et les différences que ceux-ci entraînent entre le « brut » et le « net ».

Il est certain que la charge constituée par ces prélèvements sociaux s'est alourdie dans des proportions inquiétantes. La France bénéficie d'un système social performant, mais qui a un coût. Les grandes mesures emblématiques que sont la retraite à 60 ans (au moins jusqu'à la réforme 2010), la mise en place du RSA, l'instauration de la CMU, les 35 heures se retrouvent aussi directement ou indirectement dans la lecture d'un bulletin de salaire. Il n'y a pas de miracle : plus un système social est performant, plus il est cher, et plus cela se répercute donc forcément à tous les niveaux de l'économie – y compris jusque dans le prix des biens produits par cette économie. La France donne parfois l'impression d'être un pays où l'on veut toujours plus de garanties, d'avantages, sans pour autant qu'on accepte de payer les prix de ces suppléments pour la génération qui les met en place. Ce sont en effet les générations futures qui devront faire avec le poids des déficits accumulés depuis le milieu des années 1970, tant les réformes courageuses qui auraient dû être mises en œuvre afin de réduire les dépenses ne l'ont pas été en raison de l'impopularité qu'elles n'auraient pas manqué de susciter.

Dans ces conditions, comment totalement blâmer des employeurs qui, écrasés par les charges en France, n'ont d'autre alternative pour rester compétitifs que de délocaliser leur production dans des pays où les coûts de main-d'œuvre (et les niveaux de politiques sociales) sont moins élevés ? Aujourd'hui, on ne peut que s'interroger sur le fait de savoir quand l'accroissement des charges va enfin s'arrêter alors que chaque gouvernement donne toujours l'impression de ne chercher à résoudre les problèmes qu'en créant de nouvelles assiettes de prélèvements – type CSG ou CRDS, en attendant l'éventuelle TVA sociale dont on a beaucoup parlé en 2007, et qui est régulièrement revenue dans les débats depuis, ou en taxant des personnes qui ne l'étaient pas (retraités, salariés en chômage partiel, chômeurs en chômage total).

L'équilibre des grands organismes collecteurs reste en tout état de cause toujours particulièrement lié aux évolutions des chiffres du chômage, à la croissance enregistrée, voire au financement de mesures comme les 35 heures ; les réductions de charge visant à rendre incitatif le passage aux 35 heures ont en effet eu un coût. D'une façon plus générale, moins d'actifs, c'est moins de cotisations qui rentrent dans les caisses. Dans le même temps, les caisses de retraite ont à assurer le paiement des retraites financées par des classes de génération dont le nombre de têtes est de moins en moins important (sur le marché du travail ce sont les générations « postbaby-boom » qui arrivent désormais), ce qui pose un grave problème pour l'avenir.

Dans ce contexte, la notion de « social » ne peut être que quelque peu battue en brèche. Et il n'est pas sûr que les palliatifs utilisés à ce jour – et qui se traduisaient souvent par des augmentations de cotisations – pourront être encore utilisés tant auprès des salariés que des entreprises : car en ce qui concerne ces dernières, au-delà des cotisations sociales, nombre de charges ont pour base la rémunération. Les charges fiscales, ou plus précisément les charges liées à la paie, constitueront le thème de la quatrième partie de cet ouvrage.

QUATRIÈME PARTIE

Les charges obligatoires liées à la paie

La précédente partie aura permis de mesurer l'importance des cotisations sociales dans le traitement de la paie et d'apprécier leurs répercussions au niveau des charges des entreprises. Au-delà des cotisations sociales, les entreprises sont également astreintes au paiement de charges qui, si elles n'intéressent pas directement les opérations de la paie, y sont étroitement liées, dans la mesure où leur base de calcul est constituée par la masse salariale de l'entreprise, le vocable de masse salariale recouvrant l'ensemble des rémunérations servant de base au calcul des cotisations sociales.

Le paiement des charges obligatoires est à distinguer de la notion des « frais de personnel » qui intègre en sus de la masse salariale telle que définie ci-dessus, également les cotisations sociales, les charges « fiscales » et les indemnités non soumises à cotisations. Il est donc également différent de la rubrique « charges de personnel » constituée à la fois des « frais de personnel », mais aussi de tous les frais indirects tels les frais de vêtements de sécurité par exemple, les coûts des travailleurs intérimaires, les frais de médecine du travail, les participations de l'entreprise aux frais de restauration ou de gestion des restaurants du personnel, etc.

À travers cette première mise au point, c'est tout le mécanisme de calcul des charges qui est mis en valeur et qui explique mieux les préoccupations des entreprises de suivre au plus près leurs masses salariales, celles-ci générant des charges supplémentaires qui ne peuvent être comprimées qu'à la condition première que les masses salariales elles-mêmes aient été comprimées. Il en est ainsi des dépenses au titre de la formation et de l'apprentissage, des investissements obligatoires au titre de la construction, de la taxe sur les salaires à laquelle sont astreintes les entreprises non soumises à la TVA, de l'obligation de participation aux activités socioculturelles du comité d'entreprise, ou encore des charges auxquelles les entreprises doivent s'acquitter en raison de leur secteur d'activité, comme les charges propres au domaine du BTP – sur ce sujet, on a déjà pu citer les cotisations chômage intempéries.

L'application (voire l'interprétation) de règles de paie est, on a pu le constater, un facteur de variation d'une masse salariale. Selon les modes de calcul, on peut alourdir ou alléger cette masse. La gestion de la paie n'est donc pas sans répercussion sur sa « fiscalisation », et par conséquent a donc une incidence économique directe dans la gestion des entreprises, tout au moins dans les entreprises dont les frais de personnel représentent une part significative du chiffre d'affaires. Les entreprises constatent généralement que lorsqu'elles versent 100 € à un salarié, elles doivent en fait en débourser près de 150 du fait du poids des cotisations sociales, mais aussi de par le poids des dépenses qui seront étudiées dans les pages à venir. Les effets sur la trésorerie des entreprises ne sont pas neutres, celles-ci devant en outre provisionner toutes les sommes versées à échéances différées (que ce soit au titre des congés payés, des primes semestrielles ou de 13e mois, d'éventuelles condamnations prud'homales, des départs à la retraite, des dépenses de formation, et le cas échéant également les sommes versées au titre de l'intéressement et de la participation).

À la lumière de cet éclairage, on comprendra mieux ensuite que la chasse aux frais généraux soit d'abord axée sur la recherche de la maîtrise des masses salariales. Quel autre domaine que celui de la rémunération permet en effet de dire qu'une économie de 1 euro engendre une économie réelle de 1,50 euro ?

On comprend donc aisément que c'est en grande partie pour cette raison que le suivi de la paie est devenu affaire de spécialistes. Ce suivi de la paie, qui a une connotation quelque peu administrative, a en effet évolué vers les notions de suivi de masse salariale que nous citions plus haut. Or, celui-ci n'est possible qu'à la condition expresse que les règles de paie soient parfaitement connues et qu'on puisse en mesurer les conséquences. Ce n'est qu'à ce prix que l'on peut expliquer nombre de paradoxes en matière de techniques de rémunérations. Le plus connu de ces paradoxes est l'effet « masse » qui revient à constater qu'une masse salariale, à structure constante, puisse être augmentée d'une année sur l'autre, alors pourtant qu'aucune augmentation générale n'a été consentie.

Le gestionnaire de paie se doit d'intégrer une vision quasi stratégique des rémunérations dont il a la charge ; il se doit de mesurer les répercussions sur une masse salariale de tous les éléments qui sont à même de faire varier celle-ci en plus (vieillissement de la population, d'où augmentation des primes d'ancienneté, promotions, augmentations générales, qualification moyenne plus forte, etc.) ou en moins (remplacements de salariés anciens par des plus jeunes moins rémunérés, baisse de l'effectif, départs non remplacés, réduction du temps de travail, etc.). La paie devient un centre d'enjeux importants en matière sociale par exemple, car elle peut conditionner, de par ses conséquences, des choix relatifs aux dates d'augmentations des salariés ; par le jeu des effets de masse, plus une date d'augmentation générale est reculée dans le temps, et plus grand/fort sera l'effet masse l'année d'après. À l'heure où la rigueur des politiques salariales est de mise, tout dérapage des masses salariales, aussi minime soit-il, prend des proportions effarantes en termes de coûts supplémentaires et non prévus pour l'entreprise, par rapport au total d'augmentation de la masse salariale initialement budgété. Dans ce cadre, les entreprises ont sans nul doute intérêt à faire appel à des structures spécialisées dans la « chasse aux coûts ». Les règles sont tellement complexes, les textes si nombreux, qu'il est souvent opportun de recourir à l'aide de professionnels capables d'identifier des pratiques inutilement coûteuses.

À travers l'étude des différentes charges liées à la paie (nous avons donc bien opéré une distinction entre ce qu'il est convenu d'appeler « les cotisations sociales » et ce que l'on distingue comme « les autres charges »), la démarche qui va suivre, à l'égal de celle utilisée en matière de cotisations sociales, sera toujours de nous demander en quelques lignes quelle est la finalité des sommes dont les entreprises doivent s'acquitter.

I. Les dépenses au titre de la formation et de l'apprentissage

Les employeurs sont astreints à une « participation au développement de la formation professionnelle » à travers l'obligation qu'ils ont de consacrer à cette participation un pourcentage minimal des salaires. Cette obligation remonte à la loi du 16 juillet 1971 et a été régulièrement aménagée depuis cette date de par l'élargissement notamment du champ des bénéficiaires de la formation. À l'origine en effet, la participation n'était destinée qu'aux seuls salariés en activité dans les entreprises. Ce n'est qu'à partir de la loi du 16 juillet 1976 que la participation a également servi à financer les formations des demandeurs d'emploi, l'évolution du nombre des demandeurs d'emploi entre 1971 et 1976 expliquant bien sûr cette nouvelle situation. Plus tard, la loi a pu instaurer un financement spécifiquement tourné vers la formation des jeunes, eu égard à l'important chômage de cette catégorie de la population, et à l'inadéquation des formations face aux besoins des entreprises. Le 20 septembre 2003, une nouvelle réforme est intervenue avec la signature de l'accord national interprofessionnel qui a concrétisé plus particulièrement le « droit individuel à la formation (DIF) ». Le DIF prend de plus en plus d'importance dans les entreprises, *a fortiori* depuis qu'il bénéficie de la « portabilité », les droits acquis pouvant être maintenus après la rupture du contrat du fait d'un licenciement. Pour mémoire, le principe du DIF permet à chaque salarié d'acquérir 20 heures par an de droit à la formation, dans la limite de 120 heures.

Au-delà de cette évolution, on a pu noter une diversification des modes de financement des formations selon qu'elles émanent de demandes individuelles (« les congés individuels de formation »), ou qu'elles résultent de la stratégie globale de l'entreprise (« le plan de formation »).

La définition de ce que l'on appelle une « action de formation » est donnée par le Code du travail, qui définit les actions qui peuvent être financées par la participation (actions d'adaptation du salarié à son poste de travail ou liées à l'évolution ou au maintien dans l'emploi dans l'entreprise, d'une part, actions de développement de compétences du salarié, d'autre part). Ces actions doivent se dérouler « conformément à un programme », ce dernier devant être établi « en fonction d'objectifs préalablement déterminés » et devant préciser « les moyens pédagogiques et d'encadrement mis en œuvre ». Le programme doit également définir le dispositif qui permettra le suivi de son exécution et d'en apprécier les résultats.

Il pourra sembler curieux d'aborder le thème de la formation dans le cadre d'un ouvrage consacré aux techniques de rémunération et de traiter, qui plus est, la formation en termes de charge. Même si la base de calcul des sommes consacrées à la formation est bien constituée par la masse salariale, faut-il en effet appeler « charge » les dépenses de formation, ou faut-il y voir un véritable investissement pour l'entreprise ? Quelle que soit la position retenue à l'égard de cette appellation, c'est bien la masse salariale issue des différentes modalités de calcul de la paie qui sert de base à la détermination de la participation. C'est également à partir des données de la paie (dont l'exploitation est rendue facile et est développée de par l'amélioration des progiciels de paie et de gestion du personnel utilisés dans les entreprises) que sont élaborés la plupart des documents légaux de formation qui sont à communiquer à l'administration. La paie peut en effet constituer une banque de données – comme elle l'est déjà en matière de bilan social par exemple – au sein de laquelle seront extraites toutes les informations nécessaires à un responsable de formation : à partir de l'absentéisme, il est possible d'obtenir le nombre d'heures de formation, par catégorie socioprofessionnelle, par sexe, ou individu par individu. La valorisation de ces données permet également de connaître les coûts de formation individuels – dans l'optique d'une réalisation de bilan social personnalisé par exemple – ou collectifs. La paie constitue donc bien un support non négligeable et il n'est pas inutile d'aborder le sujet de la formation au sein de l'étude que nous lui consacrons.

Pour les entreprises employant au moins 20 salariés, le taux de participation au développement de la formation est actuellement fixé à 1,60 %.

Ce pourcentage peut être revalorisé par la loi de finances après consultation du conseil national de la formation professionnelle, de la promotion sociale, et de l'emploi. Le taux réel de participation des entreprises est en moyenne assez sensiblement supérieur au minimum légal. Les budgets qu'une entreprise consacre à la formation peuvent constituer à leur façon un indicateur sur le volontarisme réel face à cette problématique majeure qu'est la formation. Mais en période de crise, le poste formation est également souvent le premier impacté quand il convient de serrer les dépenses et les coûts – quand bien même les dépenses qu'ils génèrent peuvent être qualifiées d'investissement !

Les employeurs des entreprises de moins de 10 salariés doivent consacrer 0,55 % de la masse salariale au financement de la formation professionnelle de leurs salariés.

Pour les entreprises dont l'effectif est compris entre 10 et 20 salariés, le taux à consacrer à la formation professionnelle est de 1,05 %.

La participation pour les entreprises de plus de 20 salariés se répartit obligatoirement en trois « familles » :

- la première liée au financement des formations qui constituent le « plan de formation » de l'entreprise, et doit représenter au minimum 0,9 % de la masse salariale ;
- la deuxième vise au financement des congés de formation et est égale à 0,20 % de la masse salariale ;
- la troisième vise au financement des contrats et périodes de professionnalisation et du droit individuel à la formation, et représente 0,50 % de la masse salariale.

1.1. La participation au financement du plan de formation

Le plan de formation ne concerne au sein de l'entreprise que les seules dépenses qui ont pour objet la formation des salariés. Pour s'acquitter de son obligation, l'entreprise a le choix entre financer des actions en son sein ou effectuer un versement à un « fonds d'assurance formation » (FAF). Toutes les actions de formation organisées au bénéfice des salariés peuvent, dès lors qu'elles répondent aux critères de définition de ce qu'est une action de formation aux termes de la loi, être financées par le plan de formation. Ce dernier pourra donc comprendre des actions de bilan de compétence, des actions de validation de l'expérience, des actions d'adaptation, des actions liées à l'évolution des emplois ou au maintien dans l'emploi, des actions de développement des compétences, des périodes de professionnalisation. Tous les salariés de l'entreprise ont bien entendu vocation à bénéficier du plan de formation. Certaines actions sont toutefois soumises à des conditions particulières d'imputation. Cette imputation peut n'être rendue possible que partiellement, ou nécessiter de répondre préalablement à des critères impératifs de réalisation ou d'organisation de l'action de formation. Il en est ainsi, par exemple, pour les stages à l'étranger, les cours par correspondance, ou encore les actions de formation passées tout ou partie hors du temps de travail. La loi prévoit également que certaines actions de formation, bien que non prévues lors de l'élaboration du plan de formation, puissent également s'imputer sur le budget du 0,9 %. Ce chiffre résulte de l'obligation légale (1,6 %), minoré des obligations liées aux versements à opérer aux organismes collecteurs agréés au titre des contrats et périodes de professionnalisation et du droit individuel à la formation, et du financement du congé individuel de formation (0,20 %). Il s'agit principalement des congés examen (attribués aux salariés qui préparent des diplômes définis dans la liste figurant au *Journal officiel*), ou encore des formations de conseillers prud'hommes, des formations des salariés qui siègent dans les conseils d'administration ou les conseils de surveillance des entreprises du secteur public, des formations à la sécurité, etc.

Les sommes que l'employeur peut imputer sur le plan sont, en tout premier lieu, les rémunérations versées aux stagiaires durant leur formation. Les rémunérations comprennent le salaire brut et les charges afférentes. En second lieu, c'est l'ensemble des frais de formation qui s'impute, sous réserve que ces frais ne soient pas déjà pris en charge par l'État, c'est-à-dire les frais de stage et les dépenses de transport et, dans une limite fixée en fonction du Smic, les frais d'hébergement.

Lorsque l'entreprise assure des actions de formation interne, c'est-à-dire lorsqu'elle assure la conception du programme de formation et l'organisation matérielle et pédagogique du stage, elle peut également imputer le matériel d'équipement et les locaux de formation – à travers les charges annuelles d'amortissement – selon des règles fixées par l'administration fiscale, ainsi que les rémunérations du personnel assurant les formations.

Le congé de formation économique, sociale et syndicale (ou « congé de formation syndicale », cette appellation continuant à être régulièrement usitée), attribué à des salariés afin de leur permettre de participer à des stages organisés par des syndicats ou des instituts spécialisés, peut s'imputer sur le plan de formation dans une limite de 0,08 pour mille de la masse salariale versée pendant l'année en cours. Il s'agit donc d'un financement qui, selon le nombre de demandes présentées à un employeur, peut n'être que partiel. Les modalités de l'indemnisation – qui ne concernent que les entreprises de plus de 9 salariés – ne sont pas définies dans le Code du travail, chaque entreprise pouvant établir ses propres règles (priorité, taux…), généralement en accord avec les représentants du personnel. En revanche, les congés de formation économique des titulaires du comité d'entreprise ou des congés de formation des membres du CHSCT dans les établissements d'au moins 300 salariés sont totalement rémunérés par l'employeur, ces dépenses ne pouvant toutefois être imputées sur le budget formation.

D'autres congés ne peuvent être imputés sur le plan de formation. On citera les « congés de formation pour les cadres et les animateurs de jeunesse », les « congés pour exercer des fonctions d'enseignement » – d'une durée d'un an maximum –, ou encore les « congés sabbatiques » et les « congés pour création d'entreprise » que nous avons déjà pu citer.

Lorsque l'entreprise ne s'est pas acquittée intégralement de son obligation de consacrer le pourcentage minimal de sa masse salariale à la réalisation du plan de formation – ou lorsqu'elle ne souhaite pas faire d'actions de formation : aussi étonnante qu'elle soit, une telle situation n'est pas si rare –, elle peut s'acquitter de son obligation légale en versant la différence – ou la totalité – à un fonds d'assurance formation qui se charge, aux termes d'un contrat passé avec l'entreprise, de consacrer ces sommes à des actions de formation menées au niveau d'un secteur d'activité défini. Il est évident que si le procédé épargne à l'entreprise tout « tracas administratif » que ce soit en termes de conception ou d'organisation d'actions de formation, il a pour effet de quelque peu dénaturer l'esprit de la loi qui est avant tout de faire profiter directement les salariés d'une entreprise des actions de formation qui doivent y être menées. Si l'entreprise ne s'est pas acquittée de son obligation ou si elle a effectué des dépenses pour un montant insuffisant, elle peut faire également le versement des montants qui manquent directement au Trésor public, ce qui confirme qu'à la base les sommes relatives à la formation sont une forme de taxe ou d'impôt dont les entreprises ont bien évidement intérêt à s'acquitter de façon intelligente et profitable pour leurs propres intérêts : des salariés bien formés sont en effet des salariés plus performants, donc plus efficaces, et l'entreprise ne peut sortir que gagnante d'un tel résultat. La formation est un véritable investissement pour les entreprises, et il est compréhensible que celles-ci puissent opposer des refus à des salariés qui demandent à suivre des formations, qui fondamentalement, ne leur servent pas dans l'exercice de leur métier. Ainsi, on enregistre par exemple de nombreuses demandes de formations pour suivre des cours de langues étrangères. Si un salarié n'utilise jamais pour son travail une langue étrangère, il est compréhensible que son souhait ne soit pas considéré comme prioritaire pour figurer sur le plan de formation, et on ne peut qu'inviter un tel salarié à s'intéresser au contenu du paragraphe suivant. La formation professionnelle n'a pas vocation à seulement « faire plaisir » aux salariés, mais ce message n'est pas toujours facile à faire passer auprès de certains salariés qui ont parfois du mal à comprendre les refus qui leur sont notifiés.

1.2. La participation au financement du congé individuel de formation

L'obligation de consacrer une partie des dépenses de formation au congé individuel de formation remonte à l'avenant du 21 septembre 1982 de l'accord national interprofessionnel de 1970 portant sur la formation. Cette participation est égale à 0,20 % de la masse salariale et est obligatoirement versée à un organisme paritaire agréé par l'État, un Fongecif, Fonds de gestion du congé individuel de formation, ou un Faf, Fonds d'assurance formation, avant le 1er mars de l'année qui suit celle au titre de laquelle le versement est dû.

Les sommes perçues par ces organismes visent à assurer le paiement des frais de formation et de transport des salariés qui demandent à bénéficier d'un congé individuel de formation (CIF), ainsi que leurs rémunérations durant les périodes au cours desquelles ils seront absents de l'entreprise. La prise en charge de ces dépenses est subordonnée à une demande préalable du salarié et à l'accord de l'organisme agréé auquel est soumise la demande. La durée de la prise en charge est limitée à un an (ou 1 200 heures lorsque la formation est à temps partiel). L'employeur fait l'avance de la rémunération – et des charges y afférentes – puis se fait rembourser ces montants par l'organisme concerné. Les congés payés restent toutefois à la charge des employeurs. Un congé formation est en effet une absence qui est assimilée à du temps de travail en termes de calcul du droit à congé. À la différence des actions de formation inscrites dans le plan de formation de l'entreprise et qui sont totalement pilotées par l'entreprise, le choix des formations effectuées dans le cadre d'un CIF résulte de la seule initiative du salarié. Si un salarié ingénieur commercial souhaite suivre une formation lui permettant d'accéder à un diplôme de moniteur de voile par exemple, rien ne l'interdit. Bien évidemment, les budgets des Fongecif n'étant pas élastiques, ceux-ci pourront être amenés à examiner le sérieux et l'opportunité des demandes qui leur sont faites, et donc à refuser de donner une suite positive aux souhaits des salariés. La loi du 24 novembre 2009 a apporté une nouvelle possibilité d'utiliser le CIF puisque tout salarié ayant 1 an d'ancienneté dans l'entreprise peut bénéficier d'un CIF en dehors de son temps de travail pour une formation d'une durée minimum de 120 heures.

Au-delà du « congé de formation », les salariés peuvent bénéficier d'un congé de bilan de compétences dont le financement peut également être assuré par l'intermédiaire des fonds récoltés au titre du 0,20 %.

1.3. Le financement des contrats et périodes de professionnalisation

Les formations en alternance (contrats de qualification, contrats d'adaptation et d'orientation) ont été remplacées avec effet au 1er juillet 2004 par des contrats de professionnalisation, ouverts plus particulièrement aux jeunes de moins de 26 ans et aux demandeurs d'emploi. Des périodes de professionnalisation peuvent également viser des personnes déjà salariées de l'entreprise. Les salariés concernés sont les personnes dont la qualification est inadaptée à l'évolution des technologies ou des organisations, les personnes justifiant de 20 ans d'activité professionnelle ou âgées de plus de 45 ans, les femmes reprenant une activité, les handicapés, etc. La durée de l'action de professionnalisation comprise entre 6 et 12 mois peut être portée à 24 mois pour certains publics prioritairement définis.

La période de professionnalisation peut se dérouler pendant le temps de travail (la rémunération est alors maintenue) ou pour tout ou partie en dehors du temps de travail. Le financement de ces actions sera assuré par une cotisation de 0,30 % de la masse salariale des entreprises de 10 salariés et plus, versée à un collecteur agréé au titre des contrats ou périodes de professionnalisation et du droit individuel à la formation.

La dégradation de la situation de l'emploi, et surtout l'inadéquation des formations au regard des besoins des entreprises, a entraîné une refonte du principe de l'apprentissage, jusqu'alors financé par la seule taxe de 0,50 % de la masse salariale, et l'apparition de cette nouvelle cotisation complémentaire de 0,10 % (et qu'il convient de ne pas confondre avec la participation au financement des congés individuels de formation, égale elle aussi à 0,10 %).

La taxe de 0,50 % se décompose en deux parties :

- 9 % de son montant est destiné au Fonds national interconsulaire de compensation (FNIC) et est versé aux chambres de commerce et d'industrie ;

- Les 91 % restants sont soit dépensés directement par l'employeur, soit versés au Trésor et se décomposent également en deux parties :
  - la première partie est le « quota obligatoire » égal à 20 % de la taxe de 0,50 % et qui doit être versé au Trésor, certaines dépenses étant déductibles de ce quota : ce sont les subventions versées aux centres de formation d'apprentis – CFA – (ou autres établissements) ainsi qu'une fraction du salaire versé par l'entreprise aux apprentis, cette fraction étant de 11 % du Smic par mois et par apprenti ;
  - la seconde partie dont le solde est égal à 71 % du montant initial représenté par les 0,50 % (0,50 % – 9 % et – 20 % de ce montant) doit être versé au Trésor. Diverses dépenses effectuées par l'entreprise peuvent venir en déduction de ce montant, il s'agit des éléments suivants : 50 % des salaires versés aux apprentis pour les heures passées dans les CFA, « fraction libératoire des taxes pour frais de chambre de commerce et d'industrie » – ce montant résultant d'un pourcentage fixé chaque année par les chambres de commerce – et dépenses consenties en faveur des premières formations technologiques (c'est-à-dire des dépenses directes de formation dans l'entreprise ou des subventions en espèces ou en nature effectuées auprès d'établissements de formation ou d'enseignement).

L'employeur peut se libérer de sa participation au 0,30 % en imputant sur celle-ci certaines dépenses : les salaires versés aux apprentis, dans la limite de 11 % du Smic, la part de contribution pour frais de chambre de commerce et d'industrie, les subventions aux centres de formation d'apprentis (CFA) ou aux écoles d'enseignement technologique, etc. Les entreprises sont en général extrêmement sollicitées par ces écoles dont certaines assurent une large part de leur budget par le biais de cette manne.

Les formations en alternance, dont les bénéficiaires sont les jeunes de moins de 26 ans (à l'exception de ceux titulaires d'un contrat « emploi qualification »), visent à concilier expérience professionnelle en entreprise et formation théorique afin de faciliter l'insertion dans le monde du travail. Les entreprises peuvent ainsi déduire du 0,30 % ou du 0,10 % complémentaire les dépenses qu'elles engagent pour ce type de formations à travers la mise en place de projets d'accueil et de formations de jeunes : stages d'insertion, de qualification, d'initiation à la vie professionnelle, contrats de qualification ou d'adaptation, ces projets étant soumis à l'avis du comité d'entreprise et à l'approbation du directeur départemental du travail.

Le versement des sommes dues en cas d'insuffisance de participation à la formation professionnelle continue doit se faire (« la déclaration annuelle de formation ») avant le 6 avril de l'année qui suit celle sur laquelle portait le plan de formation. Les déclarations au titre de l'apprentissage, les demandes d'exonération et le versement éventuel doivent également être établis à cette date.

En ce qui concerne le versement du 0,30 %, le paiement du solde – ou son intégralité – doit intervenir avant le 15 septembre de l'année, au titre des salaires versés l'année précédente.

En synthèse, dans l'hypothèse d'une entreprise de plus de 20 salariés soumise à la taxe d'apprentissage, tout programme de paie devra donc tenir compte des éléments suivants afin d'établir des provisions sur les montants de salaires versés :

- 0,9 % au titre du plan de formation professionnelle continue ;
- 0,20 % de la masse salariale au titre du financement des congés de formation ;
- 0,50 % au titre des contrats et périodes de professionnalisation, et du droit individuel à la formation ;
- 0,50 % au titre de la taxe d'apprentissage (cette taxe n'étant que de 0,26 % dans les départements d'Alsace-Lorraine) ;
- 0,10 % au titre de la cotisation complémentaire de la taxe d'apprentissage ;

soit un total de 2,20 %.

II. L'action logement

Sous cette appellation désormais en vigueur depuis le 22 juillet 2009 se cache en fait un concept connu par la plupart des salariés sous le vocable de « 1 % logement ». Cette participation existait déjà avant qu'elle ne soit rendue obligatoire (en 1953) puisque durant la Seconde Guerre mondiale fut fondé le premier comité interprofessionnel du logement dans le nord de la France (Roubaix-Tourcoing). Ce comité réunissait syndicats et employeurs de la région et avait pour effet de recueillir des versements au prorata des salaires versés et d'utiliser les sommes perçues au logement des salariés. D'autres comités interprofessionnels du logement apparurent ensuite, grâce notamment à la rédaction de textes qui généralisaient l'aide de l'État en faveur de la construction de logements.

Devant le succès de ces comités, le gouvernement de l'époque, à la demande des instances patronales, rendait obligatoire l'investissement des employeurs dans la construction de logements (décret du 9 août 1953), à l'origine pour les seules entreprises de plus de neuf salariés « exerçant une activité industrielle ou commerciale », ensuite pour toutes les entreprises de plus de neuf salariés quelle que soit leur activité (loi du 28 juin 1963). Le taux de participation était alors de 1 % de la masse salariale, d'où cette appellation qui est restée même après que le taux a été ramené à 0,90 % (en 1978) ; cette diminution du taux ne constituant en fait pas une diminution des charges pour les entreprises puisqu'elle s'accompagnait parallèlement par la création d'un organisme, le fonds national d'aide au logement (déjà étudié précédemment) qui se voyait affecté 0,10 % de la masse salariale versée dans toutes les entreprises, sans conditions d'effectifs.

Depuis 1986, le taux a été régulièrement revu à la baisse, suite à une poursuite du transfert des charges vers le Fnal. Le taux de la cotisation est aujourd'hui de 0,45 % de la masse salariale, pour les seules entreprises dont l'effectif est au moins égal à 20 salariés.

Cette contribution se décompose en deux parties :

- Une partie, égale à 1/9, est affectée à des subventions versées à des organismes collecteurs afin de financer des actions prioritaires définies par le gouvernement (par exemple la construction de logement pour les travailleurs immigrés).

- Une autre partie, égale à 8/9, est soit versée par l'entreprise au Trésor public, le versement devant intervenir au plus tard le 31 décembre de chaque année, soit utilisée par l'entreprise sous différentes formes :
  - les réservations locatives qui résultent des sommes versées par l'entreprise à des organismes collecteurs au titre du « 1 % logement » afin de réserver des logements locatifs à loyer réduit pour le personnel de l'entreprise. Ces réservations pouvant être « avec droit de suite » – c'est-à-dire que l'entreprise aura un droit de réserve prioritaire si le logement est à nouveau libre – ou « en désignation unique », l'entreprise devant payer à nouveau à chaque fois que le logement se libère si elle désire y placer un de ses salariés. L'attribution de logements se fait selon des critères variables d'une entreprise à l'autre (ancienneté, charges de famille, travailleurs étrangers…) ;
  - les prêts, qui peuvent être consentis afin de faire construire, acquérir une résidence principale neuve ou améliorer un logement ancien. Les attributions se font sous conditions minimales d'ancienneté et les taux d'intérêt pratiqués sont très faibles, d'où l'avantage évident que revêt cette formule. Depuis la fin des années 1990, pour équilibrer son budget, le gouvernement a régulièrement puisé à pleines mains dans les caisses des organismes du 1 % logement, et cette situation a eu pour corollaire de rendre quasi impossible la poursuite de cette politique de prêts.
  - des versements à des organismes à caractère désintéressé (Croix-Rouge française, SOS Villages d'enfants…).

L'aide au logement constitue un élément primordial de la politique économique et sociale des entreprises.

III. Les subventions au comité d'entreprise

Au-delà d'éventuelles recettes qu'un comité peut percevoir (cotisations facultatives, subventions, dons, revenus de locations de biens dont il dispose…), le financement des activités sociales et culturelles est d'abord assuré par le versement d'une contribution patronale. Cette contribution est annuelle et s'obtient en tenant compte de deux règles.

- La contribution ne peut être inférieure au total le plus élevé des sommes affectées aux dépenses de l'entreprise atteint au cours de l'une des trois années qui précèdent la prise en charge de ces dépenses par le comité.
- Le rapport de cette contribution au total des salaires payés. Il s'agit du total de la rémunération brute telle qu'il est déclaré par l'entreprise à l'administration à travers la DADS (déclaration annuelle des données sociales). Ce total exclut donc les charges sociales patronales et les remboursements de frais. Le rapport ne pouvant être inférieur au même rapport qui existait lors de l'année de référence prise en compte dans la première règle.

Soit une entreprise qui constitue un comité en 2011, on considérera le montant des dépenses sociales supportées par l'employeur au cours des trois années précédentes : par exemple, 15 000 euros en 2008, 17 000 euros en 2009 et 16 000 euros en 2010. C'est l'année 2009 qui servira de référence. Si le total des salaires versés cette année s'élevait à 1 700 000 euros la contribution patronale au comité ne pourra être inférieure à 1 % du total des salaires bruts, y compris dans les années à venir. Si un employeur n'a jamais financé la moindre dépense sociale, lors de la création d'un comité d'entreprise, il est donc parfaitement en droit de n'allouer aucune subvention au financement des œuvres sociales. Le montant de la subvention ne peut résulter que d'une négociation entre le comité d'entreprise et l'employeur, non d'une quelconque obligation légale.

Par ailleurs, les comités d'entreprise bénéficient depuis la loi du 28 octobre 1982 d'une « subvention de fonctionnement » destinée à assurer les moyens de fonctionnement essentiellement administratif (papeterie, téléphone, frais de déplacement des membres, personnel recruté pour faciliter l'exercice des attributions économiques et professionnelles des membres…). Le montant annuel équivaut à 0,2 % de la masse salariale brute, sauf pour les entreprises qui font bénéficier le comité d'une somme ou de moyens en personnel au moins équivalent à 0,2 % de la masse salariale et qui peuvent donc réduire à concurrence de leur participation – dans la limite du 0,2 % bien sûr – le versement de la subvention de fonctionnement. Ce taux de 0,2 % est un minimum légal, mais ne constitue pas un maximum. Il importe donc d'insister sur ce point : si la loi a bien fixé un minimum pour déterminer les possibilités de fonctionnement du comité, elle n'a pas fixé un tel minimum pour ce qui relève des œuvres sociales.

Pour les entreprises qui ont des salariés représentants du personnel répartis sur toute la France, les réunions mensuelles du comité d'entreprise peuvent impliquer des frais de déplacement importants, aussi bien pour les membres élus que pour les éventuels représentants syndicaux. Ces frais doivent-ils être « imputés sur le 0,20 % » ou constituent-ils une charge supplémentaire pour l'employeur ? La loi est restée longtemps muette sur ce sujet. Désormais, les choses sont claires : la jurisprudence puis la loi ont indiqué que les frais de déplacement des membres du comité d'entreprise concernant des réunions organisées à l'initiative de l'employeur sont à la charge de ce dernier.

Ce sont donc bien les éléments tels que calculés par la paie qui conditionnent en définitive le total des sommes versées à un comité. En cette matière comme ailleurs, la « dérive » des coûts de l'entreprise liés aux activités du comité est proportionnelle – à effectifs constants – à sa capacité de gérer au plus près sa masse salariale.

IV. La taxe sur les salaires

La taxe sur les salaires est due par toutes les personnes physiques et morales qui paient des traitements, salaires, émoluments… domiciliées ou établies en France. Les employeurs assujettis au paiement de la taxe sur la valeur ajoutée (TVA) pour au moins 90 % de leur chiffre d'affaires ainsi que les employeurs des sociétés agricoles (à l'exception des organismes coopératifs, mutualistes et professionnels) sont exonérés de plein droit du paiement de la taxe sur les salaires.

La taxe sur les salaires est calculée sur le montant total des rémunérations brutes auquel on applique le ratio chiffre d'affaires assujetti à la TVA sur chiffre d'affaires non assujetti à la TVA. Elle est à la charge des seuls employeurs, et comporte un taux normal et des taux majorés. Le taux normal s'applique sur l'ensemble de la rémunération. Une première majoration s'applique sur une partie de la rémunération annuelle comprise entre deux bornes fixées par l'administration fiscale, une seconde majoration s'appliquant sur toutes les sommes au-delà de la borne supérieure telle qu'indiquée ci-dessus.

CINQUIÈME PARTIE

Le devenir de la paie

Tout au long des pages qui ont pu précéder, il a été possible de constater l'extraordinaire richesse de l'environnement dans lequel évolue cette activité dont on peut espérer que sa meilleure connaissance aura pour effet de la rendre mieux perçue. Cette connaissance est d'autant plus nécessaire à une heure où ce domaine se technicise de plus en plus, aidé en cela par une législation de plus en plus contraignante et qui bouleverse les règles établies depuis des années. Ainsi celles déterminant le calcul des heures supplémentaires ont éclaté avec l'apparition des lois sur l'aménagement du temps de travail et sur les 35 heures. Ces modifications ne sont donc pas sans conséquences sur le pilotage de la paie car la recherche des éléments constitutifs de la rémunération subit, elle aussi, des changements.

Ce nouveau contexte n'est pas sans susciter de grandes interrogations au sein des directions du personnel. Il pose en effet la question fondamentale de savoir comment la paie va s'adapter à ces nouvelles exigences. Les moyens aujourd'hui utilisés par les entreprises ne seront-ils pas dépassés dans un proche avenir d'où la nécessité peut être de « sous-traiter » la paie auprès de véritables professionnels de ce sujet ? En d'autres termes, que doivent faire les entreprises pour tenir compte de ces évolutions alors que les problèmes sont de plus en plus ardus à résoudre d'un point de vue technique, du fait de l'évolution réglementaire principalement ?

I. L'évolution réglementaire

Les textes qui régissent ou entourent la paie évoluent sans cesse, on a déjà pu s'en rendre compte. Un fait nouveau est peu à peu apparu à travers l'augmentation parallèle des difficultés de mise en place des nouvelles règles souvent portées très tardivement à la connaissance des entreprises. En 1984, il avait été créé en cours d'année une surcotisation chômage de 0,50 % sur la seule tranche B au 1er avril 1984. Ceci avait obligé les entreprises à procéder à des régularisations de cotisation à partir de cette date pour cette seule cotisation… cette surcotisation ayant disparu par la suite. Cette création avait en son temps généré un grand nombre d'erreurs dans les calculs des paies, et les entreprises s'étaient légitimement plaintes d'avoir disposé des informations de façon tardive. En dépit de ce précédent, les technocrates en charge de l'élaboration des textes ont continué à faire peu de cas de la complexité de mise en œuvre des mesures qu'ils proposaient. Un sommet de complexité avait sans nul doute été atteint à l'occasion de l'instauration de la CSG assortie d'une réduction forfaitaire de 42 F, réduction elle aussi tombée aux oubliettes quelques années après son instauration. On pourrait rappeler les difficultés nées de la gestion des abattements dits « abattements Juppé », du nom du Premier ministre de l'époque, les exonérations plus ou moins partielles d'allocations familiales, les réductions de charge pour les bas salaires, la gestion des aides Aubry suite à la mise en place des 35 heures, le remplacement de ces aides par les mesures dites Fillon en plein été 2003, la mise en place de la loi TEPA (Travail emploi et pouvoir d'achat en 2007, ayant conduit à l'absence d'imposition des heures supplémentaires, et à un non-assujettissement des charges sociales), etc. C'est grâce à de telles gestions que la France détient sans aucun doute le titre peu envié de « championne du monde » de la complexité en matière de paie, et les grands-messes avec force effet d'annonces sur les mesures de simplification n'ont jamais débouché en définitive sur autre chose que des réformettes qui n'ont pas objectivement assoupli la gestion de la paie. On ne souligne en outre jamais assez le coût que peut représenter la mise en place de ces mesures, quand il s'agit de modifier les paramétrages des programmes de paie. L'État peut lui-même faire les frais de ses propres textes comme cela a été le cas avec le « contrat nouvelle embauche » (CNE). Un employeur a ainsi obtenu la condamnation de l'État à lui rembourser les indemnités versées à un salarié suite à son licenciement. Le CNE prévoyait en effet la possibilité de rompre le contrat sans motif durant les deux premières années, il s'est avéré que ce contrat était non conforme aux normes conventionnelles internationales et l'employeur avait été condamné pour avoir utilisé un tel contrat pourtant prévu par le législateur. Le CNE a depuis été abrogé. Cet exemple démontre que l'incertitude juridique est un élément de plus en plus présent dans les entreprises, et il n'est pas fait pour sécuriser la gestion au quotidien. La paie n'échappe pas à cette nouvelle réalité.

En 2011, le législateur a mis en place une nouvelle règle de gestion des bases de la CSG et de la CRDS prévoyant que si l'abattement pour frais professionnels était maintenu, il ne s'appliquerait plus que sur la partie de salaire limitée à 4 fois le plafond de Sécurité sociale, comme déjà indiqué dans l'étude sur la CSG et la CRDS. Mesure d'apparence simple, mais qui en réalité est extraordinairement complexe à résoudre, et complique les choses ! Des régularisations doivent s'opérer pour les salariés qui sont à la limite de ce seuil, et qui, à l'image d'une régularisation de cotisations sociales, sont certains mois au-dessus du seuil, d'autres mois en dessous. Des salariés peuvent également percevoir un salaire brut inférieur à ce seuil mais recevoir des sommes issues d'épargne salariale (participation, intéressement…), dont le montant versé peut alors avoir pour effet de leur faire franchir ce seuil ! Or, la gestion de l'épargne salariale est souvent confiée à des organismes financiers extérieurs.qui vont opérer pour leur part de façon systématique les abattements sur la totalité des sommes qu'ils gèrent sans distinction aucune ! Il faut alors que les employeurs vérifient si, au final, au moins une partie des revenus issus d'épargne salariale ne devraient pas supporter de la CSG CRDS sur 100 % de leur montant ! À défaut, il y a un risque de redressement par l'URSSAF…

Dans cet environnement complexe de la paie, si le plus souvent tout est compliqué, certaines choses le sont encore plus. Dans les précédentes éditions du présent ouvrage, une large place était faite à la gestion des réintégrations dans les bases de cotisation des sommes relatives à la retraite et à la prévoyance, excédant un certain plafond. Le texte qui régissait alors cette réintégration était certainement le plus emblématique de ce qu'il était possible de faire en matière de complexité. Même si les choses se sont un peu simplifiées, on est encore dans l'obligation d'évoquer cette problématique, caractéristique de la capacité créatrice de certains à imaginer des mesures compliquées à mettre en œuvre et qui ne concernent souvent qu'une toute petite minorité de salariés.

1.1. La réintégration des cotisations de retraite et prévoyance dans les bases de cotisations, fondement de la chasse aux prélèvements sociaux

Dès 1979 avec le problème de financement de la Sécurité sociale, une loi avait introduit une nouvelle obligation en considérant que « les contributions des employeurs » destinées au financement des prestations complémentaires de retraite et de prévoyance sont exclues de l'assiette des cotisations pour la partie inférieure à un montant fixé par décret. Entre 1979 et 1985, aucun décret ne fut publié malgré les demandes pressantes des organismes de Sécurité sociale, cette absence de parution générant de complexes situations. En règle générale, les organismes recouvreurs avaient notifié des redressements de cotisations – chiffrés ou non – par des mises en demeure établies à titre conservatoire. Rares en effet étaient les entreprises qui avaient pu verser spontanément une quelconque somme au titre de la loi de 1979, l'immense majorité se réfugiant derrière une attitude que l'on pourrait résumer ainsi : « la loi avait prévu de fixer le taux par décret, ce taux n'étant pas encore fixé, il est pour l'heure égal à zéro ».

Lorsque le décret fut enfin publié en 1985, une notion originale se trouva donc introduite dans la gestion de la paie puisque désormais un montant de cotisation pouvait lui-même servir de base de cotisation (la taxe sur les cotisations prévoyance est en quelque sorte l'héritière de ce concept pour le moins créatif).

Ce fut surtout le point de départ d'opérations tellement complexes que certaines entreprises préférèrent ne rien faire et laisser les inspecteurs Urssaf faire les calculs eux-mêmes et notifier d'éventuels redressements. À la base, il convient de préciser que l'idée reposait sur la crainte qu'en lieu et place de faire bénéficier les cadres supérieurs d'augmentations de salaire – soumises à cotisations – les entreprises exploitent au maximum la notion de « salaire différé », en développant des systèmes de retraite ou de prévoyance susceptibles d'offrir le versement de revenus élevés au bénéfice des salariés, une fois leur vie professionnelle terminée : ces revenus ne supportent aucune cotisation sociale ; ils sont tout au plus soumis à l'impôt sur le revenu. La démarche n'était donc fondamentalement pas critiquable en soi, elle le fut davantage dans son mode d'application tant était complexe le processus visant à déterminer les sommes à réintégrer dans l'assiette des cotisations, avec des références de calcul dont il était difficile de comprendre comment on avait pu les retenir ! Ce concept est véritablement le fondement de toutes les règles qui ont ensuite été mises en place et qui ont pour effet que quasiment aucune somme versée, aucun avantage consenti, dans le cadre de l'exécution du contrat de travail, ne puisse échapper à quelque prélèvement social que ce soit, la palette s'étant donc considérablement enrichi au fil des années, comme on a pu le voir, avec la création de la CSG, de la CRDS, du forfait social pour ne citer que ces éléments.

Pour revenir à la gestion des sommes qui, en matière de retraite et de prévoyance, sont assimilées à une forme de complément de salaire, donc taxables, les règles de détermination des sommes à payer sous forme de prélèvements ont été simplifiées au fil des années mais elles ont été rendues financièrement plus coûteuses.

Elles opèrent une distinction entre les conséquences sociales et fiscales des cotisations retraite et prévoyance.

1.1.1. Sur le plan social

Les cotisations patronales de retraite supplémentaire et de prévoyance complémentaires sont exclues de l'assiette des cotisations de Sécurité sociale :

- pour la retraite supplémentaire, dans la limite de la plus élevée des valeurs suivantes :
  - soit 5 % du montant du plafond annuel de la Sécurité sociale ;
  - soit 5 % de la rémunération retenue dans la limite de 5 fois le plafond annuel de la Sécurité sociale.
- pour la prévoyance complémentaire, dans la limite d'un montant égal à la somme de 6 % du plafond annuel de la Sécurité sociale et de 1,5 % de la rémunération, sans que le total obtenu puisse excéder 12 % du montant du plafond annuel de la Sécurité sociale.

La fraction supplémentaire excédentaire éventuelle doit être intégrée dans l'assiette des cotisations et figurer sur le bulletin de salaire.

L'abondement exonéré de l'employeur au Perco s'ajoute aux contributions patronales de retraite supplémentaire pour l'application de la limite d'exonération.

1.1.2. Sur le plan fiscal

Les cotisations patronales de retraite supplémentaire et de prévoyance complémentaires sont exclues de l'assiette fiscale (soumise à impôt sur le revenu pour le salarié) :

- pour la retraite supplémentaire : dans la limite de 8 % de la rémunération (elle-même limitée à 8 fois le plafond de Sécurité sociale) ;
- pour la prévoyance : dans la limite d'un montant égal à 7 % du plafond annuel de Sécurité sociale majoré de 3 % de la rémunération annuelle, sans que le total obtenu ne puisse excéder 3 % du montant annuel de 8 plafonds annuels de Sécurité sociale.

Le dispositif n'est donc pas simple à mettre en place car il est nécessaire de connaître le total des cotisations de l'année pour pouvoir calculer les éventuelles réintégrations, celles-ci devant pourtant être intégrées sur le même exercice que celui sur lequel ont été calculées les cotisations ! Il revient à faire d'une certaine façon le calcul de la paie « à l'envers ». Les règles étudiées jusqu'alors nous ont conduit à observer que l'on déterminait d'abord une rémunération brute puis que l'on calculait ensuite les cotisations. Or, désormais, il faut calculer la rémunération brute (étape 1), déterminer un calcul théorique des cotisations sur cette base (étape 2) et, le cas échéant, ajouter un élément supplémentaire au brut avant de calculer définitivement les cotisations (étape 3).

La loi n'impose heureusement pas de refaire la comparaison avec les seuils en intégrant cette fois non plus les éléments connus au moment de l'étape 1, mais ceux que l'on connaît à l'étape 3. Ce serait alors le début d'une boucle sans fin.

Il paraît inutile de préciser que l'automatisation d'un tel calcul n'est possible que dans l'hypothèse où un programme de paie puisse accepter une telle modification. Et encore faut-il que le nombre de salariés concernés par une telle mesure soit suffisamment important – ce qui est rare du fait des seuils de comparaison retenus – au sein d'une entreprise pour qu'une modification aussi étendue d'un programme de paie soit entamée.

Cette évolution de la complexité de traitement des évolutions juridiques ne pouvait qu'inquiéter il y a déjà bien des années du fait des impacts qu'elle pouvait avoir sur le coût de la gestion administrative pour les entreprises. Elle induisait en effet obligatoirement des modifications délicates et coûteuses des programmes informatiques de paie. Elle contribuait également à fragiliser le degré qualitatif de la paie en développant le risque d'erreurs. Enfin, elle concourait à rendre encore plus difficile la compréhension du bulletin de salaire par les salariés. À l'époque, on pouvait objecter aux responsables de paie inquiets de ces évolutions que les nouveaux textes ne concernaient qu'une minorité de salariés.

Depuis, avec les 35 heures, les techniques d'aménagement du temps de travail se sont développées. Elles méritent qu'on s'y arrête pour mesurer la complexité de leur mise en œuvre dans un programme de paie.

1.2. L'aménagement du temps de travail

Le concept d'aménagement du temps de travail est l'un des grands thèmes sociaux de l'époque, surtout à l'heure où ce concept se combine avec la notion de réduction du temps de travail. De l'horaire variable à la flexibilité du temps de travail, les modes de mise en application sont multiples et la définition même que l'on peut en faire recouvre différents concepts. Durant des années, l'aménagement du temps de travail (ATT), ne s'est en fait traduit que par une réduction progressive de l'horaire hebdomadaire de travail. L'ATT était alors synonyme de progrès social et d'amélioration des conditions de travail. En termes d'ATT, la décennie soixante-dix aura été ainsi marquée par le développement des « horaires libres » ou « horaires variables », légalisés par la loi du 27 décembre 1973 dont l'intitulé était d'ailleurs « amélioration des conditions de travail ». En fait, cette loi était bien l'unique façon de déroger aux habitudes en matière d'organisation du travail. Car sur le reste, bien peu de textes du Code du travail n'offraient une quelconque souplesse en une heure où justement les nécessités économiques entraînent l'obligation de repenser autrement cette organisation. Le recours aux contrats à durée déterminée, la notion de temps partiel, les horaires diversifiés que nous évoquions ci-dessus, ne sont plus en effet que des palliatifs insuffisants face aux besoins des entreprises liés à la nécessité d'une organisation différente du temps de travail. Les équipements doivent aujourd'hui être utilisés plus longuement pour rentabiliser les investissements, la production doit être mieux gérée afin d'étaler celle-ci sur l'année, la productivité doit être augmentée, la situation de l'emploi doit être améliorée de par la modernisation des entreprises, la suppression du « chômage technique chronique » doit être un impératif lorsque la production est saisonnière ; autant de motivations face auxquelles le Code du travail, longtemps inadapté, a considérablement évolué, d'abord avec les lois Delebarre de 1986 et Séguin en 1987 puis, bien entendu, avec les lois sur les 35 heures. Au fil des années, les notions de récupération pour faire face à des circonstances exceptionnelles, de modulation pour répondre à des fluctuations fréquentes d'activité, de cycles pour prendre en compte les variations régulières de charges de travail sont apparues, tous ces systèmes ayant généré des contraintes paie très fortes en matière de suivi, ou de régularisation : il fallait ainsi prévoir par exemple, pour un salarié travaillant 6 mois de l'année à 32 heures et 6 mois de l'année à 38 heures, et dont la rémunération était constante sur toute l'année afin de la lisser, les règles de paiement à appliquer si ce salarié quittait l'entreprise au terme de sa période d'activité à 32 heures pendant 6 mois. Il fallait dans un tel exemple organiser en paie la restitution du trop-versé (le salarié ayant continué à être rémunéré sur une base de 39 heures).

La loi du 20 août 2008, portant sur la rénovation de la démocratie sociale et réforme du temps de travail, a supprimé les régimes de modulation, cycle de travail, réduction du travail sous forme de jours de repos et les a remplacés par l'aménagement de la durée du travail sur plusieurs semaines ou sur l'année. Cependant, les accords conclus antérieurement à la loi sont restés en vigueur et continuent à s'appliquer dans les conditions prévues par la législation antérieure. Cette nouvelle reforme, sur l'aménagement du temps de travail sur plusieurs semaines ou sur l'année, s'articule désormais autour de deux dispositifs :

- un régime conventionnel permettant d'aménager les horaires sur une période supérieure à la semaine et au plus égale à l'année. Ce régime est mis en place par accord collectif d'entreprise ou d'établissement, une convention ou un accord de branche qui définit les modalités d'aménagement du temps de travail et organise la répartition de la durée du travail sur une période comprise entre la semaine et l'année au plus. L'accord prévoit également les conditions et les délais de prévenance pour tout changement de durée ou d'horaire de travail, les limites pour les décomptes des heures supplémentaires, les conditions de prise en compte des absences, arrivées et départs en cours de période pour le calcul de la rémunération. Cependant, l'aménagement du temps de travail ne peut se faire que dans le respect des durées maximales journalières et hebdomadaires et du droit au repos en vigueur ;
- un régime réglementaire supplétif permettant d'aménager les horaires sur 4 semaines au plus. En cas d'absence d'un accord collectif, l'employeur est libre d'aménager la durée du travail dans son entreprise sous forme de périodes de travail, chacune d'une durée de 4 semaines au plus.

On peut donc mesurer toutes les difficultés qui se posent tant en matière de mise en place que, pour la partie qui nous concerne, surtout de suivi.

L'ATT signifie la fin du suivi des heures supplémentaires « à la petite semaine », avec toute la simplicité relative d'un tel système ; les décomptes aujourd'hui sont rendus complexes par la prise en compte de paramètres qui dépassent largement, on a pu le voir, le cadre de la semaine.

À l'heure où l'on tendait vers une informatisation quasi intégrale de la paie, qui se traduisait de plus en plus souvent par l'édition automatique des soldes de compte (pensum classique de tout responsable de paie lorsqu'il est encore établi manuellement ce qui est le cas dès lors qu'il n'est pas totalement automatisé) des salariés en fin de contrat, la complexité croissante de l'environnement dans lequel la paie évolue rend de plus en plus compliquée l'automatisation intégrale de l'édition des bulletins de salaire.

Loin de simplifier la paie, toute nouvelle règle impliquant une nouvelle gestion du temps de travail la complique : la lecture et la compréhension des bulletins de salaire n'en deviennent que plus difficiles. Le problème est d'autant plus important qu'aujourd'hui toutes les populations (cadres – à l'exception des cadres dirigeants – comme non-cadres) sont concernées par l'impérieuse nécessité d'opérer un suivi précis des horaires réellement effectués, et ce plus particulièrement pour les salariés ne relevant pas de l'horaire collectif. L'employeur doit en effet être en mesure de produire des enregistrements – selon tous moyens : informatique, auto-déclaration faite par le salarié lui même… – du nombre d'heures accomplies chaque semaine par ses salariés. À défaut, en cas de contentieux, la parole du salarié primera et l'évolution jurisprudentielle sur le sujet est particulièrement défavorable aux employeurs depuis la fin des années 2000, le non-paiement d'heures supplémentaires pouvant être assimilé à du travail dissimulé et accroître encore le coût d'éventuelles condamnations. La paie se trouve là aussi bien souvent directement au cœur de la gestion de ces contraintes qui prennent de plus en plus d'importance au regard de leurs enjeux.

Face à ce schéma, face à une accélération des dispositions légales et conventionnelles, de par leurs moyens qui n'évoluent pas aussi vite que le nouveau contexte, toutes les entreprises ne paraissent plus en mesure de gérer avec toute la rigueur et la fiabilité nécessaires leur propre système de paie. La question se pose de façon de plus en plus pressante : une société doit-elle encore traiter elle-même sa paie ou doit-elle la sous-traiter ? Quels sont les intérêts en jeu, les risques auxquels elle s'expose quelle que soit la solution finalement retenue ? Tel sera l'objet du paragraphe suivant.

II. L'entreprise à l'heure des choix

À la lecture de ce qui précède, on aura compris que la réalisation de cet élément essentiel que constitue un simple bulletin de salaire devient un enjeu majeur. Il est évident que les difficultés augmentant, les moyens consacrés à la paie augmentent dans les mêmes proportions, que ce soit en termes de temps qui y est consacré ou encore de moyens utilisés. Ces moyens sont à la fois matériels et humains. La rédaction de paies manuelles a semble-t-il totalement disparu, n'importe quel tableur bureautique permettant il est vrai dorénavant de produire un document de paie conforme. Le niveau de compétence des responsables de paie doit être adapté aux nécessités d'une complexité réglementaire qui contribue à faire de plus en plus de la paie une affaire de spécialistes.

Pour les entreprises dotées de moyens informatiques, on constate le plus souvent qu'elles assurent elles-mêmes la réalisation de leur paie, soit en élaborant leur programme, soit en achetant l'un des multiples progiciels actuellement disponibles sur le marché. L'élaboration d'un programme maison représente cependant un énorme investissement de travail et de temps face au véritable « cahier des charges » incontournable et impératif constitué par les exigences du droit du travail, des conventions collectives, du règlement intérieur, des habitudes de l'entreprise… Entre un responsable du personnel en charge de la paie et une équipe d'informaticiens à laquelle est confiée la réalisation d'un programme, le dialogue ne peut pas être facile du fait de tous ces paramètres qu'on ne traite évidemment pas de la même façon selon qu'on les considère sous un angle social ou sous un angle informatique. Le résultat de ce genre de dialogue aboutit en règle générale à une paie qui montre très vite ses limites et qu'il faut faire et refaire avant de parvenir à un résultat satisfaisant… jusqu'à ce que le législateur apporte une nouvelle pierre à l'édifice réglementaire et contribue ainsi à mettre un mal ce qui est finalement un fragile édifice. Il serait édifiant de conserver la programmation qui a servi à éditer la première paie et de la comparer ensuite quelques années plus tard à celle qui est désormais utilisée. De modifications en rajouts, le programme est souvent devenu un monstre ingérable, d'une complexité telle que seul l'informaticien ayant toujours participé à sa mise à jour arrive – péniblement – à s'y retrouver… s'il est encore dans l'entreprise, et constitue par-dessus ces faits un « dévoreur d'énergie informatique ».

L'entreprise peut alors décider de se tourner vers les sociétés nombreuses, on l'a dit, qui proposent des « produits paie », vendus clés en main. En termes économiques, les propositions sont, de prime abord, souvent alléchantes. En fait, le produit standard, s'il répond aux exigences légales, doit d'abord être adapté aux normes de l'entreprise et doit donc subir de nombreux aménagements et personnalisations avant de satisfaire aux besoins des utilisateurs. Ces aménagements sont souvent assurés par les propres services informatiques de l'entreprise. À quels coûts ? Difficile à cerner et à chiffrer : de nombreuses expériences incitent à multiplier par 7 ou 8 le prix de base annoncé pour parvenir au montant de la facture globale.

Par ailleurs, le coût de maintenance est lui aussi très élevé et se découvre lors de la première modification consécutive à la mise en œuvre par exemple d'une nouvelle procédure légale – si tant est que le progiciel lui-même puisse intégrer ces nouvelles données dont les exigences peuvent dépasser ses capacités. Il n'est pas rare de voir des devis de modification qui atteignent le quart du prix de base du progiciel (les marges bénéficiaires des sociétés de services se font, principalement, sur la maintenance). Le piège de tomber dans un progiciel « à tiroirs » n'est de plus pas à écarter. On cite souvent le cas de cette entreprise qui avait décidé d'octroyer un quart de jour supplémentaire à ses salariés si ceux-ci n'avaient pas eu d'incident de présence dans le mois. Quelques lignes furent rajoutées au programme… qui dû être complété quelques semaines plus tard lorsqu'un salarié, absent pour cause de repos compensateur, perdit le bénéfice de son « quart de jour ». Plus tard, on réalisa que l'étalement de congés payés, voulu par la direction, avait également pour effet de faire perdre le bénéfice de plusieurs « quart de jour ». Des lignes de programmation durent encore être écrites…

Lorsque la question est posée à un responsable du personnel de savoir quel est le coût total mensuel de la paie, les réponses sont souvent évasives, et de toute façon incomplètes. Trop souvent les entreprises ne parviennent à évaluer que les seuls coûts « hommes ». On sait ainsi que chaque mois la paie nécessite que X personnes, payées Y euros chacune, consacrent Z heures de leur temps à ce sujet, pour préparer, suivre, établir, vérifier, distribuer les bulletins de salaire. Et encore dans ces réponses, il est rare que l'on pense aux services autres que le service du personnel (celui de l'informatique notamment, monopolisé chaque mois son contingent d'heures afin d'assurer le traitement de la paie) pour évaluer ces coûts.

À ces coûts hommes, il convient de rajouter les temps machines, encore plus difficiles à évaluer avec précision. On pourrait poursuivre dans la même voie en demandant le coût du support (le bulletin) qui doit être imprimé soit à l'intérieur de l'entreprise, soit à l'extérieur. En résumé, très rares sont les responsables de paie, les directeurs des ressources humaines en mesure de dire aujourd'hui que chaque bulletin de salaire coûte précisément Z euros dans l'entreprise. Tout au plus peut-il faire une approche de ce montant sur des bases peu fiables. Et pourtant, quand on sait qu'un coût bulletin de salaire de 15 € est un coût très compétitif, et qu'il n'est pas rare de voir des coûts bulletins monter à 35 ou 40 €, on mesure les gisements d'économies potentielles avec une bonne maîtrise de l'ensemble du process paie !

C'est parfois le souci de maîtriser les frais généraux, dont ceux constitués par la paie, qui peuvent conduire une entreprise à se tourner vers une entreprise « faiseur de paies », un « façonnier » qui assure dans son intégralité la prise en charge de la paie moyennant un montant unitaire par bulletin défini par avance. Cette prise en charge comporte la réalisation du programme de paie, la réalisation et la fourniture de celle-ci à partir de l'utilisation des moyens techniques et humains du façonnier, c'est-à-dire du « fournisseur » ; la maintenance face à l'évolution juridique étant également assurée par le prestataire (elle n'est pas nécessairement gratuite).

Cette situation n'est pas sans présenter de nombreux avantages pour une entreprise qui se retrouve dans une situation de client, son rôle se limitant alors à fournir les données nécessaires à la réalisation de sa paie. Il convient, bien sûr, que cette solution retenue offre les possibilités de ne pas retomber dans les pièges que constituent les « programmes maison » ou les « programmes à tiroirs », véritables « usines à gaz » impossibles à gérer. L'organisation de la programmation doit en effet être fondée sur l'indépendance de chacun des sujets spécifiques de la paie : absences, congés, cotisations, indemnités… la programmation ne visant en fait qu'à organiser les relations entre ces modules. Le but d'une telle démarche est d'avoir ainsi un produit évolutif, personnalisable à volonté, et par conséquent ouvert, à la différence des progiciels décrits plus haut et qui sont plus du ressort des progiciels de type fermé. Une telle démarche consiste, ni plus ni moins, à abandonner toute maîtrise physique de la paie. L'entreprise ne domine plus ainsi le problème du délai de livraison, elle n'est plus qu'une boîte à lettres et ce choix peut être vécu par des responsables de paie comme un appauvrissement de leur poste. Le fait que la paie ne soit plus réalisée au sein de l'entreprise peut également être vu comme une perte d'autonomie de l'entreprise, qui passe en situation de dépendance. La peur de changement, la modification des habitudes de travail consécutive à l'adoption d'un nouveau système de paie, sont également de puissants freins à la mise en place d'une solution externe. Les services informatiques eux-mêmes peuvent penser que leur éviction de la nouvelle donne est un jugement négatif *a posteriori* de leur action.

Cette perte d'autonomie, si souvent citée, permet pourtant à l'entreprise d'établir un rapport de force en sa faveur, à travers l'instauration d'un rapport commercial entre son fournisseur et elle. L'entreprise est dans une situation de « client roi », et le prestataire de services a une obligation de résultat (la production des bulletins de salaires et des états de paie y afférents) et de qualité, sous peine de perdre son client, même si un changement de système de paie n'est pas simple et aisé. Le droit à l'erreur, voire plus grave, le non-respect d'un délai dont on a déjà pu citer les conséquences possibles, sont interdits pour les fournisseurs qui se doivent d'afficher un professionnalisme à toute épreuve. Ce n'est d'ailleurs pas un hasard si la recherche de la qualité de service constitue un souci permanent des sociétés de services spécialisées dans ce domaine.

Pour les responsables de paie, dont l'ennemi essentiel est bien le temps, on ne saurait nier que l'adoption d'un fournisseur extérieur c'est aussi contribuer à leur assurer un certain confort « moral », tant ils sont pour une large part déchargés de cette angoisse qui les étreints souvent aux veilles des dates de sorties de paie. Celles-ci ne sont en effet plus de leur ressort exclusif. Si cette optique ne saurait assurément constituer la raison déterminante du choix d'un fournisseur extérieur, quel responsable concerné par ce problème pourra prétendre que ce concept ne vient pas s'intégrer à son analyse ?

La décision de faire la paie, ou de la faire faire, s'inscrit en définitive dans un contexte tout aussi politique qu'économique, et le choix d'une sous-traitance éventuelle se place dans le cadre plus général de la gestion des ressources humaines au sein des entreprises, une gestion dont la qualité passe par la nécessité de disposer de véritables outils de SIRH (Systèmes d'information des ressources humaines). Tout choix en cette matière entraîne celles-ci dans une voie dont on a dit qu'il était par la suite difficile de sortir, compte tenu des coûts qu'une éventuelle volteface engendrerait en termes de frais d'analyse préalable, d'investissements, de formations aux nouveaux systèmes… En ce domaine, le droit à l'erreur n'existe pas, surtout à l'heure où les produits paie sont de plus en plus étroitement liés aux produits de gestion du personnel. Les premiers alimentent les seconds et *vice versa*.

Tout au long de cet ouvrage, le lecteur aura donc eu la possibilité de se familiariser davantage avec ce thème de la paie, et croyons-nous, de mieux le comprendre. Cette approche, on aura pu s'en rendre compte, a été essentiellement pratique tant il nous apparaît essentiel de connaître les règles d'application de base de ce sujet avant de prétendre pouvoir mesurer les conséquences de toute décision prise en matière salariale, que cette décision soit imposée à l'entreprise par le législateur, ou qu'elle ait été mise en œuvre du fait de la seule volonté de cette même entreprise.

La pratique de la paie, sa compréhension, constitue en définitive la première des étapes qui doit conduire à l'approche de la gestion de la masse salariale, en termes de « règles », de techniques de rémunérations et de politiques de rémunérations.

Il est indéniable que l'attention portée à la paie a considérablement évolué au fil des années, surtout compte tenu du fait qu'il s'agit d'un sujet socialement sensible s'il en est, et en perpétuelle évolution. Les politiques d'individualisation des salaires, les nouvelles cotisations, les 35 heures, le développement des bases de données sociales de plus en plus utilisées pour gérer les ressources humaines, et non plus seulement les administrer, ont largement contribué à faire sortir la paie de l'ombre où elle était placée. Le « responsable paie » est devenu un profil de poste beaucoup plus recherché (il suffit pour s'en convaincre de lire les offres d'emploi pour ces postes qui, même en période de crise, ont toujours continué à être recherchés). Les gestionnaires de paie sont devenus des techniciens, aidés en cela par un contexte qui tend désormais à privilégier l'analyse quasi individuelle et non plus collective des coûts et des budgets de personnel. Nous le rappelions en introduction, en période d'inflation haute, une dérive de masse salariale de 1 ou 2 % passe inaperçue. En revanche, avec une inflation basse, tous les phénomènes de glissement vieillesse et technicité du personnel doivent être analysés avec attention afin de prévoir et d'anticiper leurs répercussions. La paie n'est plus ce concept poussiéreux et constitué uniquement de paperasserie, elle est le pivot de tous les développements sociaux compte tenu de la richesse des données qu'elle véhicule, des informations dont elle permet de disposer. Elle est un outil indispensable dans une gestion saine des entreprises quand il s'agit de préparer, par exemple, les budgets. Les développements des textes sur la gestion prévisionnelle des emplois et des compétences, sur l'égalité professionnelle, la multiplication des documents et rapports à remettre aux partenaires sociaux, font véritablement de la paie un outil de référence au sein des entreprises, celles-ci hésitant de moins en moins à investir des sommes importantes pour moderniser leur outil informatique de paie. La paie doit désormais être considérée dans son ensemble, avec une approche globale de la rémunération. La paie est le support de tous les discours sur les politiques de rémunération qui se concrétisent et se matérialisent dans la lecture des bulletins de salaire. Il est du devoir des directeurs des ressources humaines de maîtriser cette composante de leur métier, il en va d'ailleurs souvent de leur légitimité et de leur crédibilité, car la maîtrise de la paie impose une connaissance approfondie de tout ce qui constitue les politiques ressources humaines, que l'on parle de formation, de prévoyance ou de protection sociale, de retraite supplémentaire, de gestion du temps de travail, de coût du travail, d'évolution professionnelle, etc.

La paie, outil obligatoire d'administration du personnel peut et doit également devenir un outil stratégique de gestion des ressources humaines. On ne saurait en effet voir dans cet ouvrage la seule volonté de l'auteur de mettre en lumière certains calculs trop souvent retenus au sein des entreprises – par méconnaissance de l'univers de la paie, voire par laxisme –, et qui ont en définitive pour effet d'augmenter une masse salariale. En fait, le premier devoir d'un responsable du personnel en ce domaine n'est pas véritablement d'œuvrer à la baisse de cette masse salariale. Son objectif doit d'abord être de rendre cette dernière plus « productive ». En d'autres termes, il s'agit de rendre efficace l'ensemble des dépenses qui s'impute sur le budget « frais de personnel » : il ne s'agit donc pas tant de dépenser moins que de dépenser mieux.

De plus, l'application de procédures rigoureuses de gestion de la paie telles qu'elles ont pu être abordées durant les pages qui ont précédé, permet de fait de trouver les sources de financement de cet investissement que représente l'amélioration du côté « qualitatif » d'une masse salariale. Il s'agit, ni plus ni moins, de favoriser tout système visant à une forme de redistribution des « économies » générées par la mise en place de nouveaux modes de calcul ; cette redistribution pouvant se faire sous de multiples formes : accords d'intéressement, accords de participation dérogatoires, indemnités non soumises, nouvelles primes, accroissement du budget augmentations individuelles… La gestion de la paie devient alors la première étape d'une démarche qui mène à la gestion dynamique des rémunérations. La paie s'intègre alors véritablement pleinement à toute politique de rémunérations positionnée dans une perspective qui reflète clairement la philosophie d'un management et qui respecte l'équité interne. Cet aboutissement, logique d'une meilleure et plus saine gestion de la paie, constitue un défi que tous ceux qui font vivre la paie au sein des entreprises doivent avoir à cœur de relever.

Index

Composition : Compo-Méca sarl – 64990 Mouguerre

Dépôt légal : octobre 2011
N° d'éditeur : 4343
IMPRIMÉ EN FRANCE

Achevé d'imprimer le 28 septembre 2011
sur les presses de l'imprimerie « La Source d'Or »
63039 Clermont-Ferrand
Imprimeur n° 12791

PEFC/10-31-2008

Dans le cadre de sa politique de développement durable, La Source d'Or a été référencée IMPRIM'VERT® par son organisme consulaire de tutelle.
Cet ouvrage est imprimé - pour l'intérieur - sur papier offset "Amber Graphic" 90 g provenant de la gestion durable des forêts,
des papeteries Arctic Paper dont les usines ont obtenu les certifications environnementales ISO 14001 et E.M.A.S.